한국경제 빅 이슈

포스트 코로나 시대의 한국경제 과제와 전망

한국경제 빅 이슈

BIG ISSUES

서울사회경제연구소 엮음

생각의힘

2020년, 코로나19의 대유행이라는 인류의 생태를 위협하는 역사적 사건이 발생하였다. 이에 맞추어 사람들 간의 접촉을 줄이기 위한 사회적 거리두기와 같은 조치들이 이루어지며 전 세계가 전례 없는 경제 위기에 직면하였다. 이것이 단기간의 문제로 끝날 것인지 아니면 강도는 줄어들더라도 장기화될 것인지를 예단하기는 어렵다. 이러한 충격으로 우리나라가 해결해야 할 경제·사회 문제는 일시적으로 관심이 크게 줄어든 것처럼 보이지만 사라진 것이 아니라 더욱 복잡해졌을 뿐이다. 우리나라가 이 위기 전후에 당면하였거나 당면할 경제·사회 문제가 무엇이며 이를 어떻게 해결할 것인지 계속 고민을 하지 않을 수 없다.

이 책은 서울사회경제연구소가 2017년 11월부터 2020년 5월까지 월 1회 내외로 우리나라의 빅 이슈를 중심으로 발간한 'SIES 이슈와 정책'을 독자들이 한꺼번에 편하게 읽을 수 있도록 주제별로 모은 것이다. 대부분은 그대로 수록하였지만 필자가 현재의 의미를 보다 살리기 위해 업데이트한 경우도 있다. 이 책에 수록된 글은 'SIES 이슈와 정책' 편집위원회에서 우리 사회의 빅 이슈를 선정한 후 해당 이슈의 전문가인 필자들에게 청탁하여 나오게 된 것이다. 편집위원회가 이슈를 선정했지만 글의 주제나 내용에 대한 최종 결정은 항상 필자들이 맡았다. 따라서 이 글들은 각 필자의 개인적인 의견을 반영하는 것이지 서울사회경제연구소의 공식적인 견해를 반영하는 것은 아니다.

이 책에 실린 26개의 글은 크게 세계경제, 한국경제(당면과제, 장기과제, J노믹스), 기타의 다섯 개 큰 주제로 분류할 수 있다. 제1부 '세계경제: 충격과 대응'은 코로나19로 인한 경기침체와 고용위기 대책, 국제금융 불안, 미·중 무역전쟁과 글로벌 가치사슬 재편에 관한 글 다섯 편으로 구성되어 있다. 제2부 '한국경제: 당면 과제'는 부동산 가격, 자영업 위기, 청년실업, 부실 대학교육, 국민연금 주주권, 정년 연장 논쟁 등 현안으로 제기되었던 문제를 다룬 글 여섯 편으로 이루어졌다. 제3부 '한국경제: 장기 과제'는 잠재성장률 저하, 출산율 저하, 대학교육 개혁, 한반도 평화정착 등 장기 정책과제에 관한 글 다섯 편으로 구성되었다. 제4부 'J노믹스: 평가와 과제'는 소득주도 성장의 개념과 수단, 공정경제, 혁신경제에 관한 글과 이를 뒷받침하는 장기 재정기조에 관한 글로 구성되어 있다. 마지막으로 제5부 '이슈와 제언'은 기본소득, 토지공개념, 규제 개혁, 역사관에 관한 글로 이루어져 있다.

우리나라가 당면한 경제문제는 물론 사회문제, 정치문제, 역사문제 등이 이 책에 망라되어 있다. 대부분은 경제문제이지만 사회문제나 정치문제와 무관하지 않다. 이 글을 읽어보면, 현실의 경제문제는 언제나 경제적 관점 이상의 폭과 깊이가 없으면 이해하기도 어렵고 해결되기도 어렵다는 것을 잘 알 수 있을 것이다. 이 책에서는 우리나라가 당면한 과제이기는 하되 장기적인 비전을 갖고 인내심을 갖고 해결해야 할 문제를 주로 다루고 있지만, 당장 해결해야 할 다급한 문제도 다룬다. 독자들은 이슈의 중요성, 논의의 타당성, 정책의 실효성 등 여러 측면에서 필자들과 의견을 달리할 수도 있을 것이다. 이 책의 독자 모두가 이 책에서 제시한 이슈와 관련하여 우리나라가 나아갈 길을 필자들과 함께 모색해 본다면 더 좋을 것이다.

이 책 발간의 디딤돌이 된 'SIES 이슈와 정책'에 귀중한 원고를 써 준 필자들에게 깊이 감사드린다. 또한 이 글을 책으로 펴낼 수 있도록 도와주신 출판사 '생각의힘'에도 감사드린다. 그리고 'SIES 이슈와 정책' 발간을 격려해 주신 변형윤 이사장님과 수고를 아끼지 않았던 서울사회경제연구소 정희수 연구원에게 감사드린다.

2020년 6월
'SIES 이슈와 정책' 편집위원을 대표하여
배 영 목

제3부 한국경제: 장기 과제

제4부 J노믹스: 평가와 과제

제5부 이슈와 제언

제1부

세계경제
충격과 대응

코로나19 대유행하의
위기대응 경제정책 수단

───────────── **배영목** 충북대학교 명예교수

코로나19 대유행의 경제적 충격

코로나19의 세계적 대유행(이하 코로나 위기)이라는 재난을 맞아 그 확산을 줄이기 위해 사람들의 이동이나 밀접 접촉을 제한하는 각종 규제가 나타났다. 이것이 경제활동에 미친 영향은 한시적이겠지만 이전의 어떤 경제위기와 비교할 수 없을 정도로 클 것으로 예상된다. 이러한 규제에 따라 개개인의 경제활동이 제약되고 소비가 줄어들고 있다. 특히 여객수송, 여행, 외식, 레저, 교육 등 대면접촉에 의존하는 서비스업 수요의 급감에 그치지 않고 글로벌체제에 속한 제조업부터 생산에 차질을 빚고 있다. 우리나라에서도 이 재난으로 갑자기 수요가 사라지면서 매출이 줄어들어, 기업이 경영난에 처하고 가계의 소

득이 줄어들며 고용도 감소하고 있다.

주가 급락, 환율 급등, 그리고 이 지표의 변동성 확대로 나타나고 있는 우리나라의 금융불안은, 그 원인이 내부의 금융시장 위험에 있다기보다는, 코로나 위기가 심각해지고 있는 미국과 유럽에서의 외부 위험 증가에 따른 외화자금의 유출입과 직결되어 있다. 앞으로 우리나라 가계와 기업들의 피해가 증가되면서 내부 위험이 증가하면 금융시장도 내우외환에 시달릴 수 있다. 특히 국제금융시장의 불안은 미국의 확장적 금융정책으로 완화되기는 하겠지만 코로나 위기 동안은 지속될 것이다.

위기대응을 위한 재정정책

코로나 위기로 인한 경제적 손실은 글로벌 수요의 실종이나 글로벌 공급체제의 차질로 인한 것도 많지만 정부의 예방적 규제로 인해 발생한 경제적 피해도 크기 때문에, 이에 대한 적절한 보상이 필요하다. 개인의 경제적 피해에 대한 보상은 금융으로 해결될 문제가 아니라 재정이 감당해야 할 문제이다. 재난으로 인한 피해가 클 뿐 아니라 자활이 어렵거나 실직한 경제적 취약층과 영세자영업자에 대한 소득보전도 필요하며, 피해가 큰 기업의 경제적 손실에 대한 보상도 요구된다. 이 소득보전이나 피해보상은 회수가 불가능한 이전지출이므로 재정자금으로 충당해야 한다. 미국 정부는 글로벌 금융위기 때보다 많은 2조 달러의 재정자금으로 개인의 소득을 보전하고 관련 기업의 경제적 손실을 보상하는 것을 주요 내용으로 하는 재정지출안이 발표되었다. 우리나라 중앙정부도 신속히 예년보다 많은 추경예산을 편성하였으나 그 규모는 그렇게 크지 않았다. 일부 지방정부는 재정자금을 모아서 재난기본소득으로 지급하기 시작하였다. 이 재원은 중앙정부든 지방정부든 담당 정부가 스스로 마련해야 한다. 앞으로 더 많은 재원이 필요한 경우 정부가 다른 예산을 전용하거나 추가예산을 편성하겠지만, 정책시차로 인해 재정자금의 지출이 시기를 놓칠 수 있다. 신속한 대응을 위해 국공채 발행이 불가피할 수도 있는데, 이 경우 금융시장에 충격을 주지 않기 위해서 한국은행이 이 국공채를 직접 인수하는 방안도 고려할 수 있다.

위기대응을 위한 통화·금융정책

글로벌화한 경기침체와 금융위기를 극복하기 위한 방안은 2008년 글로벌 금융위기를 거치면서 실행해 본 경험이 있다. 첫째, 중앙은행은 공개시장 조작, 대출기한 연장, 기타 정책 수단 등을 활용하여 피해가 큰 부문에 유동성을 직접 공급하거나 자금조달의 애로를 줄여주어야 한다. 둘째, 중앙은행은 금리 인하 등의 확장적 통화정책을 통해 가계와 기업의 차입비용을 낮추고 위험자산의 인수나 지급보증을 통해 금융시장 전체의 위험을 낮추어 주어야 한다. 셋째, 비상조치에 해당하는 일시적 금융지원은 피해부문에 집중될 수 있어야 하며, 유동성 확장에 따른 도덕적 해이를 줄이기 위한 모니터링이 있어야 한다. 넷째, 이 금융위기도 코로나 위기와 마찬가지로 글로벌 위기이므로 국제적 연대와 협력이 있어야 한다. 특히 미국의 파격적인 유동성 확장이 있으면 그 수습이 훨씬 쉬워질 것이다.

코로나 위기에 대응하여 전개되고 있는 각국의 통화·금융정책을 보면 그 강도가 2008년 금융위기 직후 때보다 강하다. 미국 연준은 기준금리를 0(제로)으로 낮추고 7,000억 달러의 유동성을 공급하고 나아가 국채와 다른 채권을 매입하는 양적 완화를 무제한으로 실행하기로 하였다. 독일, 영국, 프랑스, 스페인 등은 거액의 대출이나 보증을 통한 금융완화정책을 발표하였고 유럽중앙은행도 유로지역 GDP의 7.3%에 해당하는 7,500 + 1,200억 유로를 긴급자금으로 지원하는 계획을 발표하였다. 우리나라 한국은행도 기준금리를 0.75%로 대폭 인하하고 미국과의 통화스와프를 확장하며 시장안정을 위한 채권의 환매조건부 매입은 물론 단순매입을 확대하고 있다. 우리나라 정부도 금융시장 불안과 실물부문의 피해를 줄이기 위해 전례없는 대규모 금융자금, 즉 100조 원 이상의 금융안정 지원방안을 발표하였다.

위기대응을 위한 '재난극복기금'의 조성

우리나라가 코로나 위기라는 재난을 극복하기 위해서는 무엇보다 환자 수를 줄이는 것이 중요하겠지만, 이 재난으로 인한 자영업자나 기업의 파산을 줄여 고용과 소득의 감소 폭을 줄이는 것도 매우 중요하다. 현재의 위기는 과거의 위기와는 성격이 다르다. 이 위기는 1997년과 달리 글로벌 위기로서 2008년과 달리 실물위기이고, 현재의 금융위기는 미래 실물경제의 불확실성으로 인해 파생된 것이지만 한시적 위기일 가능성이 높다. 그럼에도 많은 기업이나 자영업자가 자금순환의 중단이나 차질과 유동성 부족 등으로 흑자도산할 우려가 어느 때보다 크다. 일부 기업은 수요 자체가 실종하고 공급도 중단되어 이익은커녕 생존 자체가 위협받고 있다. 이 위기가 한시적이기는 하지만 얼마나 지속되느냐에 따라 그 충격은 큰 차이가 있다는 점을 고려하여 정책 방안을 수립해야 할 것이다.

첫째, 우리나라는 외환위기 때 정책기관이 각종 기금을 조성하여 위기를 돌파하였듯이, 이번에는 가칭 '재난극복기금'이라는 단기기금을 조성하여 재난에 따른 경기위기를 수습하면서 그 과정에 발생한 손실은 사회화해야 할 것이다. 현재와 같이 불확실성이 큰 상태에서 민간에 채권을 매각하는 방식으로 기금을 조성하면 금융비용도 크고 이자율 상승을 통해 기업의 수익성도 더 악화되므로 한국은행이 유동성을 직접 공급하거나 국채나 다른 채권을 인수하는 방식으로 기금을 조성하는 방안을 시행해야 할 것이다. 둘째, 우리나라의 '재난극복기금'은 현재 코로나 위기 수습 시점을 예측할 수 없기 때문에 수습기간별 한도를 설정하되 그 한도는 다소 많다고 느낄 정도로 충분히 설정해야 할 것이다. 현재 100조 원의 금융기금은 적은 것은 아니지만 예상보다 위기가 장기화될 경우에는 추가적인 기금조성도 있어야 한다. 셋째, 이 기금은 일시적인 판매부진에 따른 일시적 유동성 부족을 해소하는 것에 목표를 두고 있기 때문에 소상공인, 중소기업, 대기업 등에 필요한 단기운용자금 위주로 공급해야 할 것이다. 하지만 CP 같은 단기채 인수뿐 아니라 만기가 도래한 회사채의 인수나 대출의 만기연장도 단기자금 공급에 준하는 것이므로 함께 이루어져야 한다. 그리고 재정자금에 의존하여 보증을 확대하는 것도 필요하다. 그래야만 금융시장의 정책 당국에 대한 신뢰가 높아지고 내부의 위험 프리미엄도 낮아지면서 금융시장도 안정될 것이다.

넷째, 이 기금의 이용에서 나타날 도덕적 해이를 줄이기 위해서는 수혜기업에 대한 지속적인 모니터링이 필요하다. 이 모니터링은 능력이나 전문성을 고려하여 여러 금융기관이 분담하는 것이 좋을 것이다. 다섯째, 위기 수습기간이 장기화되면 금융기관의 건전성은 자연적으로 낮아질 것이므로 위기 동안 한시적으로 자금운용에 대한 규제 수준을 낮추거나 완화하는 것도 필요할 것이다.

확장적 통화정책의 두 방안
: 헬리콥터 화폐와 양적 완화

미국 정부는 코로나 위기로 인한 개인들의 경제적 피해를 보상하면서 소비도 진작시키기 위해 미국 국민 전체를 대상으로 1인당 최대 1,200달러를 현금으로 지급하는 안을 실시하기로 하였다. 이 재원은 정부예산으로 마련된 것이므로 재정자금에 속한다. 구체적으로 정부는 수혜대상자에게 이 금액만큼 수표를 주겠다는 것이다. 전 국민을 대상으로 화폐를 지급하는 것은 헬리콥터식 화폐 살포, 줄여서 헬리콥터 화폐helicopter money를 연상시킨다.

헬리콥터 화폐란 중앙은행이 은행 금융기관을 거치지 않고 직접 현금이나 수표를 지급하는 것을 말한다. 유동성함정—명목이자율이 0에 가까워 화폐수요가 무한정인 상태—에서 총수요 부족으로 경기침체의 장기화나 디플레이션이 우려될 때 중앙은행이 본원통화base money인 현금이나 중앙은행 수표를 민간—금융기관을 제외한 경제주체—에게 직접 지급하는 방안이 헬리콥터 화폐이다. 이 방안은 원래 미국 경제학자 밀턴 프리드먼이 통화정책의 유효성을 설명하기 위해 개념화한 것이다. 이런 방식으로 화폐가 공급되면 금융시장(이자율)의 매개 없이 화폐증가가 직접 실물경제에 영향을 줄 수 있다는 주장이다. 만약 모든 가구가 세금 감면을 받고 중앙은행이 이 금액을 정부에 보전해 준다면 마찬가지의 결과를 가져올 수 있으나 면세가구가 많기 때문에 실제로는 차이가 있을 것이다.

중앙은행이 채권을 매입하는 방식으로 재정자금이나 금융자금을 마련해 준다면 이로 인해 화폐가 늘어나기 때문에 이것은 채무의 화폐화monetizing the debt로서 양적 완화quantity easing 또는 유동성 공급 효과를 가진다. 미국 정부가 실시할 보편적 기본소득의 현금 지급이나 우리나라 일부 지방정부가 시행하는 재난기본소득 지급은 중앙은행의 본원통화 증가, 이른바 발권력에 기초한 것이 아니라 자체 예산에 근거한 것이라는 점에서는 차이가 있다. 만약 정부가 이 재원을 마련하기 위해 국채를 발행하고 이 국채를 중앙은행이 인수한다면 발권력에 의존한 현금 살포, 이른바 헬리콥터 화폐와 결과가 같아진다. 헬리콥터 화폐를 정확히 실현하자면 중앙은행이 화폐발행 차익이나 채권거래로 얻은 이익을 직접 민간에게 현금이나 수표로 나누어주어야 한다.

글로벌 금융위기 이후 헬리콥터 화폐 방식도 경기침체를 타파하는 방안이라고 주장하는 경제학자가 적지 않았다. 일본이 장기침체와 디플레이션 우려에 빠졌을 때 세금 감면이나 현금 지급 방식으로 헬리콥터 화폐를 실시해 보자는 제안이 있었다. 헬리콥터 화폐와 양적 완화는 중앙은행의 본원통화 증가를 가져온다는 점에서 같지만, 양적 완화는 국채 매각을 통해 원래 상태로 되돌아갈 수 있으나 헬리콥터 화폐는 항구적으로 이전한 것이므로 본원통화는 다시 줄어들 수 없다. 또한 화폐 지급이 있더라도 이것을 반 정도만 지출하고 나머지는 저축한다면 실효성이 적을 수 있다. 더욱이 과거 전쟁과 같은 비상시 중앙은행의 통화남발이 반복되면서 하이퍼인플레이션으로 귀결된 사례도 적지 않다. 달러와 같은 국제통화인 경우에는 이런 위험성은 거의 없겠지만 원화와 같은 지역통화는 다르다. 현재 코로나 위기가 전시에 준하는 상황이지만 이것은 잠정적인 것이므로 한국은행이 헬리콥터 화폐 같은 극단적인 방법보다는 위기 수습 이후 이전 상태로 되돌아갈 수 있는 정책 수단인 양적 완화와 유동성 공급 방안을 활용하는 것이 좋을 것이다.

2020. 3. 27. 작성

코로나19 고용위기 극복을 위한 정부 대책의 평가

나원준 경북대학교 경제통상학부 교수

고용위기의 실상

최근 몇 주간 3월 고용동향의 공식 통계가 발표되면서 코로나19로 인한 고용위기의 실상이 드러나고 있다. 먼저 통계청의 경제활동인구조사에서 취업자 수는 전년 동월에 비해 약 20만 명 줄었다. 이는 2009년 5월 이후 최대 감소폭이다. 감소는 도·소매업과 숙박·음식점업에서 두드러졌다. 임시일용 노동자가 약 60만 명 줄었다. 취업자 중에서도 일시휴직이 161만 명에 달했다. 이는 전년 동월보다 126만 명 늘어난 것이며 역대 최대 수준이다. 비경제활동인구 중에는 '쉬었음'으로 응답한 수가 전년 동월 대비 36만 명 이상 늘었다. 확장실업률(구직활동은 하지 않지만 취업을 희망하는 사람과 취업시간이 짧아 추가 취업을 원하는 사람을 실업자로 포함한 고용보조지표)은 14.4%까지 올랐다. 이 지표 작성 이래 가장 높은 값이다.

고용보험 통계에서는 구직급여 지급액이 전년 동월보다 40% 늘었다. 이는 역대 최대였다. 신규 구직급여 신청도 전년 동월에 비해 25% 늘었다. 이는 2009년 3월 이후 가장 높은 수치이다. 구직급여 신청이 가장 많이 늘어난 업종은 숙박·음식점업과 사업서비스업(여행업 포함)이었다. 한편 고용보험 자격 취득자는 줄고 자격 상실자는 늘었는데, 상실자 증가폭이 취득자 감소폭보다 작았다. 이는 사용자들이 일시휴직으로 고용을 유지하면서 채용을 축소한 때문으로 해석된다. 아울러 고용유지지원금 신청 사업장 수는 올해 4월 27일까지 5만 5,000여 건을 넘어섰다. 이는 작년 전체 기간 신청 건수의 37배에 달하는 수치이다.

고용노동부의 3월 사업체노동력 조사에서는 1인 이상 사업체의 전체 종사자 수가 사상 처음으로 전년 동월 대비 감소했다. 특히 숙박·음식점업과 교육서비스업(방과후 강사와 학원 포함)에서의 일자리 감소가 두드러졌다. 무급휴직자를 포함한 '기타 이직자'가 전년 동월보다 11만 명 이상 늘어난 것도 눈에 띈다. 무엇보다 이 조사에서도 임시일용 노동자를 중심으로 일자리 감소가 뚜렷한 점에 주목할 필요가 있다. 고용 여건이 열악한 취약계층에서부터 고용위기가 현재화하고 있다는 증거이기 때문이다.

고용위기의 현 단계 특징

고용위기는 코로나19 확진자 수가 불어나면서 방역을 위한 거리 두

기와 감염의 공포로 도시의 풍경이 바뀐 2월부터 시작되었다. 통계로 확인되는 3월까지의 고용위기는 주로 서비스업에 집중되어 있다. 다만 4월 통관기준 수출 실적이 전년에 비해 24% 급감한 사실은 우려스럽다. 향후 세계적인 수요 침체와 공급 사슬 붕괴에 따른 소재·부품의 조달 차질로 수출 부진이 이어지면 고용 비중이 큰 제조업으로 고용위기가 번질 수 있기 때문이다. 그렇게 되면 고용위기의 성격도 현재와는 달라질 것이다.

이번 고용위기의 한 가지 특징은 코로나19 위기를 배경으로 하는 수요·공급 복합 위기의 산물이라는 점이다. 감염의 위험은 1차적으로 부문 간 불균형을 수반하면서 조업 감소와 국내 수요의 위축을 가져왔다. 여기에 시차를 두고 해외 수요 위축과 세계 공급사슬 붕괴가 이어지면서 다시 국내에서는 생산 차질과 함께 전반적인 소득 감소, 일자리 상실에 따른 수요 위축이 초래되고 있다. 그런 점에서 이번 고용위기는 거시경제의 수요와 공급 양 측면의 충격에 따른 복합적인 위기의 산물이라고 할 법하다. 이 때문에 위기에 대한 대응 역시 입체적이고 다면적일 수밖에 없다. 정부가 기간산업과 수출산업을 지원하고 금융시장 위기관리에도 적극 나서는 배경이다.

궁극적인 불확실성이 바이러스 감염의 미래 통제 가능성에 달려 있다는 사실도 이번 고용위기의 특징이다. 백신이나 치료제가 개발되기 전에 추위가 찾아오면서 감염이 세계적으로 다시 대유행하는 불행한 시나리오에 따르면 세계경제의 부진은 예상보다 장기화될 수 있다. 일시적으로는 당장 미국 등 주요국의 록다운lockdown 해제 이후 상황 전개가 중요할 수 있지만, 정책 대응에서는 이 위기가 장기화할 가능성도 염두에 두어야 할 것이다.

　이번 고용위기의 또 다른 특징은 대면 위주 서비스 부문을 중심으로 시작되었다는 사실이다. 이에 따라 노동시장 지위가 취약한 계층부터 일자리를 잃고 생계가 단절되는 실정이다. 재난의 충격은 한국 노동시장의 분절구조를 여실히 드러내고 있다. 이는 정부의 대응이 전통적인 수요 진작에서 더 나아가 취약 계층에 집중된 재난 손실의 구제에 이르러야 함을 의미한다. 포괄적이고 사각지대를 최소화하는 실효성 있는 정책이 어느 때보다도 필요한 이유이다.

정부의 고용 대책과 세부 평가

위기가 현재화하면서 정부의 대책도 이어지고 있다. 3월 국회를 통과한 1차 추가경정예산(이하 '추경')에는 고용유지 목적으로 1조 9,000억 원이 편성되었다. 고용유지지원금은 금융위기 당시 2009년의 3,000억 원보다 늘려 5,000억 원이 배정되었다. 일자리안정자금 증액, 산재보험료 감면이 있었고 가족돌봄비용으로 노동자 1인당 50만 원까지 지원되도록 했다. 중소기업과 소상공인의 경영자금을 저리로 빌려주는 정책도 병행되고 취약 계층에 소비 쿠폰, 돌봄 쿠폰도 제공되고 있다. 다만 고용위기가 본격화되면서 1차 추경으로는 예산 편성의 목적을 달성하기 어렵다는 인식이 자리를 잡았다.

　이에 정부는 다시 3차 추경으로 편성될 10조 1,000억 원의 고용 대책을 4월 22일에 발표했다. 이번 대책에 포함된 세부 시책들은 크게 볼 때 고용보험 일자리의 유지, 공공부문 중심의 일자리 창출, 고용안전망 강화의 세 가지 다층화된 목표로 구조화되어 있다.

1) 고용보험 일자리의 유지

정부의 고용유지 대책은 고용보험제도상의 고용유지지원금 활용을 중심으로 하고 있다. 고용유지지원금은 경영에 피해를 입은 사용자가 노동자를 유급휴직 조치해 고용을 유지하면 중소기업의 경우 휴업수당의 최대 90%를 정부가 지원하는 제도이다. 그런데 이 고용유지지원금에 대해서는 특히 현장을 중심으로 제도의 세부사항에서 개선을 요구하는 목소리가 높다. 제대로 된 보완 없이는 고용 대책으로서의 실효성에도 한계가 있다는 지적이 이어지고 있다.

무엇보다 지불능력이 부족한 중소기업은 휴업수당 10%를 사용자가 부담해야 하는 것도 매우 어려운데, 이를 이번 대책에서 그대로 유지하고 있는 점은 문제가 된다. 영세한 사용자는 휴업수당 10%의 비용을 감당하기 어려워 차라리 정부 지원을 포기하고 노동자를 무급휴직 조치하거나 해고할 가능성이 크다. 이런 방식으로는 대량 실직 사태가 빚어질 위험이 별로 줄어들지 않을 것이다.

지급 요건이 까다로운 점도 지적된다. 사용자가 고용유지지원금을 신청하려면 이번 경제위기에 따른 피해를 입증해야 한다. 노동자와의 협의사항 및 노동시간에 대해 증빙 자료를 제출해야 한다. 신청이 통과된 다음에도 실제 지원금을 수급하려면 휴업수당을 지급했다는 사실과 노동자의 출근 여부를 확인하기 위한 별도의 자료 제출이 다시 요구된다. 이런 경우라면 사용자들이 고용유지지원금 신청을 아예 기피할 수 있다.

다른 문제도 있다. 노동자는 무급휴직 상태가 되면 이번 대책에 포함된 신속지원 프로그램으로 3개월간 매월 50만 원을 지원받는다.

그나마도 사용자가 신청을 해줄 때에만 지원을 받을 수 있다고 알려져 있다. 그런데 4,800억 원으로 32만 명을 지원하겠다는 이 프로그램은 아마도 유명무실한 지원이 될 가능성이 커 보인다. 고용보험 노동자라면 대개 퇴직 전 평균임금의 절반가량을 더 오랫동안 수급할 수 있는 실업급여가 훨씬 유리할 것이기 때문이다. 고용 대책이 이렇게 잘못 설계되면 휴직을 통한 고용유지보다 권고사직과 실업이 선택되는 상황이 벌어질 수 있다.

해고 금지나 고용총량 유지 의무가 정부 지원의 전제조건으로 명시되지 않은 점에 대해서도 문제제기가 이어진다. 중요한 것은 우선순위와 방향성일 것이다. 위기의 시간을 통과하면서 고용을 유지하는 것은 국가적 과제이다. 이 위기는 바이러스 감염으로부터 비롯된 것이다. 그러므로 이 상황을 벗어날 때까지 경제의 잠재생산능력을 최대한 보존하는 편이 적절한 처방일 수 있다. 더군다나 포용국가를 표방하는 현 정부에서 과거처럼 경제위기가 닥치면 정리해고로 대처하는 방식이 자연스러울 수 없다. 그렇다면 무엇보다도 일자리를 지켜내야 한다. 일자리를 최대한 위기 전 상태에 가깝게 동면시켜야 한다. 그렇게 하려면 정부의 사용자에 대한 모든 지원에 대해 고용유지 의무를 전제조건으로 명시할 필요가 있다. 유독 기간산업안정기금의 경우 일정비율 이상의 고용총량 유지를 지원조건으로 별도 명시하고 있지만 일반 고용지원의 경우 그와 같은 전제조건 자체가 없다. 사각지대를 방치하고 있는 것이다.

2) 공공부문 일자리 창출

한국경제에서 경기변동에 따른 고용변동의 완충 역할을 그간에 시장에 맡겨놓은 결과물이 현재 과당경쟁 상태의 자영업 부문이라고 볼 수도 있다. 그렇다면 자영업의 과잉상태를 해소하면서 정부와 시민사회가 의식적이고 합목적적으로 고용완충장치를 조직하는 것도 고려함 직하다. 공공일자리는 그런 방향에서 정부 고용 대책의 일환으로 적극 고려할 필요가 있다.

공공일자리를 톱다운 방식의 자활사업에 미리 한정지을 이유는 없다. 이를테면 지역사회의 복구나 위기극복과 관련된 제안사업을 민간에 공모하고 그렇게 선정된 사업을 지방정부가 조율 및 지원하는 형태로도 공공일자리를 얼마든지 만들 수 있다. 주민의 자발성과 지역사회의 수요에서 출발한 다양한 내용과 형식의 공공서비스가 발굴될 수 있다. 그 결과로 지역사회 보건과 돌봄의 일자리가 늘어날 수 있다. 공공주택과 생활치료시설을 확충하는 일자리도 만들어질 수 있다. 참여노동자의 임금은 중앙정부가 지급하고 그 밖의 사업비는 중앙과 지방정부, 참여 민간사업자가 분담할 수 있다. 정책이 자리를 잡으면 고용 충격을 완충하는 지속 가능한 수단이 될 수 있다.

이번 고용위기에 대한 대책으로 정부는 비대면 및 옥외 공공일자리 40만 개 등을 창출할 계획이다. 이 일자리는 최저시급 이상의 임금을 지급하고 사회보험 혜택을 제공한다. 다만 경제 전체적으로 고용완충장치 기능을 기대하기에는 턱없이 모자란 규모가 아닐 수 없다. 취업경쟁이 치열해져 공공일자리를 원해도 기회를 못 얻는 노동자가 생기는 것도 문제가 될 수 있다. 최대 고용기간이 6개월인 점도 흠이다. 정부의 태도가 중요하다. 고용위기가 진정될 때까지 더 많은 공공일자리를 더 오래 제공할 필요가 있다면 더한 재정 부담이라도 감수해야 한다.

3) 고용안전망 확충

고용안전망은 실직을 전제로 한 최후의 방어 장치이다. 3차 추경에 포함될 고용 대책의 한 부분으로서 정부는 구직급여를 늘리고 긴급 고용안정 지원금을 신설해 고용안전망을 강화할 계획이다. 구직급여는 수급 인원이 49만 명 더해질 전망이다. 긴급 고용안정 지원금은 고용보험 사각지대의 노동자와 자영업자 93만 명을 대상으로 1인당 50만 원씩 3개월간 지원이 이루어질 예정이다.

이 긴급 고용안정 지원금은 입법과정에서 좌절된 한국형 실업부조의 구직촉진수당에 해당하는 것으로 보인다. 그렇다면 이번 대책은 50만 원씩 6개월을 지급하기로 했던 당초 계획에 비하면 오히려 줄어든 셈이다. 정부는 앞에서 언급한 무급휴직 신속지원 프로그램에도 50만 원씩 3개월을 배정했다. 정상적인 경제상황이 아닌데 3개월이면 충분한지 의문이다. 이와 함께 '소득 및 매출의 급감'이라는 긴급 고용안정 지원금의 지원조건도 문턱이 높아 문제가 될 수 있어 보인다. 왜냐하면 이 제도의 지원 대상이 되는 특수고용, 플랫폼, 프리랜서 노동자들은 소득 파악이 제도화되어 있지 않고 적지 않은 경우에 구두 계약만으로도 일하므로 증빙이 쉽지 않기 때문이다.

다만 정부는 이렇게라도 시작하는 이 보충적 고용안전망을 이번에는 반드시 조기에 안착시키고 키워가야 할 것이다. 국회의 문턱을 넘지 못하고 있는 고용보험법 개정안은 일정 기간 이상 고용보험료를 납부한 특수고용 노동자도 일정 수준 이상 소득이 감소하면 실업급여를 받을 수 있도록 하는 내용을 포함하고 있다. 역시 여전히 국회에서 계류 중인 국민취업지원제도 관련법에 따르면 원래 올해 7월부터 한국형 실업부조인 국민취업지원제도가 시작될 예정이었다.

국민취업지원제도는 사회보험이 아닌 조세 기반의 공공부조로서, 고용보험제도 밖의 취약계층을 지원하려는 목적의 보충적 고용안전망이다. 그렇다면 이번 고용위기를 맞아 정부와 국회가 전향적으로 지원의 대상과 규모를 확대하고 올해 7월보다 시기를 앞당겨 제도를 시행하는 것이 맞다. 이 채널에 재정투입을 집중하면 고용안전망을 지금보다 더 두텁게 만들 수 있기 때문이다. 다만 이 제도에 대해서도 설계상의 문제가 지적되어 왔다. 연령과 취업 경험 요건으로 인해 경력단절여성과 고령자가 배제될 가능성, 기초생활 수급자의 생계급여가 구직촉진수당 때문에 삭감될 가능성이 그것이다. 이런 문제들에 대해서는 별도의 보완이 필요하다.

맺음말

전체적으로 이번 고용 대책의 재정총량을 보면 융자 및 기존 지역고용대응 사업을 제외할 때 지원 규모가 작년 국내총생산의 약 0.5%에 이른다. 현재 고용위기의 심각성을 고려하면 파격적인 수준이라고 보기는 어렵다. 이번 고용 대책의 개별 조치는 대개 기존 제도를 양적으로 조금씩 확대한 것에 가깝다. 다만 확대 폭은 총액 제약에 갇혀 있는 모습이다. 이에 대해 정부가 고용 대책의 재정투입 규모를 주로 고용보험기금 가용액을 중심으로 맞춘 것이라는 해석도 있다.

그에 따른 한 가지 귀결로서, 현재 고용위기의 가장 큰 피해자이면서 고용보험 사각지대에 있는 취약계층에 대한 보호는 사실상 뒷전으로 밀린 형국이다. 노동계에 따르면 2019년 8월 기준으로 전체 취업자 2,735만 명 가운데 고용보험 미가입자는 절반이 넘는 1,383만 명이다. 가입자 1,352만 명 중에도 기간제, 사내하청, 파견용역 노동자 약 745만 명은 다양한 사정으로 고용유지지원금 혜택을 받기 어렵다고 한다. 현재 제도는 전체 취업자의 22%인 607만 명한테만 도움이 될 수 있다는 것이다. 실제로 5인 미만 사업장은 근로기준법이 적용되지 않으므로 사용자에게 휴업수당 지급 의무가 없다. 고용유지지원금 자체가 이들에게는 의미 없는 것이다. 규모가 더 큰 사업장이라도 기간제 계약직이거나 사내하청 외주 노동자라면 사용자가 휴업수당을 주기보다는 계약을 해지하는 선택을 할 가능성이 크다. 이와 같은 현실을 반영하지 않은 정부 대책은 고용 취약계층을 사실상 방치하는 것일 수 있다.

정부는 노사 간의 자율협약에 따라 일정 기간 고용유지를 조건으로 노동조합이 임금 감소를 수용하는 경우 삭감된 임금의 50%를 6개월간 지원하기로 했다. 하지만 한국경제의 노동조합 조직률은 10%를 조금 상회하는 정도이다. 고용위기에 취약한 영세사업장 대부분은 노동조합이 없다. 사업장별 협약에 근거한 고용 대책이 효과가 크기 어려운 이유이다. 결국 단체협약은 규율의 정도가 문제가 된다. 그렇다면 노사정협의의 사회적 대화를 통한 중앙교섭으로 일괄 고용유지 협약을 체결하고, 필요하면 하위 교섭을 통해 업종별로 지역별로 혹은 사업장별로 조율하는 편이 바람직하다. 그럴 때에 비로소 고용유지 최소 기간, 노동조합이 수용할 임금 삭감 정도 등 풀기 어려운 이슈들에 대해 폭넓은 사회적 합의를 도출할 수 있다.

대응 원칙을 분명히 할 필요가 있다. 첫째, 일자리를 위기 전 상태에 최대한 가깝게 지켜내야 한다. 둘째, 정부와 사용자가 그 비용을 분담해야 한다. 셋째, 정부의 사용자 지원은 정리해고를 한시적으로 금지하는 전제조건하에서 이루어져야 한다. 그 대신에 정부는 사용자에 대한 지원을 늘려 고용부담을 나누어 져야 한다. 마지막으로 넷째, 정부가 의지를 가지고 사회안전망을 대폭 강화해 노동시장 취약 계층을 보호하는 전향적인 변화를 시작해야 한다. 이번 위기를 겪으면서도 달라지지 않고 미뤄두어서는 안 된다. 향후 코로나19 감염 확산세가 어떤 양상으로 전개될지는 불확실하다. 만약 현재의 위기 상황이 길어진다면, 우리는 다시 새로운 추가 고용 대책을 세워야 할 수 있다. 그럴수록 더욱더 고용 대책과 보조를 맞추는 사회안전망 강화가 필요하다고 할 것이다.

2020.5.4. 작성

미·중 무역전쟁이
던지는 질문

03

———— **지만수** 한국금융연구원 선임연구위원

2018년 하반기부터 여러 차례에 걸쳐 상호 관세인상을 주고받으며 가열되었던 미·중 간의 무역전쟁은 전면 대결 양상으로 나아가고 있다. 2020년 1월 이른바 1단계 합의가 이루어졌지만 정작 그동안 상호 부과했던 관세는 별로 건드리지 않고 중국이 미국산 공산품, 농산물, 에너지를 향후 2년간 2,000억 달러 추가 수입한다는 약속으로 미봉되었을 뿐이다.

미국은 트럼프 집권 이후 중국의 대미 무역흑자, 환율조작과 정부보조금, 투자기업에 대한 기술이전 압력, 미흡한 지적재산권 보호와 공격적 기술 절취 등을 문제 삼으며 중국에 대한 통상 압박을 강화해왔다. 특히 2017년 8월부터 이른바 통상법 301조에 따른 조사 및 중국과의 협의[1]를 진행하였고, 2018년 7월부터 두 차례에 걸쳐 각 340억 달러와 160억 달러 규모의 중국산 수입품에 대해 25%의 추가관세를 부과하였다. 이후 양국은 여러 차례의 보복관세를 주고받으며, 2020년 1월 현재까지도 양국의 상호 수출액 가중평균으로 20%가 넘는 관세를 부과하고 있다.

현재 미국과 중국 간에 통상분쟁을 '무역전쟁' 또는 '경제전쟁'이라고 부르는 이유는 세 가지이다. 첫째, 트럼프 행정부가 중국의 경제적 행태를 미국을 위협하는 '전략적 도전 및 경쟁' 행위라고 규정하고,[2] 정치적·전략적 대결을 위한 수단으로 통상 압력을 활용하고 있다. 둘째, 중국이 미국의 행동에 동일한 수단으로 맞대응함으로써 분쟁이 확전되는 양상을 보인다. 1차 협상의 성과 자체도 미미할 뿐 아니라, 코로나19로 인한 글로벌 경제와 무역의 위축으로 그 이행 전망도 불투명하다. 셋째, 미·중 분쟁은 WTO 등에서 통용되는 국제통상질서의 바깥에서 진행되고 있다. 즉 미국은 중국의 불공정 행위의 전반적 시정을 압박하기 위해, 오랫동안 사문화되었던 통상법 301조를 활용해 일률적 추가관세를 부과하였다. 이는 개별 불공정 행위와

---

1   1974년 제정된 통상법 301조는 미국의 상업활동을 제약하는 상대국의 비합리적이거나 차별적인 조치에 대한 대응조치를 규정하고 있다. 미국은 중국에 대해 2017년 8월부터 통상법 301조에 따른 조사를 개시하였다. USTR는 그 결과를 2018년 3월 22일 발표하였고, 2018년 7월부터 중국에 대해 보복관세를 부과하기 시작하였다.

2   2017년 12월 발간된 미국 국가안보전략 보고서에서는 중국과 러시아가 미국에 경쟁·도전하고 있으며, 특히 중국은 인도양-태평양 지역에서 미국을 대체하고, 자신의 국가주도 경제모델을 수출하며, 이 지역을 자기 뜻대로 재조직하려고 한다고 평가한다. 이런 평가하에서 중국의 불공정한 무역관행에는 대화와 강제 등 모든 적절한 수단을 동원해서 대응해야 한다고 주장하고 있다.

그에 따른 국내 피해를 품목 및 산업별로 입증하고, 이에 비례하여 반덤핑관세, 보조금 상계관세, 세이프가드 등 무역구제 수단을 품목별로 발동하는 현행 WTO 체제의 규칙과는 완전히 다른 접근이다.

　미·중 무역전쟁의 방아쇠를 미국이 당긴 것은 분명하다. 트럼프 취임 초 미국은 2015년 합의했던 환태평양경제동반자협정TPP 가입을 철회하고, 북미자유무역협정NAFTA과 한미 FTA 재협상을 추진하며, 철강제품에 대한 일률적 관세를 부과하는 등 주요 교역국 상대로 전방위적 통상 압력을 가했다. 그러나 2018년 하반기 이후 미국은 타깃을 중국에 집중하고 있다. 중국 때리기는 이제 트럼프 정부만의 의제가 아니라, 공화·민주 양당을 어우르는 공감대를 형성한 것으로 보이기까지 한다.[3]

　미·중 간에 대립이 장기화 국면으로 접어드는 상황에서 미국이 이번 무역전쟁을 시작한 배경을 이해할 필요가 있다. 근본적 배경은 중국의 경제규모가 빠르게 커지면서 세계 1위 국가인 미국의 지위를 대체하는 시점이 가시화된 데 있다.[4] 미국의 중국에 대한 인식은 이미 오바마 정부 시기부터 협력의 '파트너'에서 전략적 '도전자'로 바뀌고 있었다.[5] 그렇지만 특정 국가의 성장자체를 '무역전쟁'의 명분

3　펜스 부통령은 2018년 10월 대중 정책에 대한 연설에서 중국의 불공정한 무역을 비난함과 동시에 중국이 각종 수단을 통해 미국 내정과 11월 중간선거에 개입하고 있다고 격렬하게 비난한 바 있다.

4　피터슨국제경제연구소PIIE는 미국이 2%, 중국이 6% 수준의 성장을 지속할 경우 2030년 중국이 미국의 경제규모를 추월할 것으로 예상하고 있다(시장환율 기준).

5　2000년대 중반 공화당 부시 행정부 아래서 미국과 중국은 서로를 세계경제에 대해 '책임 있는 이해관계자responsible stake holder'로 인식하자는 공감대를 형

으로 삼는 것은 광범한 지지를 얻기 어렵다. 중국 견제에 나선 미국이 무역전쟁의 명분으로 내세우는 것은 중국의 성장 자체가 아니라 그 성장의 방식이다. 즉 중국의 경제체제 자체가 공정하고 호혜적이지 fair and reciprocal 않다는 것이다.

가령 2018년 3월 미 USTR의 통상법 301조 조사보고서는 중국 정부가 외국인 투자에 대한 지분제한이나 사업승인 과정 등을 통해 기술이전을 강요하고 있다고 지적한다. 또한 중국 기업의 해외투자를 전략적으로 지원하여 국가적 차원의 기술흡수와 영향력 강화에 활용하고 있다고 평가한다. 정부기관이 지적재산과 사업정보의 절취에도 간여하고 있다고 주장한다. 중국의 행태가 폐쇄적이고, 불공정하며, 공격적이라는 것이다.6 동시에 미국은 중국의 국가주도적 경제체제 자체가 이 모든 불공정성의 근원에 있다는 문제의식을 숨기지 않는다. 일종의 체제충돌 성격을 갖고 있다는 것이다.

그런데 2008년 글로벌 금융위기 이후 중국의 경제전략 변화 방향을 보면, 중국은 미국이 제기하는 우려의 빌미를 제공해 왔다. 그 출발점은 중국이 지향하는 경제체제에 대한 중국 공산당의 인식변화

성한 바 있다. 그러나 민주당 오바마 행정부는 TPP를 추진하면서, 중국이 세계 경제의 규칙을 제정하도록 놓아두어선 안 된다는 명분을 내세우는 등 중국 견제 입장을 명확히 했다. 트럼프 행정부가 중국을 '전략적 도전자strategic challenger'라는 시각으로 바라보는 것은 그 연장선에 있다.

6 중국 정부는 이에 대응하여 2018년 9월 「중미 무역마찰에 관한 사실과 중국의 입장」이라는 보고서를 냈다. 이 보고서는 미국이 주장하는 중국의 불공정 행위에 대한 반박과 해명을 시도한 것은 아니다. 보고서의 기조는 추가관세부과 등 미국의 중국에 대한 보복행위는 보호주의적 무역 행태로서 미국이 자유무역 원리와 WTO의 규정을 위반하고 있다고 비난하는 내용이다.

이다. 글로벌 금융위기 이전까지 중국은 자신의 경제체제를 시장경제를 지향하는 지속적인 체제전환이 필요한 과도적이고 이행적인 체제라고 인식했다.

그러나 2009년 이후 중국에서 '중국 체제가 가진 장점體制優勢'에 대한 논의가 진행되면서 이러한 인식이 변화하기 시작했다. 그동안 개혁의 대상이라고 생각했던 중국의 국유기업 시스템이나 폐쇄적 자본시장이 다시 보니 경제의 성장과 안정에 유리할 수 있다는 것이다. 그리고 이는 2013년 시진핑 정부 출범과 함께 '중국 특색 사회주의의 제도화'7라는 개념으로 발전한다. 이 개념을 통해 중국은 체제개혁의 최종 목표가 서구 시장경제를 추종하거나 모방하는 것이 아니라 중국 나름의 독자적인 경제체제를 구축하는 것임을 분명히 했다.

이후 중국은 시장개방의 다음 단계로 간주되던 자본시장의 개방 속도를 당초의 기대8보다 늦추고 있다. 외국 금융기관이 직접투자를 통해 중국에 진입하는 것은 계속 자유화하지만, 주식과 채권에 대한 외국인 투자는 총액 쿼터제를 통해 제한하고 있다. 금융기관의 진입은 허용하되 자본이동은 제한하는 방식이다. 세계 2위의 경제규모를 가진 나라가 자신의 자본시장을 글로벌 자본시장과 분리하고 있다는

7　2013년 중국공산당 18기 3중전회에서 중국공산당은 개혁개방 초기에 사회주의 체제에 시장경제의 요소를 도입하는 것을 정상하기 위한 개념으로 '중국 특색을 가진 사회주의'라는 용어를 사용한 바 있다. 시진핑 주석은 이 개념을 복권시켜 중국이 추구하는 체제의 비전으로 강조하고, 2017년 공산당 당헌에, 2018년 중국 헌법에 동 개념을 삽입하였다. 중국 특색 사회주의가 시진핑 시대 중국체제의 정체성과 지향을 표현하는 핵심 이념으로 공식화된 것이다.
8　중국 인민은행은 2012년 발간한 보고서에서, 2020년까지 중국의 자본시장을 완전히 개방할 것임을 시사한 바 있다.

것이다. 자본계정 거래의 제한은 위안화의 환율에 정부가 손쉽게 개입할 수 있는 제도적 바탕이기도 하다.

국유기업 정책의 전환도 중요하다. 시진핑 정부는 중국의 국유기업 시스템을 해체하기보다는 오히려 강화하겠다는 방침을 출범 초 명확히 했다.[9] 실제로 개혁개방 이후 수십년간 감소해왔던 국유기업의 수가 2012년부터 다시 증가하기 시작했다. 1998년 6.5만 개였던 국유기업은 2011년 1.7만 개까지 감소하였으나, 이후 증가하여 2018년 1.9만 개에 달한다.

과거 중국과 세계시장의 연결은 주로 외자 및 민영 제조업 기업의 노동집약적 제품 수출로 이루어졌다. 이 시기 국유기업의 활동은 주로 국내경제로 한정되어 있었고, 중국 국유기업에 대한 외국의 관심도 주로 국유기업의 비효율성이 성장에 해로울 것이라는 우려에 집중되었다.

그러나 중국 국유기업들은 이제 글로벌 플레이어로 변모하고 있다. 이들은 자본집약적 제품의 생산과 수출, 해외 직접투자, 외국 기업에 대한 M&A, 대규모 금융투자 등 다양한 방식으로 세계시장에서 영향력을 확대하고 있다. 2019년《포춘Fortune》지가 선정한 글로벌 500대 기업 중 중국 기업이 이미 119개에 달하여 이제 미국(120개)과 대등한 규모이다. 그 대부분은 정부가 소유하고 통제하는 국유기

---

9 2013년 18기 3중전회에서 중국은 "국유기업의 활력, 통제력, 영향력을 강화하고 공유제의 주도적 지위를 유지"하겠다고 밝혔다. 이는 민영화를 포함한 국유기업에 대한 점진적 개혁을 지속해 온 이전까지의 입장과 반대되는 것이다. 국유기업의 강화는 '중국 특색 사회주의'의 핵심적 구성요소라고 판단된다.

업이다. 국가가 직간접으로 지원·보증하는 중국의 거대한 국유기업들이 세계시장에서 각국의 민간기업들과 생산, 투자, 자금조달을 두고 경쟁하는 것이다.[10] 이는 중국의 경제체제가 과연 공정한 국제경제질서와 조화될 수 있느냐는 매우 근본적인 질문을 던지고 있다.

더욱이 중국은 전면적이고 전략적으로 자국의 산업고도화를 지원하고 있다. 중국의 산업고도화는 '제조업 2025', 전략적 해외투자go global, 일대일로一帶一路 등 야심적인 국가적 전략이 뒷받침하고 있다. 제조업 2025가 표방하는 국가주도의 첨단산업 육성은 선진국의 주력산업과 미래산업을 위협한다. 또 첨단기술을 가진 외국 기업에 대한 전략적 M&A를 통해 산업추격의 시간을 단축하고 있다.[11] 이른바 일대일로 전략 역시 인프라 투자를 매개로 동남아 등 차세대 제조업 가치사슬 지역을 중국이 선점하여 중국 산업의 고도화를 지원하겠다는 구상을 담고 있다.[12]

---

10 미국과 EU는 2001년 중국의 WTO 가입 당시 15년간 유예하기로 했던 중국의 시장경제지위MES 인정을 2016년 말 15년 기한이 만료된 이후에도 불인정 상태로 유지하기로 했다. 유예기간 종료가 자동인정을 의미하지는 않는다는 입장이다. 이는 중국의 국유기업 체제 유지 및 강화에 대한 미국과 EU의 반발이라고 볼 수 있다. 중국은 이 결정을 WTO에 제소하였다.

11 USTR의 2018년 11월 추가보고서에 따르면 2000년 중국의 미국에 대한 직접투자는 100% 공장설립형green field 투자였으나, 2013년 이후에는 90% 내외가 기존 기업을 인수하는 M&A형 투자로 바뀌었다. 미국은 외국인투자심의위원회CFIUS를 통해 미국의 IT 및 금융기업에 대한 중국 기업의 M&A를 다수 무산시키고 있으며, 그 결과 2016년 103억 달러에 달했던 중국의 대미 투자는 2017년 이후 대규모 인수합병이 중단되는 등 사실상 중단된 상태이다.

12 초기에 중국의 일대일로 전략을 방관하던 미국은 2019년에 들어 중국이 인프라 투자를 매개로 일부 개도국을 불건전한 부채국으로 전락시켜debt trap 그 나라에 대한 중국의 영향력을 강화하고 있다고 공개적으로 비난했다. IMF 또한

이러한 중국의 변화에 따라 미국도 행동하기 시작했다. 그동안 중국은 미국이 구축한 자유무역 질서의 혜택을 십분 활용하면서 고도성장에 성공했는데, 중국이 세계 2위의 경제대국이 된 시점에서 폐쇄적이고 불공정하며 공격적인 경제체제를 구축하여 미국을 위협하고 있다는 것이 미국의 판단이다. 자유무역의 확대를 목표로 하는 WTO 체제는 중국과 같은 새로운 방식의 도전을 규율하는 데는 무력하다. IMF 등 국제금융기구를 통한 개입도 자본시장이 닫혀 있는 중국에는 거의 효과가 없다. 그렇기 때문에 트럼프 행정부는 보호주의를 확산한다는 비난을 감수하면서까지 양자 간 무역전쟁을 통해 중국을 압박하기 시작한 것이다.

미·중 무역전쟁은 미·중 간 전략적 대결의 일부분이다. 단기적으로는 미국이 USTR 보고서 등을 통해 중점적으로 제기하고 있는 기술이전 및 지적재산권 보호와 관련된 요구를 중국이 수용함으로써 양국이 타협할 수도 있다는 관측도 제기되었다.

그러나 중국이 '중국 특색 사회주의'라는 이름으로 추진하는 국유경제의 강화 움직임에서 입장전환을 할 것으로 기대하기는 어렵다. 중국은 각국이 자신에게 맞는 경제체제를 결정할 권리가 있다는 점을 일관되게 강조해 왔고, 이것이 공산당의 권위 유지라는 중국 국내 정치적 차원의 문제와도 직결되기 때문이다. 따라서 일시적으로 무역전쟁이 봉합되더라도 중국 경제체제가 과연 공정한 체제인가를 둘러싼 미·중의 대립은 지속될 것이다.

중국의 해외 인프라 투자가 투자대상국의 국가 건전성을 해치고 있다는 우려를 표명했다.

세계경제의 주도권을 놓고 벌어지는 양국의 장기적 대결 역시 불가피하다. 설사 외견상 지금의 무역전쟁 국면이 해소되고 양국 관계가 협력적으로 전환되더라도 그 배후에서는 치열한 주도권 대결이 지속될 것이다. 그 대결이 세계경제의 블록화 경향을 촉진하는 방향으로 전개될 가능성도 크다.

미국은 이미 지역협력을 중국에 대한 견제 및 압력 수단으로 활용하고 있다. 오바마 행정부가 글로벌 금융위기 이후 추진한 TPP 협정은 중국을 포위하기 위한 시도였다고 평가된다. NAFTA 재협상 USMCA의 협정문에는 캐나다나 멕시코가 중국 등 비시장경제 국가와 FTA를 체결하려 할 경우 협정을 재검토 및 종료할 수 있다는 조항(32.10조)이 포함되어 있다. 중국을 포위하기 위한 블록화가 진행 중인 것이다. 중국도 또 다른 블록화로 이에 대항할 것이다. 일대일로 구상속에서 진행되는 개별 개도국과의 협력사업이 중국이 시도하는 블록화의 출발점이 될 것이다.

또한 2020년 1월 14일에는 미국·EU·일본의 통상장관이 중국의 다양한 산업보조금 관행에 대한 국제적 규제를 강화하기 위해, WTO의 산업보조금 규제를 획기적으로 강화하는 내용의 WTO 개혁안을 내놓았다. 미·중 경제분쟁이 다자 통상질서의 재편 시도로까지 연결되고 있는 것이다.

이 상황에서 미·중 무역전쟁이 우리에게 던지는 질문은 중국이 개혁·개방 이후 40년간 시도해 온 이른바 '사회주의와 시장경제의 조화'[13]가 과연 성공했느냐 하는 것이다. 중국은 그동안 사회주의 체제의 근간을 유지하면서 고도성장과 세계시장 편입을 달성함으로써 중국이 그 조화에 성공하고 있다고 자평하고 있다.

　그러나 이는 어디까지나 중국 내부에서의 조화였다. 이제 중국은 경제규모, 시장규모, 기업역량 등의 면에서 미국과 세계 1위를 다투는 나라이다. 사회주의와 시장경제의 조화는 이제 더는 중국 내부만의 문제가 아니다. '중국 사회주의'가 '세계 시장경제'와도 조화될 수 있느냐 하는 더 큰 차원의 문제이다. 시진핑이 '중국 특색 사회주의의 제도화'를 표방하고 거대한 중국 국유기업들이 속속 세계시장으로 진출하면서, 이는 이론의 문제가 아니라 현실의 문제가 되었다. 이것이 바로 미국이 미·중 무역전쟁을 통해 세계에 던지는 근본적 질문이다.

2019.1.28. 작성(2020.4. 수정하여 실음)

13　중국의 개혁개방은 1978년부터 시작되었다. 1992년부터는 '사회주의 시장경제' 구축을 표방하면서 시장경제와 사회주의를 조화시키겠다는 목표를 제시하였다.

국제 금융불안과
그 교훈

박복영 경희대학교 국제대학원 교수

2018년 초부터 일부 신흥국에서 금융불안이 나타나기 시작했지만, 6월 이후 국제금융시장의 불안정은 더욱 심화되는 양상이다. 눈에 띄는 변화는 소위 위험국가들의 통화가치가 크게 하락하는 것이다. 이미 IMF로부터 두 차례나 구제금융을 받은 아르헨티나의 페소화는 상반기에 달러화 대비 30%가량 절하되었다. 그다음으로 위험한 터키의 리라화는 20% 가까이 절하되었다. 그 후 6월까지는 브라질의 헤알화의 가치가 빠르게 하락하면서 절하 폭이 리라화와 비슷하게 나타났다. 그리고 이런 나라의 외환시장 불안정이 다른 신흥국으로 확산되었다. 인도나 인도네시아 그리고 동유럽 일부 국가의 통화도 불안정한 모습을 보였다. 우리나라도 예외가 아니었다. 2018년 6월

중순 이후 2주일 동안 원화의 대미 달러환율은 50원가량 상승하여 4% 이상 절하되었다.

이런 국제금융 불안정의 가장 큰 원인은 미국의 유동성 흡수와 금리 인상인데, 이것은 사실 오래전부터 예고된 것이다. 2008년 글로벌 금융위기 이후 미국은 금융시장 안정과 경기회복을 위해 역사상 유례를 찾기 어려운 통화팽창, 이른바 양적 완화quantitative easing: QE에 나섰다. 2012년 유럽 재정위기 이후 유럽중앙은행ECB 역시 양적 완화에 동참했고, 2012년 일본 역시 아베노믹스를 천명하며 공격적 통화팽창에 동참했다. 그 결과 이 세 지역과 영국을 포함한 소위 G4 중앙은행의 자산규모는 2008년 4조 달러에서 2018년 초에는 무려 15조 달러까지 증가했다. 말 그대로 글로벌 유동성의 홍수가 일어난 것이다.

그런데 글로벌 유동성은 2018년 상반기를 정점으로 축소될 것으로 전망된다. 미국 연준은 2015년 말 금리 인상을 기점으로 본격적으로 유동성을 흡수하기 시작했다. 그림 4-1과 같이 지난 2년간 금리를 꾸준히 올렸고, 올해 상반기에도 3월과 6월 두 차례 인상했다. 앞으로 두 차례 더 인상할 것이라는 것이 일반적인 예상이다. 과거 미국에서 흘러나갔던 유동성이 다시 미국으로 돌아오는 과정에서 경제 펀더멘털이 취약한 국가들이 자본유출로 인한 금융불안에 휩싸인 것이다. 그래서 이런 불안을 흔히 긴축 발작taper tantrum이라고 부른다.

국제금융시장의 불안이 가중된 계기는 6월 13일 미국 연준의 기준금리 인상이었다. 대부분의 신흥국들이 경기부진으로 금리를 인상하기 어려운 상황에서, 미국의 금리 인상은 국가 간 자본흐름의 역전을 강화했다. 예를 들어 연준의 3월 금리 인상으로 미국 기준금리

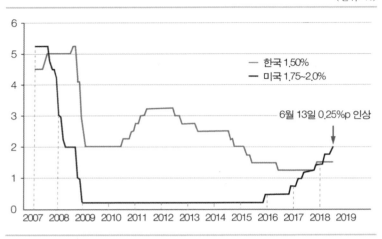

그림 4-1. 한국과 미국의 기준금리 추이

(단위: %)

한국 1.50%
미국 1.75~2.0%

6월 13일 0.25%p 인상

자료: 한국은행, FRB.

가 한국보다 높아져 우리 주식시장에서 외국인 자금이탈이 시작되었다. 이런 금리 역전은 결국 글로벌 금융위기 이후 국가 간 경기의 탈동조화의 결과라고 할 수 있다. 대부분의 나라와 달리 미국만 꾸준한 경기회복세를 보였다. 그 결과 미국의 실업률은 2018년 5월 현재 3.8%로 떨어져 자연실업률보다 낮은 수준에 도달했다. 그리고 연준의 통화정책 기준이 되는 근원소비자물가 상승률도 이제 목표수준인 2%에 도달했다. 하지만 EU나 일본 그리고 대부분의 신흥국들은 미국만큼 확실한 경기 회복세를 보이지 않고 있다. 오히려 경기침체가 장기화되는 국가들도 많다. 이런 글로벌 경기의 비동조성이 통화정책의 비대칭성을 초래했고 자본이동의 반전을 유발한 것이다.

하지만 자본이동은 금리만으로는 설명되지 않는다. 예를 들어

2018년 초부터 대부분의 신흥국 주식시장에서 외국인 자금이 유출되었지만, 우리나라나 태국과 같은 일부 신흥국에서는 채권시장으로 외국인 자금이 오히려 유입되었다. 이것은 금리 격차로는 설명하기 어렵고 위험 회피 경향이 강화된 결과로 이해해야 할 것이다. 신흥국 CDS 프리미엄의 증가 역시 국제금융시장 전반의 불안감 및 불확실성 증가를 반영한 것이다.

국제금융의 불안에 기름을 부은 것은 미국 트럼프 대통령이 촉발한 소위 무역전쟁이었다. 싱가포르에서 북·미 정상회담을 마친 트럼프는 중국을 비롯한 무역상대국을 대상으로 관세전쟁을 다시 예고했다. 중국산 수입품 500억 달러에 25%의 관세 부과를 공언했고, 중국 역시 보복 관세를 부과하겠다며 반발했다. 글로벌 불균형global imbalance, 즉 미국의 무역적자와 그 대칭물인 중국과 EU의 대미 무역흑자는 오래전부터 세계경제의 불안요인으로 지목되었다. 많은 사람들은 이 불균형이 당사국 간 협상, 환율 조정, 그리고 중국의 내수확대를 통해 완화되기를 기대했다. 하지만 결국은 무역전쟁이라는 가장 위험하고 파괴적인 방식으로 그 해결책을 찾고 있다. 만약 관세보복이 글로벌 무역의 축소를 초래한다면 가장 큰 타격을 입을 나라는 무역 의존도가 높은 신흥국들이 될 것이다. 이런 우려 때문에 신흥국에서는 주가하락과 자본유출, 그리고 환율상승이라는 연쇄적 반응이 나타났다.

이런 국제금융 불안은 어떻게 전개될까? 불안이 지속될 수 있지만 금융위기로까지 발전되지는 않을 것이라는 전망이 우세하다. 하지만 위기 가능성을 배제할 정도로 안심할 수 있는 상황도 분명 아니다. 실제로 미·중 간 무역마찰이 타협점을 찾지 못하고 관세 보복으로 이어진다면 불안은 더욱 증폭될 것이다. 그리고 미국의 추가 금리 인상이 예고된 상황에서 위험 신흥국으로 지목된 어느 국가에서 예기치 않은 금융 사고가 발발하면, 그것이 위기의 발화점이 될 수 있다. 그 발화점은 서브프라임 모기지와 같은 금융상품의 대량 손실이 될 수도 있고, 금융기관의 부실이 될 수도 있으며, 특정 부채의 디폴트가 될 수도 있다.

여전히 계속 주목해야 할 곳 중 하나는 터키이다. 터키는 무리한 고성장 정책으로 경상수지 적자가 GDP의 6%를 상회하고 물가상승률도 두 자리 수를 웃돈다. 터키 중앙은행의 급격한 이자율 인상과 에르도안 대통령의 선거 승리로 시장이 다소 안정되었지만, 근본적 불균형은 해결되지 않은 상태이다. 외채상환 부담과 인플레이션 압력을 고금리로 해결할 수 있을지 불확실하다. 만약 터키에 문제가 발생한다면 터키에 자금을 대출한 유럽 은행들이 직접적인 충격을 받을 것이다.

2014년 미국이 양적 완화를 축소하기 시작한 이후부터, 신흥시장의 금융불안은 주기적으로 되풀이되고 있다. 이런 최근의 국제금융시장의 불안을 보고 몇 가지 교훈을 얻을 수 있는데, 사실 이는 모두 우리가 과거 경험을 통해 익히 잘 알고 있는 것들이다. 위기의 형태는 달라도 그 근저를 관통하는 공통점이 있기 때문이다.

첫째는 국제적 자금 흐름이 불안정한 시기에 경제적 안정을 유지하기 위해서는 거시경제의 펀더멘털이 중요하다는 점이다. 금융위기에 대한 가장 중요한 방어벽 중 하나는 경상수지의 건전성이다. 현재 위험국가로 지목되는 거의 모든 나라가 만성적인 경상수지 적자국이다. 2012년 유럽재정 위기 이후 재정수지나 국가채무도 주목을 받고 있다. 최근 브라질에 대한 우려가 커지는 것도, 경상수지가 양호함에도 재정적자가 GDP 대비 7%에 이를 정도로 크기 때문이다. 경기변동에 따른 일시적 재정적자는 문제가 되지 않지만 구조적 적자는 금융불안을 야기하는 원인이 될 수 있다.

둘째는 국제경제 환경에 따라 자본이동의 급격한 역전sudden reversal이 발생하여, 이것이 거시경제의 안정성을 위협할 수 있다는 점이다. 자본은 안정화와 균형 회복의 방향으로만 이동하는 것이 아니다. 과잉유입과 같은 오버슈팅over-shooting이 얼마든지 발생하여 경제가 누적적 불균형 상태에 있을 수 있다. 합리적 기대가 아니라 야성적 충동이 시장을 지배하여, 거품, 쏠림현상, 과잉부채와 같은 문제를 야기할 수 있다. 따라서 자본이동에 대한 적절한 통제, 금융시스템에 대한 건전성 규제 등을 통해 사전에 이 위험을 차단하는 것이 필요하다.

셋째는 금융불안이 역시 전염성이 강하기 때문에 어느 곳이 안전지대라고 쉽게 판단하기 어렵다는 점이다. 이번 충격의 진원지는 아르헨티나와 터키와 같이 펀더멘털이 매우 취약한 지역이었지만, 브라질, 멕시코, 인도, 인도네시아 등과 같은 다른 지역으로 위험이 확산되고 있다. 경상수지, 재정수지, 국가채무와 같은 주요 지표가 아주 양호한 우리나라마저 급속한 환율상승에 직면했다는 것이 전염성의 증거가 될 수 있다. 미·중 간 무역전쟁의 가능성이 커지자 중국 위안화 표시 자산의 가격이 하락했다. 위안화 거래시장이 제대로 형성되지 못하고 중국의 자본이동이 제한된 상황에서, 외국인 투자자들은 위안화 자산에 대한 다른 헤지 수단이 필요했다. 그중 하나가 위안화 가치와 밀접한 연관성이 있는 우리나라 원화였다. 외국투자자들은 헤지를 위해 원화 선물을 매도했고, 이런 소위 프록시proxy 헤지가 최근 원화 가치 하락의 중요한 원인으로 작용하고 있다. 이처럼 다양한 고리를 통해 위험과 위기는 전염될 수 있다.

마지막으로, 국제적 자본이동의 불안정으로 금융시장이 요동치면, 안정적 상황에서는 문제가 되지 않던 작은 불균형들도 위험 인자로 부각된다는 점이다. 국제적 자본흐름이 안정적이라면 미·중 간 무역마찰에 대해 금융시장이 그렇게 민감하게 반응하지 않았을 것이다. 그런데 2018년은 자본흐름의 구조와 방향이 전환되는 시기였기 때문에 시장에서 두 요인이 서로 상승작용을 일으킨 것이다. 그런 상황에서 우리가 금리를 인상한다고 해서 안정을 회복하기는 어렵다. 금리 격차를 넘어 글로벌 시장 전반의 불확실성이 문제이기 때문이다. 국제금융 불안에 즈음하여 우리나라는 무엇보다 거시경제 전반에 더 많은 관심을 갖고 건전하게 관리하는 데 충실해야 할 것이다. 또한 불안정한 국제 자본흐름에 대비하여 외환건전성을 면밀하게 주시하는 한편, 장기적으로는 외부 충격에 대한 저항력을 높이기 위하여 경제개혁을 지속해야 할 것이다.

2018.7.9. 작성(2020.4. 수정하여 실음)

글로벌 밸류체인,
평화의 기반에서 위협의 수단으로

05

박복영 경희대학교 국제대학원 교수

GVC 단절을 위협하는 사태들

일본이 우리의 반도체 생산에 필요한 소재의 수출을 규제하고 우리
나라를 화이트리스트에서 제외하면서, 현대의 국제적 분업구조가
얼마나 복잡하게 형성되어 있는지 알게 되었다. 그리고 이 연결망의
단절이 초래할 수 있는 경제적 충격 혹은 위험도 체감할 수 있었다.
더 놀라운 것은 이런 단절이 한 나라의 정책 혹은 어느 정치지도자의
결심에 따라 생각보다 쉽게 이루어질 수 있다는 점이다.

세계 각국에서 생산된 부품과 소재가 결합되어 하나의 최종생산
물이 완성된다. 이러한 부품과 소재의 세계적 공급망을 GSCGlobal
Supply Chain라고 하고, 업스트림에서 다운스트림에 이르기까지 각 단

계에서 부가가치가 창출되는 공간 사이의 네트워크를 GVCGlobal Value Chain라고 한다. 두 용어 모두 생산과정의 복잡한 국가 간 연결을 강조하는데, 이 글에서는 구분하지 않고 GVC로 명명한다. GVC 구조가 가속화된 것은 대략 1990년대부터였다. 생산 공정 혹은 부품생산의 공간적 분리가 유례없이 심화된 '대분리Great Unbundling' 혹은 'GVC 혁명'이 이 시기에 일어난 것이다.[1] 이 기간 동안 총수출액 중 국내에서 순수하게 창출된 부가가치 비율이 이전에 비해 세 배나 빠른 속도로 하락했다는 것이 그 증거이다.[2] 이 비율이 낮다는 것은 최종 수출품의 생산을 위해 사용된 부품, 소재, 장비 같은 중간재 중 해외에서 조달된 부분이 많다는 뜻이며, 이는 곧 GVC의 심화를 의미한다.

GVC 형성이 1990년대 이후 가속화한 것은 교통과 통신기술의 발달, 그리고 자유무역협정FTA 체결 등 무역자유화의 결과이다. GVC는 기업 단위에서는 생산 효율성을 높였으며, 국가 단위에서는 개도국에 새로운 성장의 기회를 제공하였다. 정치경제학적 측면에서 GVC 형성은 국가 간 대결과 분열을 억제할 것으로 기대되었다. 상대국을 공격하면 공급망이 단절되면서 결국 자국의 피해로 되돌아올 수 있는 것이다. 2차 대전 후 유럽이 전쟁 억제를 위해 석탄과 철강 생산의 밸류체인을 형성한 것도 이런 기대 때문이었다. 그리고 GVC의 심화는 다시 무역자유화를 촉진할 것으로 기대되었다. 해외 중간

---

1   R. E. Baldwin, *The great convergence: information technology and the new globalization*(The Belknap Press of Harvard University Press, 2016).

2   R. C. Johnson and G. Noguera, "A Portrait of Trade in Value Added Over Four Decades," *The Review of Economics and Statistics*, 99(5)(2017).

재를 자유롭고 저렴하게 조달하는 것이 생산비 절감에 유리하기 때문이다.

하지만 일련의 사태는 이런 기대와 정반대로 전개되고 있다. 미국은 자국 기업에게 중국 화웨이의 통신장비 사용을 금지하고, 또 구글 등 자국 기업이 중국 스마트폰 업체에 소프트웨어를 제공하지 못하도록 하고 있다. 일본의 수출규제 역시 마찬가지이다. 이것은 GVC의 일부 단절을 의미한다. 여기서 주목할 것은 중간재의 수입뿐만 아니라 수출까지도 규제한다는 점이며, 이것은 수출 차단에 따른 자국 기업의 직접적 피해까지 감수한다는 것을 의미한다. 이런 자해적 행동을 하는 것은 무역 이익을 넘어서는 더 큰 목표를 달성하기 위함이다. 미국은 대중 무역불균형, 나아가 중국의 국가자본주의적 경제시스템 자체를 변화시키기 위해, 그리고 일본은 한·일 간 역사문제를 해결하기 위한 수단으로 이런 조치를 활용한다. GVC가 공존과 평화의 기초가 아니라, 반대로 무역 이외 목적을 달성하기 위한 위협 혹은 협상의 수단으로 이용되는 것이다.

GVC가 위협 수단이 된 원인은?

이런 변화의 원인이 무엇일까? 우선 생각할 수 있는 것은 트럼프의 미국 우선주의America First 정책의 영향이다. 무역 상대국에 대한 거친 압박을 통해 무역불균형을 시정하고 국내 일자리를 보호하려는 트럼프 개인의 성향 때문이라는 시각이다. 이 점을 부정하기 어렵지만, GVC를 위협하는 조짐이 트럼프 집권 이전부터 나타났다는 데 주목할 필요가 있다. 연구결과에 따르면 2008년 글로벌 금융위기를 전후

그림 5-1. 중국산 수입품 중 TTB 대상의 비중

(단위: %)

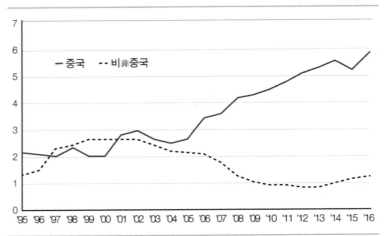

주: G20 중 선진국의 수입에 대해 계산.
자료: C. P. Bown, "Trade policy toward supply chains after the great recession," *IMF Economic Review*, 66(3)(2018).

그림 5-2. 중국산 수입품 중 TTB 대상의 비중(품목별)

(단위: %)

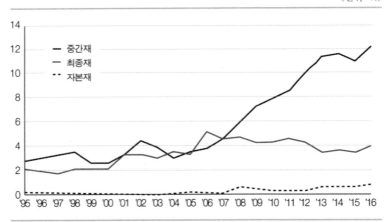

주: G20 중 선진국의 수입에 대해 계산.
자료: Ibid.

해 중간재 교역에서 보호무역주의 경향이 강화되기 시작했다.[3] 중간재를 포함한 전체 관세율은 꾸준히 감소하고 있으며 위기 이후에도 이런 감소세는 지속되었다. 하지만 비관세 장벽, 즉 반덤핑 제소, 상계관세 부과, 세이프가드safeguard 같은 임시무역장벽temporary trade barrier: TTB은 미국을 비롯한 선진국에서 위기를 전후하여 큰 폭으로 높아지기 시작했다(그림 5-1). 주된 대상은 중국산 수입품이었으며, 무엇보다 중간재에 대한 무역규제가 크게 강화되었다(그림 5-2).

중간재 수입제한을 통해 GVC를 위협하는 조치들이 트럼프 집권 이전에 나타나고 있었다는 것은 특정 개인의 성향을 넘어서는 다른 요인이 있음을 시사한다. 중간재에 대한 무역제한이 중국산 수입품에 집중되었다는 것은 중간재 공급자로서의 중국의 위상이 강화되었기 때문일 것이다. 그리고 선진국, 특히 미국은 그것을 위협으로 받아들이고 있음을 의미한다. 결국 중국이 앞으로 단순조립 공장에서 중간재 공급자로 발전함에 따라, GVC를 위협하는 이런 중간재 무역제한 조치는 더욱 강화될 가능성이 높다고 예상할 수 있다. 중국의 기술 수준이 빠른 속도로 발전하고 있는 점, '중국제조 2025' 정책을 통해 특히 제조업 경쟁력을 높이는 데 초점을 맞추고 있는 점, 단순가공무역 비중 인하 등 무역구조의 고도화를 추진하는 점 등을 고려할 때 중국 수출품 중 중간재 비중은 계속 증가할 것이다. 그런 상황에서 시진핑 정부가 국영기업 중심의 경제구조를 계속 유지하고, 또 보조금 제공을 통한 산업경쟁력 강화정책을 포기할 의사가 없음을 분명

---

3 C. P. Bown, "Trade policy toward supply chains after the great recession," *IMF Economic Review*, 66(3)(2018).

히 하고 있기 때문에 무역상대국과의 마찰은 앞으로도 계속될 수밖에 없을 것이다.

어떤 나라가 GVC 단절에 나설까?

그런데 GVC를 결정적으로 위협하는 것은 중간재 수입제한이 아니라 수출제한이다. 일본의 수출제한 조치와 같이 독과점적 중간재 공급자가 자국 피해를 감수하면서 수출을 제한할 경우 상대국에 직접 타격을 주거나 불확실성을 증폭시킬 수 있다. 어떤 나라가 이런 전략적 행동을 할 수 있을까? 우선 중간재 공급 독점력을 가질 수 있는 기술수준을 보유해야 한다. 수출제한을 당한 기업의 반발을 국가가 쉽게 억제할 수 있어야 한다. 상대국의 보복조치로 무역이 위축될 경우 내수확대 등을 통해 경제 전체의 피해를 완충할 수 있는 능력이 있어야 한다. 그리고 타국과 정치적·경제적 갈등 소지가 많은 국가일수록 이런 극단적 수단을 사용할 가능성이 높다. 이런 점들을 고려하면 수출에 비해 내수 비중이 큰 강대국이 이런 수단을 사용할 수 있을 것이다. 그리고 패권을 꿈꾸는 강대국은 안보, 영토, 역사, 환경, 인권, 외교 등 여러 영역에서 주변국과 갈등을 일으킬 가능성이 높다. 현재 이런 무역제한을 미국, 중국, 일본과 같은 경제대국이 시행하고 있는 것이 이를 방증한다.

지금 미국의 트럼프 정부는 중국의 정책 전환을 압박하기 위해, 그리고 신장新疆 지역의 인권침해를 빌미로 수출제한을 하고 있다. 하지만 장기적으로 트럼프 정부가 끝나면 이런 공격적 조치는 약화될 가능성이 크다. 예를 들어 민주당의 유력 대선 후보인 E. 워런E. Warren

은 트럼프식 무역정책에 반대한다. 워런은 무역상대국에 인권 보호와 기후변화 대응을 요구하는 것을 핵심적 무역협상전략으로 표명하고 있지만, 이를 위해 수출제한과 같은 조치를 취할 가능성은 낮다.[4]

오히려 가장 위험한 국가는 중국이 될 가능성이 높다. 중국은 앞에서 말한 조건 중 첫째 조건, 즉 중간재 생산의 기술경쟁력은 아직 부족하다. 하지만 이 조건을 지금 빠르게 확보해 가고 있다. 권위주의적 정치체제와 국영기업 중심 경제체제에서 기업을 수출제한에 동원하는 것은 어느 나라보다 용이하다. 내수시장을 통한 완충 능력도 확대되고 있다. 인접국가와 영토문제를 포함한 다양한 갈등 요인도 내포하고 있다. WTO 등 국제기구들이 분석한 바와 같이 이미 중국을 중심으로 아시아 지역의 지역밸류체인regional value chain: RVC이 빠르게 형성되고 있다.[5] 이런 상황에서 중국의 중간재 생산능력까지 강화되면 중국이 GVC 혹은 RVC를 위협하는 조치를 취할 수 있는 조건이 마련되는 것이다. 몇 년 전 중국이 영토 분쟁을 이유로 일본에 대해 희토류 수출을 제한한 것은 미래를 예고한 사건이라고 할 수 있다.

결국 GVC를 위협하는 상황이 단지 최근의 미·중 분쟁이나 일본의 수출규제에서만 나타나는 것이 아니다. 이런 조짐은 이미 2000년대 중반부터 나타나고 있었다. 중국의 제조업 경쟁력 향상에 따른 글로벌 경쟁구도와 분업구조의 변화가 근저에 있는 중요한 배경이다.

---

4   M. Yglesias, "Elizabeth Warren's vision for changing America's trade policy, explained"(www.vox.com, 2019).

5   WTO et al., *Global Value Chain Development Report: Technological innovation, supply chain trade, and workers in a globalized world* (WTO, 2019).

그리고 세계화로 인한 계층 간, 지역 간 경제적 불균형의 심화는 정치권에 보호무역주의 혹은 경제민족주의economic nationalism 정책의 채택을 압박하는 요인으로 작용하고 있다.[6] 국가자본주의state capitalism 성장전략을 고집하는 중국의 기술력과 중간재 생산 비중이 증가하면서 이런 추세는 앞으로 당분간 지속될 가능성이 크다. 그 강도는 상황에 따라 부침을 보이겠지만 강대국, 특히 중국은 경우에 따라 비경제적 목표를 달성하기 위해 중간재 수출 규제와 같은 전략적 행동을 할 가능성이 높다.

우리의 대응 방향은?

이런 환경에서 우리나라는 어떻게 대응을 해야 할까? 수출, 특히 제조업 수출에 매우 의존적인 한국경제는 GVC에 가장 깊숙이 편입된 국가임과 동시에 GVC 단절 위험에 가장 크게 노출된 경제이다. 간단하게는 중간재 국산화를 통해 밸류체인을 가능한 한 국내로 한정하는 방안을 생각할 수 있다. 하지만 이것은 생산비용을 높일 뿐만 아니라, 기술적으로도 (중)단기간에 실현하기 어렵다. 또 다른 방법으로 동(남)아시아 지역 차원의 밸류체인 형성을 생각할 수 있다. 우리와 경제구조가 비슷한 독일이 최근 이런 정책 방향을 제시하고 있다. 올해 2월 독일 경제에너지장관 P. 알트마이어P. Altmeier는 '국가산업정

---

6   D. Rodrik. "Populism and the Economics of Globalization," *Journal of International Business Policy*, 1(1-2)(2018); M. de Bolle and J. Zettelmeyer. "Measuring the Rise of Economic Nationalism"(Peterson Institute for International Economics, 2019).

책 2030National Industrial Policy 2030'을 발표했는데, 여기에는 EU 외부에서 중간재 수입을 차단하여 밸류체인을 EU 내로 한정한다는 계획이 포함되어 있다.[7] 독일의 이런 정책도 중국 공급망에 편입되었을 때의 위험에 대비하기 위한 것으로 판단된다. 하지만 한국을 중심으로 아시아에서 이런 RVC를 창출하는 것이 쉽지 않다. EU는 매우 동질적이고 개방적인 경제, 그리고 다수의 제조업 강국으로 구성되어 있지만 아시아 지역은 그렇지 않다. 일본을 제외한 대부분의 아시아 국가들은 제조업 선진국인 한국에 중간재를 공급할 만큼 발전된 제조기업을 보유하고 있지 않다. 앞으로 중국이 그런 능력을 보유할 수 있지만 중국의 안정적 중간재 공급을 담보하기 어렵다.

결론적으로 일부 핵심 중간재의 국산화 노력은 계속해야겠지만, 더욱 중요한 것은 중간재 조달의 다변화 및 대체 공급처 확보를 통해 위험을 분산하는 것이다. 특정 중간재의 조달을 중국에 전적으로 의존하는 것은 매우 위험할 수 있다. 한국과 같이 개방적 무역체제를 유지하는 것이 중요한 유럽 국가들로 중간재 공급처를 다변화하고, 기업 차원의 전략적 제휴 체결, 유럽 소재부품기업에 대한 투자 및 M&A도 적극적으로 추진하는 것이 필요할 것이다.

2019. 10. 30. 작성(2020. 4. 수정하여 실음)

---

7   J. Zettelmeyer. "The Return of Economic Nationalism in Germany" (Peterson Institute for International Economics, 2019).

제2부

한국경제
당면 과제

우리나라 대학교육의 질, 현황과 개선 방안

06

남기곤 한밭대학교 경제학과 교수

대학 입시를 둘러싼 갈등

대학 입시에서 수능 성적으로 선발하는 정시 비중을 높인다고 해서 한국 교육의 문제가 해결될까? 아니다. 이런 방식은 1980~1990년대에 이미 우리가 충분히 경험해 봤다. 대학들은 보다 촘촘하게 서열화하고, 학교 수업에 대한 집중도는 떨어지며, 재수와 삼수는 더욱 기승을 부릴 것이다. 그렇다고 지금과 같이 신뢰도가 바닥인 수시 전형도 답은 아니다. 평가하는 사람도 평가받는 사람도 왜 이 학생에게 합격의 '포상'이 주어져야 하는지 승복하기 어렵다.

한국 사회에서는 어느 대학에 입학하느냐가 인생의 갈림길을 결정한다고 해도 과언이 아니다. 그러니 모든 학생과 학부모는 대학 입시에 사활을 건다. 과잉 경쟁을 피할 수 없다. 문제의 출발점은 여기에 있다. 따라서 해답도 여기서 찾아야 한다. 특정 대학에 입학하는 것이 특혜가 되지 않도록 만들어야 한다. 어느 대학에 입학하더라도 충분한 양질의 교육을 받을 수 있고, 개인의 능력을 최대한 향상시킬 수 있도록 해야 한다. 그러면 자연스럽게 대학 입학을 둘러싼 과다한 경쟁은 완화될 수 있다.

우리나라 대학의 현실

입시 경쟁을 줄이기 위해서는 대학들의 교육 여건이 균질해야 한다. 선호도가 높은 대학일수록 교수진도 우수하고 교육투자도 커지는 경향이 있다면, 이러한 대학에 입학하고자 하는 경쟁은 보다 치열해질 수밖에 없다. 무엇보다도 학습 경쟁이 대학 입학 문턱에서가 아니라 입학 이후 재학 과정에서 이루어지도록 유도해야 한다. 설령 기대에 미치지 못하는 대학에 입학했다고 하더라도, 본인이 노력만 한다면 대학 과정에서 얼마든지 역전이 가능할 수 있도록 만들어야 한다.

현재 한국의 대학은 이와는 전혀 다른 모습을 보인다. 학습 경쟁은 대학 입학 단계에서 멈춘다. 중고등학교 시절 그렇게 힘들게 공부를 해서 대학에 입학하지만, 막상 대학에 들어가면 대부분의 학생은 학업에 집중하지 않는다. 2014년 통계청의 생활시간조사에 따르면 하루 평균 학습 시간이 초등학생은 5시간 20분, 중학생은 6시간 41분, 고등학생은 7시간 34분인 반면, 대학생 이상 학생 계층은 3시간 54분에 지나지 않는다. '초등학생보다 적은 학습 시간', 한국 대학생의 모습이다.

학습에 투입하는 시간이 이 정도이니 대학 교육을 통해 성과가 높아지는 것은 제한적일 수밖에 없다. OECD 국가들을 대상으로 성인들의 역량 수준을 조사한 2012년 PIAACProgram for the International Assessment of Adult Competency 결과를 보면, 20대 대학 진학자의 언어 능력이나 수리 능력 점수가 한국은 겨우 중간 순위 정도에 머무르고 있다. 10대 청소년의 경우 한국이 압도적으로 높은 상위권 성적을 유지하고 있는 것과는 대조적인 모습이다. 대학에 진학하지 않는 사람에 비해 대학을 진학한 사람의 성적 향상 폭을 계산해 보면 한국은 OECD 국가들 중 최하위권 수준이다.

교육 투자의 확대 필요성

대학 입시를 둘러싼 과잉 경쟁을 완화하고 교육의 성과를 높이기 위해서는 중고등학교가 아닌 대학에서 집중적인 학습이 이루어지도록 해야 한다. 어느 대학에 입학하든 양질의 교육이 이루어질 수 있도록 충분한 교육 투자가 이루어지는 것은 이를 위한 기본 조건이다. 특히 중하위권 대학들의 교육 여건을 획기적으로 개선하여 대학 교육의 질이 전체적으로 상향평준화되도록 만드는 것이 급선무다.

현재 한국 대학의 교육 투자 수준은 어느 정도일까? 2016년 자료를 보면 한국의 경우 대학생 1인당 교육비는 1만 486달러인데, 이는 초등학생의 1만 1,029달러와 중학생 1만 1,477달러 그리고 고등학생 1만 3,113달러보다 더 낮은 수준이다. OECD 국가들 중 한국처럼 초등학생보다 대학생의 1인당 교육비가 더 낮은 나라는 찾아보기 어렵다. 한국의 경제력을 감안할 때 대학에 대한 교육 투자 정도는 비정상적일 정도로 낮은 수준이다(OECD, Education at a Glance, 2019).

대학에 대한 투자 없이 교육의 질이 높아지고 학생들의 학습 성과가 높아지리라 기대하기 어렵다. 투자 확대 필요성은 누구나 동감할 수 있는 사실이다. 문제는 이에 대한 재원을 어떻게 마련할 것인가 하는 점이다. 대학들은 수년간 동결되어 왔던 등록금을 이제 자율적으로 인상할 수 있도록 해달라고 강하게 요구하는 중이다. 하지만 현재 한국의 대학 등록금은 다른 나라들과 비교하더라도 이미 높은 수준으로 개인적으로 감당하기 쉽지 않다. 이 이상의 등록금 인상은 사회적으로 수용되기 힘들다. 등록금 인상은 학생들을 아르바이트 시장으로 내몰아 학습에 대한 집중도를 더욱 떨어뜨릴 위험도 있다.

무엇보다도 고등학교 졸업자의 70% 이상이 대학에 진학하는 지금의 현실에서 대학은 이제 소수의 엘리트를 양성하는 기관이 아니라 대부분의 청년을 대상으로 이들의 능력을 향상시키는 보통교육기관의 의미를 가지고 있다는 점을 인정할 필요가 있다. 그렇다면 중고등학교 교육에 정부가 예산 투입을 하듯이 대학에 대해서도 교육비 지원을 확대해야 한다. 이 방법 외에 다른 대안을 찾기 어렵다.

사립대학에 대한 지원

사회적 논란을 야기할 수 있는 가장 뜨거운 이슈는 사립대학을 어떻게 지원할 것인가 하는 문제이다. 한국에서는 사립대학의 비중이 매우 높다. 80% 이상의 학생이 사립대학에 다닌다. 사립대학 중에는 국립대학보다 더 교육 여건이 우수한 곳도 일부 있지만 대부분은 그렇지 않다. 학생들의 등록금에 의존하여 운영을 해야 하는 사립대학들은 대체로 교육의 질이 만족스럽지 못한 수준이다. 대학에 대한 교육 투자를 증가시키고 교육의 질을 향상시켜 상향평준화 전략을 추진한다고 했을 때, 다수의 학생들이 교육을 받고 있는 사립대학을 제외하고 정책을 수행한다는 것은 난센스다. 일부 사립대학 몇 개를 공영으로 만들어 국공립대학의 비율을 다소 증가시키는 것 역시 그에 따른 비용과 비교할 때 기대되는 성과는 미미할 가능성이 높다.

사립대학에 대한 전반적인 예산 투입은 불가피하다. 물론 현재도 정부는 각종 재정지원 사업을 통해 사립대학에 대해 지원을 하고 있다. 하지만 지금까지의 재정지원 정책은 기대했던 만족스러운 효과를 나타내고 있다고 보기 어려우며, 큰 틀의 방향 전환이 필요하다. 지원액을 증가시키는 것은 물론, 지원방식 또한 지금과 같이 사업 중심의 '선택과 집중'이 아니라 '대부분의 대학을 대상으로 하는 예산 지원과 같은 보편적인 지원'으로 변화해야 한다. 교육 투자가 필요한 곳은 그나마 상대적으로 교육 여건이 보다 우수한 일부 사립대학들만이 아니다. 그보다도 더 열악한 교육 여건에 놓여 있는 대다수 사립대학들이 오히려 주요한 정책 대상이 되어야 한다.

지원내역도 바뀌어야 한다. 지금처럼 주로 특성화 교육을 실시하거나 비교과 프로그램을 운영하는 데에만 지원액을 사용하도록 하는 것은 비효율적이다. 사립대학의 가장 큰 문제는 교육의 질이 낮다는 것이고, 이 문제를 해결하는 데 정부의 지원액이 직접적으로 사용될 수 있도록 해야 한다. 정규직 교수를 확대하여 최소한 법으로 정한 교원확보율을 충족하도록 하고, 교육 여건을 개선하여 강의의 질을 향상시키는 데 지원액이 사용되도록 유도해야 한다. 이를 위해서는 일정한 조건을 충족하는 사립대학에 대해 경상비의 일부를 지원하는 방식을 적극적으로 검토할 필요가 있다.

물론 사립대학에 대한 지원이 '묻지 마' 식으로 이루어져서는 안 된다. 지원 예산이 투명하게 사용되는 것이 기본이다. 이와 더불어 정부의 지원을 받기 위해서는 사립대학이 사회적으로 요구되는 공공성을 갖출 것을 요구해야 한다. 국민의 세금이 투입되는 이상 이런 조건을 수용하는 사립대학에 대해서만 지원을 하는 것은 당연한 조치이다. 구체적인 방안은 다양하게 생각해 볼 수 있다. 일정한 가이드 라인을 충족한 사립대학에 한해 정부 지원을 실시하는데, 예를 들어 90% 이상의 교원확보율과 국립대 수준의 교수 연봉 및 정기적 감사 수용 등의 조건, 조금 더 나아간다면 일정 비율 이상의 정부 혹은 시민단체 추천 공익 이사 선임을 요구한다든지, 이사장의 비리 적발 시 지원 금액을 회수한다든지 등의 조건을 수용하는 사립대학에 한정해 정부 지원을 실시하는 방안을 고려해 볼 수 있을 것이다.

대학 평가 시스템 개선

대학에 대한 재정적 지원을 강화하고 교육 여건을 개선한다고 해서 곧바로 학생들의 학습 집중도가 높아지고 교육의 성과가 향상되는 것은 아니다. 재정 여건은 이를 위한 필요조건일 뿐이다. 실제 대학에서 학습에 대한 집중이 이루어지기 위해서는 교수가 우수한 강의를 제공함은 물론 학생들에게 높은 성취 기준을 요구하고 강제해야 한다. 학생들은 이를 달성하기 위해 노력하고, 기준을 충족하지 못하면 대학에서 생존하기 어려운 분위기가 형성되어야 한다. 이러한 방향으로 대학의 문화가 바뀌는 것은 지난한 과정이며, 사실 대학 구성원 스스로의 노력만으로는 변화를 추동하기는 어렵다.

제한적이지만 정부의 대학에 대한 평가는 이러한 대학 문화를 형성하는 데 도움을 줄 수 있다. 교육의 질을 높이고 학습의 집중도를 높이기 위해 대학이 어떻게 노력하고 있는지를 대학 평가의 주요 기준으로 삼는 것이 필요하다. 이를 위해서는 우선 취업률이나 중도탈락률과 같은 몇몇 성과 지표를 중심으로 대학을 줄 세우는 현재와 같은 대학 평가 방식에서 탈피해야 한다. 어렵고 복잡하지만 대학에 대한 평가는 대학 내에서 교육이 어떻게 진행되는지, 그 과정에 대한 면밀한 조사에 초점을 두어야 한다. 그럴듯한 보고서, 몇몇 우수사례에 대한 강조 소개, 핵심 정량 지표에 대한 대학 차원의 관리 때문에 평가 결과가 좌우되어서는 안 된다. 대학 내 모든 전공에서 교수와 학생이 얼마나 교육에 집중하고 있는지, 이러한 문화를 만들기 위해 대학이 구체적으로 어떠한 제도를 만들며 노력하고 있는지, 그래서 실제 어떠한 성과가 나타나고 있는지 그 실태를 보아야 한다.

전문적인 대학 평가위원을 양성하고, 어떻게 평가하는 것이 대학을 올바른 방향으로 움직이게 할 수 있는지를 끊임없이 고민하는, 대학 이해당사자들에게 휘둘리지 않는 독립적 평가 단위를 만들어가는 문제에 대해 논의를 시작할 필요가 있다.

2019. 11. 29. 작성(2020. 4. 수정하여 실음)

청년 실업문제
노동시장 구조 개선과
실업안전망 구축으로 대응해야

이병희 한국노동연구원 선임연구위원

07

청년 실업문제, 당분간 더 악화될 전망

우리나라 청년들은 취업, 결혼, 연애를 포함하여 출산, 집, 희망, 취미에 이어 모든 걸 포기하는 N포 세대라는 자조적인 용어를 사용한다고 한다. 이와 같은 문제를 해결하기 위한 출발점은 취업이지만, 청년 실업률은 증가하고 있다. 2017년 청년 실업률 9.9%는 연간 통계로 최고 수준을 기록하였다. 실업자란 '조사 대상 기간에 수입이 있는 일을 하지 않고, 지난 4주간 적극적으로 구직활동을 하고 즉시 취업이 가능한 자'라고만 정의하기 때문에 취업준비를 하는 많은 청년들은 사실상 실업상태에 있음에도 비경제활동인구로 조사된다. 통계청은 비경제활동인구 가운데 잠재적으로 취업이나 구직이 가능한 자를 식별하여 2014년 5월부터 별도의 고용보조지표를 공표하고 있는데, 2016년 기준으로 실업자에 잠재적인 경제활동인구를 합한 규모는 노동력으로 활용되어야 할 청년의 20.5%에 이른다. 인구구조 변동은 청년 실업문제의 개선을 더욱 어렵게 한다. 1968~1974년에 태어난 2차 베이비붐 세대의 1991~1996년생 자녀로 구성된 에코붐 세대가 본격적으로 노동시장에 진입하면서, 향후 5년이 가장 험난한 시기가 될 것이다.

청년 실업문제는 여러 나라에서 나타나지만, 우리나라가 더 심각하다. 2008년 글로벌 금융위기 직후 대부분의 나라에서 청년 실업문제가 악화되었지만, 우리나라 청년 고용률의 감소폭과 실업률의 증가폭이 OECD 회원국 평균에 비해 높았다. 15세 이상 인구 가운데 일하는 사람들이 얼마나 되는지를 나타내는 지표가 고용률인데, 최근 OECD는 성인 남성의 고용률과 15~29세 청년의 고용률 간 차이를 보여주는 국가 비교 통계를 제시하였다. 대부분의 나라에서 청년 고용률이 낮지만, 우리나라는 성인 남성의 고용률에 비해 무려 21.7%포인트나 낮다. 전일제 교육훈련생을 제외하고 산출한 고용률이기 때문에 고학력화의 영향은 통제한 통계다. 그림 7-1을 보면, 우리나라의 청년 고용률 갭은 OECD 평균 9.9%포인트에 비해 두 배 이상일 뿐만 아니라, 비교 대상국 36개국 가운데 청년의 고용상황이 여섯 번째로 나쁘다. 독일, 일본 등 청년 고용문제의 개선이 두드러진 나라를 포함하여 지난 10년간 청년 고용률 갭이 줄어든 나라가 절반에 이른다는 점을 고려하면, 청년 실업문제를 대부분의 나라가 겪는 문제라고 말하기 어렵다.

그림 7-1. 15~29세 청년 고용률 갭(전일제 교육훈련생 제외)

(단위: %)

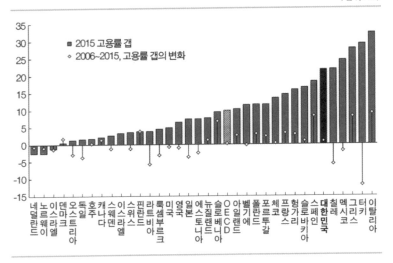

주: 성인 남성의 고용률 - 청년 고용률.
자료: OECD, Employment Outlook(2017).

기존 대책으로는 한계 있어

청년 실업문제가 사회적인 문제로 대두된 지 20년이 지났다. 이 문제를 해결하기 위해 다양한 정책적인 시도가 있었다. 중앙정부가 추진하는 청년 고용정책은 2016년에만 128개에 이른다. 직업훈련, 경과적 일자리를 제공하는 인턴, 민간 기업의 채용을 유인하기 위한 고용보조금, 구인과 구직을 매개하는 취업알선 등이 대부분이다. 그러나이 정책들은 안정적인 일자리로 이어지거나 근로조건의 개선을 동반하지 않는 단기적인 것으로, 청년 고용 문제를 제대로 해결하기에는역부족이다.

과거 청년 고용정책에는 그 나름의 진단이 있었다. 청년 실업문제가 눈높이 때문이라는 진단은 눈높이를 낮추어 첫 일자리로의 신속한 이행을 강조하는 정책의 근거가 되었다. 물론 직업 경험이 없는 청년이 시장 임금보다 더 높은 임금을 희망하는 것이 일반적이긴 하다. 그러나 노동시장 이행기간이 다른 나라에 비해 평균적으로 긴 편이 아니다. 학교 졸업에서 첫 취업까지 걸리는 기간이 2017년 평균 11.6개월로, EU 15개국의 평균 1.7년에 비해 짧다. 취업하지 못하는 기간이 길어지면 상당수가 눈높이를 조절하기 때문이다. 또한 빠른 취업이 더 나은 일자리를 보장하는 것도 아니다. 공무원이나 대기업 취업 준비에 장기간 매달리는 문제는 사회적으로 심각하지만, 괜찮은 일자리 부족과 안정된 일자리 선호가 함께 작용한 결과일 것이다.

고학력화가 청년 실업의 원인이라는 지적도 많다. 고학력화 추세는 선진국에서 공통적으로 나타나는 현상이지만, 우리나라는 사회의 서열화에 대응하기 위한 개인이나 가족의 자구적인 투자라는 성격이 강해서 바꾸기 어려운 것도 사실이다. 고학력화가 불가피하다면 교육과 노동시장 간 괴리를 줄이는 정책이 중요하지만, 일자리의 양극화를 해결하지 않고서는 직업교육의 내실화나 노동수요에 부합하는 대학교육을 기대하기 어렵다.

일자리 창출은 중요하지만, 일자리 창출의 내용과 방식에 따라 그 영향은 달라질 것이다. 외환위기 이후 어떤 일자리라도 많이 만들어 내고 유연하게 활용하는 고용 유연화 정책이 청년 고용 문제 개선에 기여하였는지는 의문이다. 2001~2011년 동안 32개국의 고용률과 임금 불평등의 변화를 분석한 연구에 따르면, 우리나라는 고용률이 증가하면서 임금 불평등이 가장 크게 증가하였다. 고용률이 증가하더라도 노동시장이 양극화되는 상황에서는 청년 노동시장에서 구인과 구직의 불일치가 사라지지 않을 것이다.

청년 고용정책은 실업자로 한정할 수 없어

청년 취업애로계층은 실업자에 한정되지 않는다. 취업상태에 있지만 실직이나 저임금 위험이 높은 불안정한 취업자poorly-integrated new entrants는 2016년 8월 현재 청년 인구의 15.0%에 이른다. 또한 학교를 다니지 않으면서 취업하지 않은 NEET는 청년 인구의 18.0%를 차지하며, 실업자와 취업·구직활동이 가능한 비경제활동인구를 합

표 7-1. 청년 취업취약계층의 규모와 구성(2016년 8월)

(단위: 천 명, %)

					규모	청년인구 대비	비재학자 대비
재학				1	4,291	(45.5)	
비재학	취업	임금 근로	정규 상용직	2	1,809	(19.2)	(35.3)
			정규 임시일용직	3	545	(5.8)	(10.6)
			비정규직	4	869	(9.2)	(16.9)
		비임금 근로	무급가족종사자	5	35	(0.4)	(0.7)
			고용주	6	110	(1.2)	(2.1)
			자영자	7	72	(0.8)	(1.4)
	실업			8	368	(3.9)	(7.2)
	비경활	잠재 경제활동인구		9	526	(5.6)	(10.3)
		기타 비경활		10	797	(8.5)	(15.5)
계					9,421	(100.0)	
불안정 취업자				3+4+5	1,414	(15.0)	(27.6)
구직 NEET				8+9	894	(9.5)	(17.4)

자료: 통계청, 경제활동인구조사 고용형태 부가조사.

그림 7-2. 청년 구직 NEET의 활동(2016년)

(단위: %)

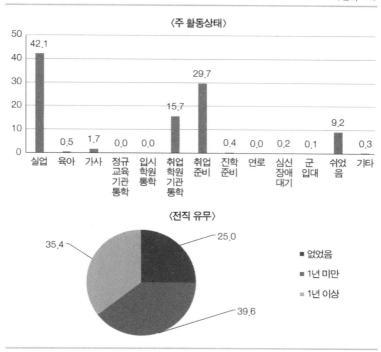

자료: 통계청, 경제활동인구조사.

한 구직 NEET로 한정해도 청년 인구의 9.5%에 이른다.

청년 구직 NEET의 활동을 자세히 보면, 적극적인 구직활동을 하는 실업자는 구직 NEET의 42.1%에 지나지 않으며, 취업을 위해 학원·기관을 통학하는 경우와 취업준비를 한다는 응답을 합한 비율이 구직 NEET의 45.4%에 달한다. 전에 수입을 목적으로 일한 적이 있느냐라는 질문에 구직 NEET의 25.0%가 없다고 응답하고, 일을 그만둔 지 1년을 넘었다는 응답도 39.6%에 이르러, 장기 미취업 상태가 60.4%에 이른다.

이러한 통계는 적극적인 구직활동을 하는 실업자에 대한 표적화가 아니라 불안정한 취업자와 취업준비를 하는 구직 NEET로 청년정책을 확장해야 함을 보여준다.

청년들이 미래를 가질 수 있어야

한 해 동안 대학생들이 가장 많이 사용한 신조어가 '금수저'라고 해서 화제가 된 적이 있었다. 태어날 때 물게 된 수저로 평생 살게 된다는 수저계급론, 20대 태반이 백수라는 '이태백', 만년 인턴인 '부장인턴', 이사 갈 때면 버려지는 이케아 가구처럼 단기고용을 반복하는 '이케아 세대', 부모에게서 독립하지 못하는 '캥거루족' 등 해마다 늘어나는 신조어 이면에는 청년들의 사회적 좌절감이 묻어 있다. 흔히 청년은 우리의 미래라고 하지만, 청년들이 미래를 가질 때만 맞는 말일 것이다.

청년 실업문제 해결에는 묘책이 없다. 이 문제는 낮은 경제성장률과 내수 및 투자 부진, 괜찮은 일자리 부족과 저임금·비정규 일자리의 비대화, 소득·주거·금융 등의 생활 불안 증가와 사회안전망의 미비 등과 얽혀 있기 때문이다. 청년 실업은 성장·고용·복지 문제가 집중적으로 나타난 문제이므로 정책 대응은 장기적으로 종합적이어야 한다. 청년 실업문제를 근원적으로 해결하기 위해서는 노동시장이 변해야 한다는 문제의식에 기초하여, 이 글은 노동시장 구조를 개선하고 청년의 자기주도적인 구직·취업준비 활동을 지원하는 정책을 제안한다.

저임금, 비정규직, 장시간 노동이 만연한 노동시장을 정비하지 않고는 양질의 일자리 창출이 가능하지 않다. 고용창출력을 약화시키는 낮은 경제성장률과 내수·투자 부진도 중요하지만, 노력한 만큼 공정하게 보상하는 노동시장이 자리 잡지 못한 것도 청년 실업문제를 심화시킨 주요한 요인이다. 중간 일자리 기회가 사라지면서 안정된 일자리로 진입하지 못하고 노동시장 밖에서 대기하거나 불안정한 일자리와 미취업을 전전하는 청년들이 늘어나고 있기 때문이다. 최저임금의 현실화, 공공부문 정규직 전환과 민간 부문의 비정규직 남용 억제, 휴일근로의 초과근로 포함 및 연장근로가 무제한 허용되는 근로시간 특례업종 축소 등이 노동시장 구조를 개선하려는 핵심적인 정책이다. 외환위기 이후 20년간 시장의 주도성을 강화하는 방향으로 개편되어 온 노동시장을 바꾸는 정책에 장애가 만만치 않다. 낮은 수익성에 허덕이는 자영업자와 가동률을 극대화하는 생산방식에 의존하는 중소기업은 노동비용 부담이 클 것이다. 또한 노동시장의 격차를 줄이는 비용 부담에 정규직 노동자도 예외가 될 수 없다. 그러나 노동시장의 구조적인 문제를 해결하지 않고서는 청년 고용 문제의 근원적인 해결이 어렵다. 노동시장 구조 개선과 함께 그 부정적인 영향을 최소화하는 보완대책을 마련하고 비용과 성과를 공유하는 사회적 노력이 필요하다.

나아가 청년이 스스로 실업문제를 해결할 수 있도록 실업기간 동안 소득을 지원하는 실업안전망이 구축되어야 한다. 청년들이 학교를 마치고 노동시장에 이행하는 경로는 이제 단선적이지 않게 되었으며 불확실성과 변동성이 크다. 졸업하고 바로 평생 일자리를 획득하는 것이 아니라 빈번하게 직장을 이동하면서 직업경력을 쌓아가는 것이 불가피하다. 그러나 근로경력이 없거나 불안정한 청년에 대한 소득 지원제도는 없으며, 청년 고용정책은 훈련, 인턴 등 프로그램 제공에 치중되어 있다. 더 나은 일자리를 얻기 위한 이직에 불이익을 부과하는 경우도 적지 않다. 청년의 장기실업 문제가 심각한 외국에서는 조기 개입과 적극적 노동시장정책 참여가 강조되지만, 학력수준이 높고 다양한 취업준비 활동을 하는 우리 청년에게는 실업기간 동안 소득 지원을 강화하는 정책이 필요하다.

취업취약성을 기준으로 다음과 같은 실업안전망 구축을 제안한다. 첫째, 불안정한 일자리와 실직을 반복적으로 경험하는 청년을 위해 고용보험을 청년 친화적으로 개편한다. 자발적으로 이직하더라도 장기 구직상태에 놓인 청년에게 실업급여를 제공하면, 스스로 적합한 일자리를 찾는 데 도움이 될 것이다. 둘째, 취업취약성이 높은 청년에게는 저소득층 대상의 보편적인 실업부조를 도입하여 소득 지원과 취업 지원을 병행한다. 셋째, 다양한 취업준비를 하는 청년에게는 노동시장 이행기동안 한시적으로 지원하는 수당을 마련한다. 지원서 제출이나 면접 등 협의의 구직활동에 국한하지 않고 학원 수강, 스터디 활동 등의 취업준비 활동에 대한 지원이 청년에게는 더 필요하기 때문이다.

2018. 1. 12. 작성

자영업,
정상화와 위기의 기로에서

08

— **옥우석** 인천대학교 무역학부 교수

낮은 진입장벽과 자영업 부문의 비대화 및 영세화

널리 알려져 있는 바와 같이 우리나라는 OECD 국가 중 자영업자의 비중이 매우 큰 나라에 속한다. OECD의 통계에 따르면 2017년 우리나라에서 총고용 대비 자영업자의 비중은 약 25.4%로, 통계가 존재하는 37개국 중 일곱 번째로 높다. 우리나라보다 자영업의 비중이 더 큰 나라는 콜롬비아, 그리스, 브라질, 터키, 멕시코, 칠레 등으로, 경제발전 수준이 우리나라보다는 낮은 나라들이다. 통계청 경제활동인구조사에 따르면 2018년 9월 기준으로 자영업자와 무급가족종사자를 모두 포함한 비임금노동자의 수는 약 685만 명으로 전체 노동자의 약 25.3%에 달하여, 고용과 경제안정에서 매우 중요한 역할을

그림 8-1. 자영업자 비중 국제 비교

(단위: %)

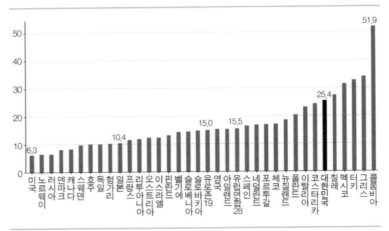

자료: OECD.

하고 있다.

　자영업 부문이 다른 나라에 비해 크다는 사실이 반드시 문제가 되는 것은 아니다. 문제는 자영업 부문이 지나치게 영세하여 양질의 일자리를 창출하기보다는 오히려 취약부문으로 전락하고 있다는 사실에 있다. 우리나라 자영업 부문의 영세화가 진행된 배경에 대해서는 몇 가지 가설이 있다. 가장 많이 거론되는 가설은 1997년 외환위기 이전에는 자영업이 고숙련-고학력 업종을 중심으로 구성되어 1인당 부가가치도 지금처럼 낮지는 않았지만, 외환위기 이후 기업의 구조조정이 진행되면서 실직한 노동자들이 자영업에 대거 진출하면서 1인당 부가가치가 매우 낮은 부문으로 재편되었다는 것이다. 하지만 임금노동자보다 자영업자의 평균소득이 상대적으로 뒤처지기 시작한 것은 1990년대 초반부터라는 사실을 근거로, 이 시기부터 이미 제조업 고용 수가 절대적으로 줄어드는 탈공업화와 관련하여 자영업 부문의 영세화가 진행되기 시작했다는 주장도 있다.

자영업 부문의 영세화가 진행된 이유가 무엇이든 간에, 이후 자영업 부문에서는 보호 – 부실화의 악순환이 진행된 것으로 보인다. 이제까지 경기순환의 충격에 취약한 자영업 부문을 보호하기 위하여 정부는 다양한 금융지원책을 펼쳐 왔으며, 그 결과 금융지원정책이 정부의 자영업 대책 예산에서 가장 큰 비중을 차지하게 되었다. 이러한 정책은 단기적으로 실업을 줄이고 경기악화를 막는 데에는 도움이 될 수 있지만, 장기적으로는 생산성이 높은 자영업자들의 진입을 가로막는 동시에 생산성이 낮은 자영업자의 퇴출을 가로막아 자영업 부문의 생산성을 떨어뜨린 것으로 평가된다. 최근에는 지원자 평가 시스템 도입하는 등 무차별적 금융지원을 지양하는 방향으로 정책 방향이 수정되고 있기는 하지만, 낮은 금융비용은 자영업으로의 진입문턱을 낮추는 데 여전히 큰 역할을 하는 것으로 보인다. 일례로 정부는 올해 초 중소기업과 소상공인을 지원하기 위해 총 12조 4,000억 원의 정책자금을 공급한 바 있으며, 지난 8월 22일 발표된 소상공인·자영업자 지원 대책에도 지역신보 보증공급 및 기업은행 초저금리 대출 등으로 약 3조 원의 정책자금을 확대 공급하는 방안이 포함되어 있다.

자영업 부문으로의 과잉진입 현상은 우리나라의 특수한 노동시장 구조와도 관련이 있다. 노동시장이 제조업 – 대기업 부문에서는 상당히 경직되게 운용되는 반면, 서비스업 – 중소기업 부문에서는 값싸고 고용안정성이 낮은 방대한 규모의 비정규직 노동시장이 형성되어 있었기 때문에 새로이 진입하는 자영업자들은 저임금 일용직 및 단시간 근로를 활용하여 노동비용을 줄일 수 있는 환경에 놓여 있다고 할 수 있다. 또한 40~50대 중고령층 중 퇴직자는 재취업 시장에서 충분한 소득을 확보할 수 있는 일자리를 발견하기 어렵기 때문에, 재취업보다는 창업을 선택하는 현상이 발생하고 있다. 지난 10년간 자영업자 중 중고령자가 차지하는 비중이 꾸준히 증가해 왔다는 점은 이러한 사실을 반영한 것이다. 결국 중고령 노동시장에서 양질의 재취업 기회가 부족하다는 현실 때문에 퇴직 후 창업을 선택하는 이들이 재취업을 꺼리게 되는 동시에 낮은 비용으로 창업을 선택하게 되는 셈이다.

젠트리피케이션과 자영업 무형자산 소유권 보호

자영업의 진입 및 퇴출과 관련하여 시장의 선별기능이 제대로 작동하지 못해왔다는 사실과 별도로, 다른 한편으로는 자영업 부문에서 생산성 향상을 통해 경쟁력을 강화하기보다는 저임금에 기초하여 비용을 절감해야 경쟁력을 확보할 수 있는 구조적 요인이 존재한다.

무엇보다도 자영업자들이 스스로 창출한 사회적 가치가 기존 소유권 제도의 틀 속에서는 제대로 인정받지 못해왔다. 자영업자들이 특정한 입지에서 사업 기회를 발굴하여 해당 입지의 가치를 높이는 데 기여하였다면, 자신의 사업체뿐만 아니라 주변 지역 상권 전체의 가치를 함께 상승시키는 외부성이 발생한다. 하지만 개별 자영업자들이 이렇게 창출된 가치를 전유하지 못한다면, 자영업자들은 해당 상권의 가치를 올리는 방식보다는 단기적인 이득을 취한 후 다른 사업 기회를 찾으려 할 것이다. 최근 사회적 우려를 낳고 있는 젠트리피케이션이 바로 이러한 문제 때문에 발생하는 것으로 볼 수 있다. 자영업자가 일구어 놓은 사회적 가치가 해당 자영업자들에 귀속되지 않고 임대료 상승의 형태로 건물주에게 귀속된다면, 결과적으로는 특정 입지에서 특색을 갖춘 고유한 상권이 형성되기보다는 임대료 상승을 피해 다른 지역으로 옮겨 다니면서 고만고만한 상권들끼리 가격 경쟁을 하는 결과를 낳을 것이다.

특허 등 지적소유권과는 달리 자영업의 경우에는 특정 개인이 창출한 가치를 전유할 수 있도록 보호할 수 있는 방법이 마땅치 않다. 자영업자의 소유권을 보장할 수 있는 현실적인 방법은 임대차 보호이다. 최근 '상가임대차보호법'에 대한 일련의 개정 작업은 자영업자의 무형자산을 보호하기 위한 진일보한 조치로 평가할 수 있다. 특히 임대기간 보장기간을 10년으로 확대한 것은 자영업자에게 권리금 회수를 위한 충분한 기간을 제공함으로써 보다 안정적인 투자를 추구할 수 있도록 할 것이다. 하지만 임대료 인상을 억제할 수 있는 기준이 되는 환산보증금 상한액 제도는 2018년 1월 환산보증금 상한액 인상과 임대료 인상을 5% 이내로 하향 조정하였음에도 사각지대가 넓어 아직도 개선의 여지가 큰 것으로 평가받는다. 예를 들면 서울 강남 상권 중에는 전체 상가 절반 가까이가 법 적용에서 제외되고 있다는 지적이 있다. 그에 따라 최근 정부는 환산보증금 상한액을 다시 한 번 인상하는 대책을 마련하고 있다고 발표하였으며, 일각에서는 환산보증금 상한 자체를 철폐해야 한다는 주장도 제기된다.

최근에는 대형 프랜차이즈 브랜드들도 자영업의 건전한 성장을 가로막는 요인으로 지적된다. 사실 프랜차이즈 브랜드 그 자체가 자영업 부문을 위협한다고 보기에는 어려움이 있다. 프랜차이즈 가맹자들 그 자신이 자영업자이기 때문이기도 하지만, 다른 한편으로는 프랜차이즈는 마케팅, 상품제조, 원자재 수급 등에서 노하우를 공용화함으로써 비용 절감과 생산성 향상을 가져오는 순기능이 있기 때문이다. 문제는 프랜차이즈 그 자체가 아니라 국내에서 프랜차이즈 관련 제도의 미비로 인하여 불공정거래 관행이 만연해 있다는 점이다. 대표적으로 미국 등과는 달리 우리나라에서는 로열티가 아닌 유통마진을 배분하는 방식으로 계약이 체결되고 있으며, 원부자재 강매, 인테리어 강요 등 다양한 형태의 불공정거래 행위가 이루어지고 있다.

정책의 시행순서와 엉킨 실타래 풀기

장기적인 관점에서 자영업 부문의 문제를 해결하기 위해서는, 한편으로는 자영업 부문으로의 과잉진입을 해소하고 생산성 향상을 유도함으로써 자영업 부문의 영세성을 탈피하고자 하는 노력이 필요한 반면, 다른 한편으로는 자영업 부문의 경쟁력을 억제하는 제도적 요인들을 제거할 필요가 있다.

지금까지 자영업 부문에서 일반적으로 나타나는 현상은, 생산성 향상으로 인해 발생하는 편익을 임대료 등의 형태로 건물주가 전유함에 따라 자영업자는 소득을 보전하기 위하여 비정규직 노동시장에서 값싼 노동력을 고용하는 임금비용 절감형 경쟁을 지속해 왔던 것이라고 할 수 있다. 거시적으로 볼 때, 고용의 상당 부문을 담당하는 자영업 부문에서 저임금 일자리를 양산한다면, 이는 다시 내수시장을 위축시켜 자영업 부문의 건전한 성장을 제약하는 요인으로 작용할 수밖에 없을 것이다. 이러한 악순환을 끊기 위해서 노동시장의 이중구조를 극복하는 것은 주요한 선결과제이며, 따라서 최근 진행되고 있는 최저임금 인상은, 그 속도와 폭에 대해서는 아직 더 많은 논의가 필요할 것으로 보이지만, 노동시장 이중구조 문제를 해결하기 위한 조치 중 하나로 평가할 수 있다.

그러나 또한 많은 사람들은 최저임금 인상의 필요성에 대해서는 공감하지만, 임대료 등 자영업 부문에 부담이 되는 제도적 요인에 대한 조치가 선행된 후 최저임금 인상이 점진적으로 진행되었어야 한다는 아쉬움을 표하기도 한다. 사실 임대료, 카드수수료, 공정거래 관행 등 자영업자의 소득을 제한하는 요인들이 해결되지 못한 상황에서 최저임금의 급격한 인상은 자영업자에게 직접적인 비용 압박을 발생시킬 수밖에 없다. 이러한 제도적 요인에 대한 조치가 선행된 후 최저임금이 인상되었다면 더 좋은 결과를 낳았을까? 자영업으로의 과잉진입의 문제가 해소되지 않는 한, 반드시 그렇다고 답할 수는 없다. 자영업으로의 진입장벽이 낮은 상황에서 자영업 소득을 잠식하는 요인이 제거되면, 더 많은 자영업자들이 시장으로 진입하여 향후 구조조정을 더 어렵게 만들 수도 있기 때문이다.

불행하게도 임대료 인상 등 자영업자의 소득을 잠식하는 제도적 요인에 대한 조치가 먼저 이루어지든 최저임금 인상이 먼저 이루어지든, 자영업 부문 구조조정에서 발생하는 고통은 피하기 어렵다고 할 수밖에 없다. 현재 우리나라가 안고 있는 자영업 부문의 문제는 과거에 누적되어 왔던 구조적인 문제에서 발생하는 것이기 때문이다. 중소기업 적합업종, 일자리 안정자금 지원 등 단기적인 대책은 구조조정의 속도를 조절하고 단기적인 충격을 완화하기 위한 보완적인 조치일 뿐이다. 이렇게 보면 무엇보다도 중요한 것은 정책의 시행 순서 그 자체보다는, 정책 시행에서 불확실성을 제거하는 것이라고 할 수 있다. 아마도 자영업자들이 가장 불안해하는 것은, 최저임금이 인상되었지만 임대료 인상 등 소득을 잠식하는 요인들이 제거되지 못하는 최악의 상황이 아닐까?

2018. 10. 31. 작성(2020. 4. 수정하여 실음)

부동산정책, 무엇이 문제인가

이상영 명지대학교 부동산학과 교수

현 정부의 부동산정책은 주거복지와 도시재생을 강조하고 있다. 양적 지표로는 공공주택 100만 호를 공급하고, 도시재생에 50조 원을 투자할 계획이다. 상대적으로 이전 정부에서 소외되었던 저소득층에 대한 주거복지를 강화하고 낙후된 구도심을 활성화한다는 차원에서 이러한 정책 방향은 바람직하다.

그렇지만 양적 지표에 매몰되어 세부적인 정책 시행과정에서 성과주의에 빠질 경우 어려움에 처할 수 있다. 정부 출범 이후 부동산정책이 주거복지와 도시재생보다는 투기 억제와 가격 안정에 초점을 두게 되면서 부동산정책이 대중적 요법에 의존하고, 정책성과에 대한 조급증까지 발생하고 있다. 계속해서 부동산 가격이 불안정할 경우 더 강력한 대증요법이 동원될 것이다. 이렇게 되면 '시장실패'를 막기 위한 정부정책이 더 심각한 '정부 실패'로 나타날 수 있다. 정부 정책이 장기적인 목표보다는 단기적인 성과에 집착한다는 비판을 받을 가능성이 크다.

과거에도 부동산정책으로 부동산 가격을 안정시키기 위해 무리한 각종 규제정책을 사용한 경우가 많았다. 가격 안정을 위한 규제의 도입이 공급부족을 초래하고, 일시적인 가격 안정 이후 수급불균형에 따른 가격폭등이 나타나는 상황이 종종 발생하였다.

공적임대주택 공급정책의 평가

현 정부가 가장 중요하게 여기는 부동산정책은 대규모 공적임대주택을 공급해서 저소득층의 주거문제를 해결하는 것이다. 공공임대주택만 보면 2018년 이후 연간 13만 호씩 65만 호, 여기에 민간주택을 지원해서 공적기능을 부여하는 공적지원주택을 매년 4만 호씩 20만 호 공급하여 5년간 총 85만 호의 공적임대주택을 공급할 계획이다. 이 외에 공공분양주택 15만 호를 포함해서 총 100만 호를 공급할 것을 목표치로 제시하였다.

이후 2020년 3월에 발표한 주거복지로드맵 2.0에서는 물량이 더 늘어나서, 정부가 직접 수행하는 공공임대주택 공급계획은 2018년부터 2022년까지 105.2만 호에 달한다. 이 중 90.2만 호는 공공임대로, 나머지 15만 호는 공공분양으로 계획하고 있다. 연간 19~22.6만 호로 상당히 큰 규모라고 할 수 있다.

이 정책은 기존 공공임대주택이 부족한 상황에서 바람직하다.

2015년 기준으로 재고주택 대비 장기공공임대주택의 비율은 5.9%이다. 이는 OECD 국가의 평균 8%(2014년 기준)에 비해 약 2%포인트 낮지만, 5년 후 목표치를 달성하게 되면 장기공공임대주택 재고비율은 9% 수준까지 올라간다. 민간 소유의 공적지원주택을 늘리는 정책도 정부의 직접공급에 따른 재정적 부담을 줄이면서 임대시장에서 공적 기능을 할 수 있는 임대주택을 늘린다는 점에서 바람직하다.

임대주택 공급 이외에 임대시장과 관련해서 임대차제도를 바꾸어 새로운 임대주택 환경을 조성하는 것도 중요한 정책이다. 이와 관련하여 임대료상한제와 계약갱신청구권 도입이 논의되고 있다. 정부는 두 제도를 동시에 도입하는 경우의 충격을 고려하여 계약갱신청구권과 임대료상한제를 순차적으로 도입하는 방안을 검토하는 것으로 알려져 있다.

그렇지만 현실적으로는 순차적 도입도 쉽지 않다. 계약갱신청구권은 임대인이 임대료상한제를 회피하는 것을 방지하기 위한 제도로 도입되는 것이다. 따라서 계약갱신청구권이 도입되면 임대의무기간이 2년에서 3년이나 4년으로 늘어나면서 임대료상한제 적용기간이 늘어나기 때문에 사실상 두 제도를 동시에 도입하는 결과를 가져온다. 이렇게 되면 도입 초기 임대인이 임대료를 대폭 인상할 가능성이 높고, 중장기적으로 임대사업을 포기하는 임대인이 늘어나면서 임대주택 공급이 부족해질 우려가 있다.

임대료상한제보다 실현 가능성이 높은 제도는 임대주택 등록제로 2020년 이후 실시할 계획이었다. 현재 전체 임대주택 중 35%만이 제도권에 등록을 하고 있고, 나머지 65%는 제도권에서 보면 미등

록인 상태에서 임대주택 관리가 사각지대에 놓여 있다. 이를 의무화할 경우에는 임대인들이 임대소득을 신고하면 각종 부담이 증가될 것을 우려하기 때문에 임대주택 공급이 위축될 가능성이 있다. 이러한 상황을 방지하려면 의무등록제를 실시하기보다는 등록임대주택에 대한 세금 및 건강보험료 등의 감면 정책과 같은 인센티브를 제공하여 등록을 촉진하는 것이 바람직하다.

그렇지만 이러한 임대등록 인센티브정책은 정부 출범 초기와 달리 다주택소유자의 투기를 초래한다는 지적에 따라 2018년 9·13 조치 이후에는 인센티브정책이 제한적으로 이루어지고 있다.

도시재생정책의 평가

현 정부가 이전 정부와 달리 중점을 두고 있는 정책이 도시재생정책이다. 매년 10조 원씩 도시재생 뉴딜투자를 통해 전국의 도심 내 낙후지역을 재생시킬 계획이다. 이미 2013년에 도시재생과 관련해서는 특별법이 제정되었지만, 재원이 확보되지 못하면서 별다른 진전을 보지 못했다. 이에 도시재생 뉴딜정책으로 노후한 도시환경, 주택 등을 새롭게 하여 바람직한 도시환경을 만들어야 하는 당위성이 대두되고 있다.

그렇지만 재원 조달 문제를 해결하면서 적절한 투자대상을 찾아야 하는데, 이는 쉽지 않은 일이다. 현재 재원의 50%는 주택도시기금과 같은 공적기금이고, 나머지도 공기업 등에서 부담할 계획인데, 투자가 실패할 경우 발생할 재정적 부담도 만만치 않다. 이러한 점을 고려할 때 공적기금이나 공기업예산이 아니라 직접 정부예산을 확보해서 사업을 전개하는 것이 더 바람직하다. 또한 매년 10조 원, 5년간 50조 원이라는 획일적인 사업계획보다는 장기적인 안목을 가지고, 효과적으로 도시재생사업에 투자하는 전략이 필요하다.

투기 억제정책의 평가

부동산정책이 얼마나 효과적으로 전개될 수 있는가는 정책의 디테일과 연관된다. 정책의 효과적 진행을 위해 지역 여건에 맞는 세밀한 정책이 수립되어야 한다. 이렇게 된다면 주거복지의 사각지대를 해소하고, 낙후된 도심을 재생하려는 정부의 부동산정책은 긍정적 역할을 수행할 수 있다.

이러한 주거복지나 도시재생 중심의 부동산정책이 공약 내용이었으나, 정부는 출범 이후 투기 억제, 다주택자 규제와 같은 가격 안정을 최대 목표로 부동산정책을 진행하고 있다. 2017년 6·19 대책부터 시작한 10여 차례의 부동산시장 안정책은 투기지구, 투기과열지구, 조정대상지역의 지정이나 재건축, 다주택자, 주택대출 규제와 같이 과거 가격 급등기에 사용한 투기 억제책이 주류를 이룬다. 이러한 정책이 갖는 한계점은 이미 과거 정부에서 우리 사회가 충분히 경험한 바 있다.

특히 강남지역 재건축아파트를 중심으로 한 투기 억제책의 도입은 정책 의도와 달리 시장에서는 강남지역 공급을 감소시키는 정책으로 받아들여진다. 이로 인해 투기 억제책이 강해질수록 부동산 가격은 더 오르고 있다. 현재의 강남 가격 급등을 다주택자들의 투기로만 간주하게 되면 근원적으로 이 문제를 해결할 수 없다. 특정지역

가격 강세 현상은 해당 지역이 갖는 우수한 인프라 수준이나 사회적 환경과 관련된다는 것을 이해해야 근본적이고 구조적인 대응이 가능하다.

3기 신도시를 통해 서울 근교에 신규 주택을 공급하는 방안을 내놓았으나, 서울로 집중되는 수요를 분산시키기에 이것만으로는 충분치 않은 상황이다. 이처럼 외곽지역의 주택공급에 초점을 맞추기보다는 서울 자체의 주택공급 확대정책을 수립하거나, 수도권 내 교통시설의 투자를 통해 서울로의 교통접근성을 제고하는 것이 더 바람직한 정책이 될 수 있다.

재산세 인상은 세율구조보다는 공시가격체계의 개선으로

부동산정책에서 단기간의 부동산 가격 상승 억제에 목표를 두게 되면 끊임없이 부작용이 나타난다. 반면 재산세와 종부세의 강화는 장기적이고 구조적으로 부동산 가격을 안정시킬 수 있다는 점에서 다른 정책과 달리 근본적 대책이 될 수 있었다. 그렇지만 2019년 정부의 부동산 관련 재산세 개편은 일부 다주택자와 고가주택보유자로 대상을 한정되면서 그 효과가 반감하였다.

이처럼 일부 자산가만을 대상으로 재산세나 종부세를 인상하는 것은 부동산시장 가격 안정에 도움을 주기 어렵다. 전체적인 재산세의 수평적·수직적 형평성을 제고하면서 모든 계층이 적절한 재산세 부담을 지도록 과세체계가 만들어져야 가격 안정과 불평등 해소에 도움이 될 수 있다.

재산세율과 별개로 이미 지난 몇 년간 부동산공시가격이 지속적으로 크게 상승해 왔다. 이로 인해 저가 부동산을 소유한 중하위 소득층은 공시가격 인상 부담을 느끼고 있다. 저소득층의 경우 각종 복지지원의 기준이 부동산 공시가격에 의존하기 때문에 공시가격 인상은 재산세의 상승보다는 복지지원의 감소로 어려움을 준다.

반면 고가부동산을 보유한 자산가들은 여전히 낮은 과표현실화에 따른 혜택을 누리고 있다. 수평적 형평성의 측면에서 보면 주택에 비해 상업용 건물의 과표현실화율이 낮기 때문에 이 역시 부동산자산가에게 유리한 재산세체계라고 할 수 있다. 또한 주택 내에서도 고가주택이 중저가주택에 비해 과표현실화율이 낮다는 점도 수직적 형평성에 문제를 야기한다.

따라서 재산세 인상이 세율 인상으로만 이루어진다면 부동산자산가에게 부담을 제대로 증가시키지 못하게 된다. 재산세의 과세표준이 정확하게 산출되고, 자산계층별로 동일하게 현실화되어야 그 효과가 발휘될 수 있다. 그나마 재산세 과세표준은 공시가격을 그대로 사용하지 않고, 공시가격에 일정비율을 곱해서 사용하였다.

이상의 제도적 상황을 고려하면 재산세 인상은 세율 인상, 공정시장가액 비율 인상, 공시가격 인상이라는 세 가지 방법이 가능했다. 현 정부는 이 세 가지를 모두 변경하는 제도개선을 시도했다.

그렇지만 세율과 공정시장가액 비율의 인상을 통해서만 공평한 과세를 달성하기는 처음부터 어려웠다. 무엇보다 세율 인상이나 공정시장가액 비율 인상 전에 과표의 출발점이 되는 공시가격의 형평성이 확보되어야 한다. 공시가격 산정에서부터 형평성에 문제가 없도록 개선한 이후 재산세 개편이 이루어져야 하는 것이다.

부동산정책이 장기간에 걸쳐 부동산시장에 제대로 효과를 발휘하기 위해서는 경제원리에 맞으면서 수직적·수평적 형평성이 개선되는 형태로 이루어져야 한다. 이런 맥락에서 보면 최근과 같이 강남의 재건축아파트 가격을 억제하기 위해 정책 수단을 동원하기보다는 근원적으로 부동산의 재산세나 종부세, 공시가격과 같은 제도를 제대로 확립하는 것이 더 바람직하다. 단기적인 가격억제 정책은 일시적으로 효과를 볼 수도 있겠지만, 장기적으로는 악순환을 초래할 수 있다. 부동산시장의 문제점을 정확히 진단하고 시장가격 변화에 일희일비하지 않는 장기적이고 구조적 개선정책이 필요한 시점이다.

2018. 3. 7. 작성(2020. 4. 수정하여 실음)

국민연금의
스튜어드십 코드 이행*

— **송민경** 한국기업지배구조원 선임연구위원

들어가며

최근 국민연금이나 민간 운용사 등에서 기업경영, 기업지배구조를 개선하라는 목소리가 높아지기 시작했다. 국민연금은 기금 운용 사상 최초로 2019년 3월 한진칼을 상대로 정관 변경을 요구하는 주주제안을 제기했고, 민간 운용사인 KB자산운용은 여러 상장사를 상대로 공개서한을 보내 경영 변화를 촉구했다. 전에는 상상하기 어려웠던 국내 기관투자자의 행동이다. 이러한 행동의 결정적 계기는 2016

---

* 이슈와 정책 시리즈 제11호로 발표했던 「국민연금의 스튜어드 참여, 쟁점과 과제」(2018.9.14.) 이후 국민연금의 각종 내부지침이 제·개정되고 관련 법령이 개정되었기에, 변화된 상황에 맞게 글을 전면 수정·보충하였다.

년 말 제정·시행된 스튜어드십 코드(이하 '코드')이다. 코드의 제정 주체는 한국기업지배구조원에서 민간 전문가와 이해관계자 대표들로 구성한 '한국스튜어드십코드제정위원회'로 순수한 민간기구이다.

코드는 운용사, 보험사, 연기금 등 기관투자자가 타인 자산을 맡아 운용하는 수탁자로서 고객과 수익자의 중장기 이익을 위해 필요한 경우 주주활동을 적극 수행해야 함을 정한 자율규제이다. 여기에는 ① 수탁자 책임 정책의 공개, ② 이해상충 방지 정책의 공개, ③ 투자대상회사에 대한 점검, ④ 내부 지침에 근거한 일관성 있는 주주활동 수행, ⑤ 원칙에 따른 투명한 의결권 행사, ⑥ 주주활동 보고·공시 및 ⑦ 주주활동 역량 강화 등 세부원칙 일곱 가지와 각 원칙별 안내지침이 포함되어 있다. 이 코드는 영국을 비롯해 일본, 미국, 네덜란드, 호주, 남아공, 브라질 등 각 대륙의 20여 개 주요 선진국 등에서 시행 중이다. 각국 사정에 따라 코드는 조금씩 내용이 다르지만, 기관투자자의 주주활동 및 기업과의 대화를 활성화하는 등 자본시장의 관행과 문화를 바꾸는 데 핵심적인 계기를 제공한다는 점에서 효과는 다르지 않다. 각국 시장에서 코드에 참여해 주주활동을 적극 수행하며, 코드의 정착과 확산에 주도적인 역할을 담당하는 주체는 국민연금과 같은 대규모 연기금이다.

우리나라에서 코드 제정 후 첫해인 2017년만 해도 참여 기관은 18곳에 지나지 않았다. 반면 2018년 참여 기관은 연말 기준 누적 73곳으로 크게 늘어났으며, 2019년부터는 주주활동도 점차 활발해졌다. 결정적인 계기는 2018년 7월 국민연금의 코드 참여로 보인다. 국민연금은 2018년 말 기준으로 700사 이상의 지분을 소유하고, 지분율이 5% 이상인 회사가 285사, 10%를 넘는 회사가 83사에 이르는 초거대 기관투자자이다. 상장사들이 결코 무시할 수 없는 수준이다. 게다가 거의 모든 국내 운용사가 위탁운용에 사활을 거는 자본시장의 절대적 '큰손'이기도 하다. 국민연금은 코드에 참여하면서 코드 참여 여부를 위탁운용사를 선정할 때 고려할 뜻을 비쳤고, 2019년 말 실제 코드 참여 기관에 2점의 가점을 부여하는 내용을 위탁운용사 선정 가이드라인에 반영했다. 따라서 국민연금의 코드 참여가 한국 자본시장에 적지 않은 변화를 초래할 것이라고 예상할 수 있다.

그래서인지 국민연금은 코드 이행과 확산의 과정마다 논란의 중심에 섰다. 당장 코드 참여 단계부터 뜨거운 갑론을박이 있었다. 코드의 확산을 뒷받침할 수 있게 관계 법령을 개정하고 국민연금이 조속히 코드에 참여하도록 한다는 내용이 문재인 당시 대선 후보의 출사표에 있었고 100대 국정과제 선정과 이후 추진 과정에서도 거듭 강조되었지만, 문재인 정부 출범 후 1년 이상 지나서야 참여가 이뤄졌다. 쟁점은 여러 가지가 있었다. 우선, 코드 참여 시 밝힌 대로 별도의 공사 설립 없이 개편한 내부조직이 주주활동을 담당하는 것은 독립적 주주활동을 보장하는 해외 연기금 사례와는 동떨어진다는 지적이 있었다. 말하자면 독립성에 관한 우려이다. 국민연금이 위임해 위탁운용사가 자율적으로 의결권을 행사할 수 있게 해야 한다는 주장, 주주활동 유형이나 대상 쟁점을 계속해서 확대하는 조치를 두고는 기업경영에 너무 깊이 개입하는 것 아니냐는 의구심도 있었다. 이들 논란은 결국 국민연금의 적극적인 주주활동과 코드 이행이 정부의 경영 간섭과 관치를 야기한다는 우려에 닿아 있다. 그런데 이런 우려와는 반대로 국민연금이 반대하는 주총 안건 대부분이 가결되는 것이 현실인데 국민연금의 주주활동이 무슨 의미가 있느냐는 지적도 있다. 이상과 같은 여러 논란을 염두에 두고, 이하에서는 코드 참여 이후 국민연금의 주주활동 관련 조직체계 개편, 국민연금 주주활동의 성과와 필요성, 주주활동 범위 등과 관련한 현황을 점검해 보고, 필요하다면 개선 과제를 짚어보기로 한다.

주주활동의 독립성·전문성을 위한 조직체계 개편

국민연금은 코드에 참여한 이후 2020년 초까지 주주활동을 수행하기 위한 조직개편을 지속적으로 단행했는데, 다음 세 가지가 주요 조치이다.

첫째, 국민연금은 코드에 참여하면서 기금운용위원회 산하의 의결권행사 전문위원회를 수탁자책임전문위원회(이하 '수책위')로 확대 개편하고, 의결권 행사 외에 주주활동 전반에 관한 사항을 총괄하도록 했다. 수책위는 수탁자 책임 원칙, 수탁자 책임 활동 지침 등 수탁자 책임 활동을 총괄하는 정책·기준을 (사실상) 제정하고 논란이 있는 주요 사안에 관해서는 직접 의사결정을 내린다. 기존 의결권전문위는 (기금운용위가 아닌 국민연금공단 내 기금운용본부 산하의) 투자위원회에서 요청한 안건에 대해서만 찬성·반대 여부를 정했기 때문에 역할이 크게 제한될 수밖에 없었다. 이와 비교하면 수책위의 실질적인 역할은 대폭 확대된 셈이다.

둘째, 주주활동 실무를 전담할 조직으로 (기금운용본부 산하) 투자전략실 내의 책임투자팀을 수탁자책임실로 격상하고 그 아래 책임투자

팀과 주주권행사팀을 두는 한편, 인원도 2017년 8인에서 2020년 초 14인으로 늘렸다.[1] 국민연금이 주식을 보유한 상장사 수가 700사 이상임을 감안하면, 폭넓게 대상회사를 점검하고 다양한 주주활동을 수행하는 데 꼭 필요한 조치이다. 코드는 원칙 5와 7에서 충분한 자원 투입이 적극적인 주주활동과 수탁자 책임의 이행에 중요하다는 점을 명확히 하고 있다.

셋째, 국민연금은 2019년 말 수책위 구성의 독립성과 전문성을 높이는 조치를 취했다. 수책위는 수탁자 책임의 이행을 총괄할 기구이므로 수책위를 신중하게 구성하는 것은 충실한 코드 이행의 근간이다. 코드에 처음 참여할 당시에는 수책위를 기금위 가입 단체(정부, 연구기관 포함)가 각각 추천한 15인의 비상임 인사로만 구성했으나, 전문성에 한계가 있다는 지적에 따라 내부 지침을 개정해 위원을 9인으로 줄이는 대신 그중 3인을 상근위원으로 위촉하도록 했고 이 내용은 2020년 1월 개정된 국민연금법 시행령에 담겼다. 이 시행령 개정으로 수책위는 국민연금 내부 지침상의 기관에서 법령상 기관으로 위상이 올라갔으며, 상근위원이 갖춰야 할 전문성 요건도 법정 사항으로 명시되었다. 비상근위원만으로 구성된 경우 전문성 있고 상시적인 검토와 논의에 한계가 있을 수밖에 없으므로 위원 총수의 3분의

---

[1] 국민연금은 2018년 7월 코드에 참여하면서 수탁자 책임 이행을 전담할 조직의 인원을 2019년 말까지 30인으로 늘리겠다고 밝혔었다. 계획에는 미치지 못하지만 지금까지의 인원 확충도 그 나름의 의미가 있다고 본다. 참고로, 주주활동에 매우 적극적인 연기금으로 잘 알려진 미국의 캘리포니아주공무원연금 CalPERS는 전담 직원만 22인을 배치해 주주활동과 책임투자를 위해 노력한다고 밝혔다. CalPERS, "RI Transparency Report 2019"(CalPERS, 2019).

그림 10-1. 스튜어드십 코드 참여 이후 조직구조 변화

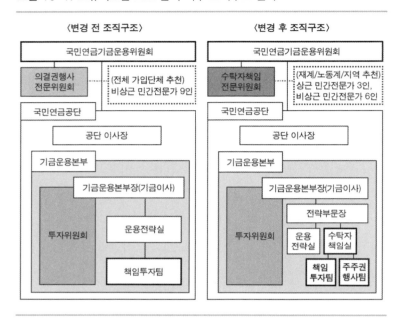

1을 일정한 법정 전문성 요건을 갖춘 상근위원으로 구성한 것은 수책위의 전문성을 높이는 데 기여할 것이다. 또한, 가입자 단체인 경영계, 노동계, 지역 대표가 각각 상근위원 1인, 비상근위원 2인을 추천해 위원 구성의 균형과 비례를 꾀했다. 수책위를 가입자단체에서 추천한 동수의 위원으로 구성함으로써 위원 간에 상호 견제를 통해 어느 한 이해관계자 집단이 과도한 영향력을 행사하는 것을 방지하고 특히 정부로부터 독립적인 의사결정이 가능하리라 본다. 이는 수책위의 전신인 의결권행사 전문위가 정부를 포함한 가입자단체의 추천과 위촉으로 수책위와 거의 동일한 방식으로 구성되어 역할을 수행

하면서도 정부의 부당한 영향력 행사 등 관련 논란이 거의 없었다는 점에서도 그 타당성을 찾을 수 있다.

조직 개편과 관련해서는 수책위의 독립성이 가장 논란이 컸다. 수책위는 기금운용위원회 산하 조직인데, 기금위는 복지부장관이 위원장으로 있고 여러 관계부처의 공무원이 당연직 위원으로 참여하고 있어서 관치 우려가 있다는 것이다. 이는 주주활동이 꼭 필요하다면 해외 주요 연기금처럼 기금 운용을 담당하는 별도 공사를 만들어 여기에서 전담하게 하는 편이 낫다는 주장으로 이어졌지만, 그와 같은 주장이 적절한지는 의문이다.

우선 해외의 주요 연기금이 대부분 별도 기관에서 기금운용과 주주활동을 전담한다고 하더라도 이 기관이 정부로부터 독립적인지는 분명하지 않다. 오히려 어떤 방식으로든 정부의 관리·통제가 있기 때문에 독립성에 관한 문제 제기는 얼마든지 가능하다. 가령, 독립성의 가장 중요한 사례로 흔히 지목되는 네덜란드 연기금 운용기관 APG는 네덜란드 연기금 ABP와 별도 기관이기는 하다. 그러나 ABP는 APG의 지분 95% 이상을 소유한 사실상의 완전 모회사여서, APG의 이사회를 구성하고 APG의 업무를 관리·감독한다. 겉모양만 보고 APG가 ABP로부터 독립되어 있다고 주장하면 별로 설득력이 없다. 다른 연기금들도 비슷하다. 수십만, 수백만 가입자의 이익을 보호해야 하는 현실에서 정부의 관리·감독 책임을 인정하지 않기란 어렵다. 구체적인 관리·감독의 형식에만 부분적인 차이가 있을 뿐이다. 허상에 가까운 형태만 가지고 기금운용기관의 독립성을 논하는 것은 합당하지 않다.

그러나 외양만큼의 실질적 독립성을 주장하기 어려움에도 1년에 200~300개 이상의 회사와 대화하는 APG에 대해 관치 논란이 전혀 없다. 이는 회사와의 대화가 (정부의 영향력 행사에 따른) 부당한 경영 간섭이 아니라 연기금이 수익자의 이익을 위해 최선을 다하는 행동으로 시장에 비쳐지기 때문이다. 또한, 회사 가치를 위협하는 스캔들이나 논란거리가 계속 발생하는 상황에서 별도 공사를 만들 때까지 문제 해결을 위한 주주활동 등 노력도 하지 않고 잠자코 있기도 어렵다. 기금운용공사를 만들자는 논의는 10년 이상 되었지만 불행히도 전혀 진척이 없다는 점도 고려할 수밖에 없다. 공사 설립이 운용 전문성을 높인다는 장점이 있음을 부정하는 것은 아니지만, 별도 공사를 만든다고 독립성이 보장되는 것도 아니고, 별도 공사가 없다고 해서 독립적인 주주활동이 불가능하지도 않다.

한편, 앞에서 언급했듯 수책위 구성에서도 관치 우려를 최소화하기 위한 중요한 진전이 있었다. 수책위가 법정 기구로 격상했고, (코드 참여 초기에는 정부와 연구기관이 수책위 위원을 추천했지만) 올해 초 국민연금법 시행령 개정으로 정부 등의 추천 권한도 없어졌다. 이러한 조치는 정부로부터의 독립성을 높이고 관치 우려를 줄이는 데 크게 기여하리라 본다.

국민연금이 정부나 정치권의 영향을 받지 않고 오로지 기금의 이익이라는 관점에서 주주활동을 수행하느냐는 코드 참여의 성패를 가르는 핵심 요소이다. 그러나 조직이나 기관의 설치, 구성 등 형식적인 요소에만 매몰되어서는 곤란하다. 기금운용위원회나 투자위원회와 달리 구성의 독립성을 어느 정도 확보하고 있는 수책위가 어떻게 수탁자 책임의 이행에 관한 실질적이고 중추적인 역할을 담당하게 할수 있을지 논의하는 편이 보다 생산적이다. 가령, 수책위 회의의 정례개최(예컨대, 최소 월 1회, 주주총회 시즌 중에는 최소 주 1회 등), 이를 위한 수탁자책임실의 실무 지원 강화 등이 도움이 될 것이다.

국민연금의 주주활동 성과와 의미

국민연금이 주주총회 안건에 반대한 사례가 많다는 점은 널리 알려져 있다. 2010년대 이래로 국민연금의 반대율은 평균 10%를 상회했으며, 특히 2018년에는 19%에 가까운 높은 수준을 기록했다.

문제는 국민연금이 반대를 했음에도 그 안건이 실제 주주총회에서 부결되는 사례가 거의 없다는 점이다. 이는 국민연금이 적극적으로 주주활동을 해도 소용없는 게 아닌가, 더 나아가 효과도 없는 주주활동을 비용을 들여가며 수행할 필요가 있는가 하는 의구심으로 이어질지 모른다. 실제 언론에서는 이 문제를 국민연금의 주주활동이 갖는 한계로 지적하기도 한다. 이에 대해서는 조심스러운 평가가 필요하다.

일단, 국내 기업 다수가 지배주주 일가와 계열사 지분이 높은 집중형 소유구조라는 점을 감안해야 한다. 대상 회사에 대한 지분율이 아무리 높아야 14%를 넘지 않는 국민연금의 반대만으로 실제 문제 안건의 부결을 이끌어내기는 어렵다. 그렇다고 해서 국민연금의 주주활동 무용론이나 주주활동의 필요성을 부정하는 주장으로까지 나아가는 것은 타당하지 않다. 국민연금의 반대투표 등 주주활동은 다양한 직·간접적인 영향력이 있기 때문이다.

표 10-1. 국민연금의 의결권 행사 내역(2016~2018년)

행사년도	주식투자 기업 수 (개)	행사 주총 수 (회)	행사 안건 수 (건)	행사내역		
				찬성(비중)	반대(비중)	중립/기권 (비중)
2018	764	768	2,864	2,309	539	16
				80.62%	18.82%	0.56%
2017	772	708	2,899	2,519	373	7
				86.89%	12.87%	0.24%
2016	753	796	3,010	2,692	303	15
				89.43%	10.07%	0.50%

자료: 국민연금, 「2018 국민연금기금 연차보고서」(2019. 7.).

우선, 국민연금이 반대의 뜻을 미리 전달한 안건을 회사가 철회하는 경우가 있다. 이는 공식적인 부결 통계에는 포함되지 않겠지만, 국민연금의 반대가 보이지 않게 영향을 끼치는 사례이다. 나아가 다른 주주들이 국민연금에 동조해 반대율이 일정 수준, 가령 30%를 넘으면 그 영향은 무시하기 어렵다. 만약 특정 임원 후보에 대한 반대가 35%라면 회사가 이 임원을 다음 주총에 선뜻 추천하기 어려워진다. 처음엔 별 생각 없던 다른 주주들도 새로운 정보를 접해 더 유심히 지켜보고 반대에 동참할 가능성이 있어서다. 회사가 부결 가능성을 무릅쓰고 주총에 상정할 수 있겠지만 요즘처럼 언론의 관심이 큰 상황에서 회사 평판에 부정적인 영향을 끼칠 가능성이 적지 않다. 후보 개인에게도 부담임은 물론이다.

연기금의 주주활동이 갖는 유·무형의 영향력은 해외의 관련 규제나 관행에서도 드러난다. 영국의 경우 기업지배구조 모범규준 corporate govanance code상 조항(E.2.2)에 따르면 반대율이 회사가 스스로 정한 일정 수준 이상인 경우 회사가 높은 반대율과 관련해 (주주의 우려를 줄이기 위해) 어떤 조치를 취했는지 주총 이후 6개월 이내에 공시해야 한다. 예컨대 주주들과 만나 안건의 정당성을 상세히 설명하고 보완책 마련을 약속하고 이를 공시할 수 있다. 실제 FTSE100 지수에 포함된 영국의 다국적 운수기업인 퍼스트그룹FirstGroup은 2019년 7월 25일 개최된 주주총회에서 이사보수보고서, 임원 선임 등 네 가지 안건에 반대율이 20%를 넘자 이사회는 이를 심각하게 여기며 내부 프로그램에 따라 주주들과 지속적으로 대화해 나가겠다고 발표한 바 있다. 이런 식으로 반대율이 높아 회사가 대응 방안을 공시한 안건의 수가 영국에서 2019년 230여 건에 이른다는 조사 결과가 발표되기도 했다.[2] 주총 안건이 부결에 이르지 않더라도 반대율이 일정 수준을 넘으면 회사가 주주와 대화 등의 조치를 취하도록 유도하는 효과가 있다.

영국과 같은 규정이 없는 국가에서도 비슷한 관행이 형성되어 있다. 예를 들어 미국에서는 많은 주요 상장사들이 주주와 어떤 식으로 소통했는지 주주총회 안건 설명자료에 스스로 밝히는 사례가 많다. 제너럴 일렉트릭General Electric: GE은 5월에 열릴 2020년 주주총회 개최를 위해 공개·배포한 설명자료에서 2019년 주총의 이사보수에 관한 주주 권고 투표say-on-pay 안건과 관련해 주주들이 어떤 우려를 표명했는지, 주총 이후 내부 담당 기구인 보상위원회에서 어떻게 주주

---

2   영국의 투자협회Investment Association는 2017년부터 매년 주요 상장회사 600여 개 내외의 회사로 구성되는 FTSE All-Share Index 포함 종목을 대상으로 반대율이 높은 안건과 그에 관한 상장사의 공시 관련 현황을 조사해 공표한다.

들과 대화하고 그 내용을 이사보상 프로그램에 반영했는지 상세하게 밝혔다. 더 나아가 GE를 포함하여 많은 상장사는 주주와의 대화 정책, 1년간 주주와 대화한 과정과 결과를 공시자료에서 보여준다. 이런 관행이 형성된 경우 반대율이 높은 안건을 별도 설명 없이 추후 주주총회에 다시 상정하는 사례를 찾아보기 쉽지 않을 것이다. ISS나 글래스루이스Glass Lewis 같은 세계적인 의결권 자문사들도 지난 주총에서 30% 이상 반대를 받은 안건을 특별한 설명 없이 다시 안건으로 올리면 반대를 권고하도록 되어 있어서 그런 관행을 뒷받침한다. 주요 주주들에게 반대 권고가 나갈 것을 알면서 상장사들이 주주나 자문기관의 우려를 무시하기란 쉽지 않을 것이다.

국민연금의 코드 참여와 주주활동이 낳는 효과는 잘 드러나지 않을 뿐 사실 폭넓은 것일 수 있다. 국민연금이 2018년 7월 스튜어드십 코드에 참여한 이래 작년부터 불기 시작한 상장회사의 자발적인 변화 움직임은 이를 잘 보여준다. 예를 들어 전자투표가 대표적이다. 그간 상법 개정으로 전자투표를 의무화하자는 논의가 오래도록 진행됐지만 별다른 성과는 없었다. 그러나 대규모 기업집단의 주요 계열사를 중심으로 그룹 차원에서 전자투표를 시행하기 시작했다. 작년 SK, 한화 그룹에 이어 올해 삼성, 현대차, 포스코 그룹 등이 실시하는 등 변화가 확산됐다. 이사회 의장과 대표이사를 분리해 이사회의 독립적인 운영을 강화하는 조치 역시 기업지배구조를 개선하는 대표적인 수단인데, 이 역시 작년 LG와 SK 그룹을 시작으로 점차 확산되고 있다. 올해는 삼성전자, 대한항공, 한진칼 등이 처음으로 사외이사를 이사회 의장으로 선임하는 파격적인 조치를 내놓았다. 불투명하고 독립성·책임성이 부족한 기업지배구조가 코리아 디스카운트를 초래한 대표적인 사유였던 만큼 기업의 자발적인 지배구조 개선으로 인한 긍정적인 효과가 기대된다. 물론 이러한 변화들이 국민연금이 직접 요구해 나타난 결과라고 보기는 어렵다. 그러나 스튜어드십 코드 도입으로 기관투자자들의 대화 시도, 서신 교환 등이 점차 활발해지는 가운데, 국민연금이 코드에 참여하면서 본격적으로 나타나게 된 변화라는 데 이견이 별로 없을 것이다.

이상에서 보는 바와 같이 국민연금의 적극적인 의결권 행사와 주주활동이 갖는 직·간접적인 영향력은 적지 않았다. 다른 기관투자자와 회사들의 자발적인 변화를 유도하는 촉매제라는 점에서 국민연금이 보다 적극적으로 주주활동을 수행함으로써 코드를 이행할 필요가 있다. 이러한 행동은 국내 투자 관행과 문화를 선진화하고 한국 자본시장이 중장기적으로 발전하는 데 필수적이다.

국민연금의 주주활동 현황 및 개선 과제

주주활동에는 흔히 떠올리는 의결권 행사 외에도 다양한 유형이 있다. 비공개로 이루어지는 서신 교환과 미팅은 물론, 임원 후보 추천이나 정관 변경 등의 주주제안, 공개 서신 발송, 여러 상장사를 대상으로 기업지배구조 개선을 공개 촉구하는 캠페인, 주주소송과 같은 공개 활동에 이르기까지 다양하다. 대상 기업에 비재무적인 문제는 없는지 점검하거나 기업지배구조 원칙을 공개해 회사의 자발적인 변화를 촉구하는 행위까지도 넓게 보면 주주활동으로 간주할 수 있다. 국민연금은 2010년을 전후한 시기 이후부터 10% 이상 안건에 반대하는 등 의결권을 적극 행사했고, 2015년경부터는 배당 수준이 너무 낮은 기업을 대상으로 경영진과 대화함으로써 문제를 해결하고자 노력했다. 코드에 참여한 이후에는 경영진과의 대화, 서신 교환, 의결권 행사 내역·사유의 주주총회 이전 공개, 주주제안, 더 나아가 주주소송에 이르기까지 주주활동 유형을 확대할 계획임을 주주활동 가이드라인에 반영하고 이를 공개했다. 주주소송을 제외하면 이미 시행사례까지 확인하는 것은 어렵지 않다.

주주활동 대상이 되는 우려사항 역시 범위가 크게 확대되었다. 전에는 주총 안건이 국민연금의 의결권 행사 세부지침에 부합하지 않거나 배당이 낮은 경우 등에 한정되었다. 지금은 이사보수 한도가 불합리하거나 횡령·배임·사익편취 등 주요 위법행위로 회사 가치에 손실이 큰 경우, 오래도록 반대했음에도 개선이 없는 사안 등도 중점관리 사안으로 추가되었다. 이처럼 보다 넓은 우려사항을 점검·관리하면서 다양한 주주활동을 수행하게 된 것은 바람직한 변화이다. 다양하게 주주활동을 시행하고 경험과 역량을 축적하면서 활동을 개선해 나간다면 기금가치의 보호뿐 아니라 자본시장 측면에서도 여러 긍정적인 효과를 기대할 수 있을 것이다.

앞으로 개선해야 할 과제에 대해서도 간단히 언급하고자 한다. 우선, 주주활동의 한 유형으로서 국민연금이 바람직하게 생각하고 투자 대상 회사가 갖춰야 한다고 믿는 기업지배구조 개념과 요소들을 정리해 가칭 '기업지배구조 원칙'을 제정해 공개할 필요가 있다. 모범적인 지배구조 요소들을 담게 될 이 원칙은 여러 측면에서 유용하다. 우선 국민연금이 스스로 공개한 원칙에 따라 일관성 있게 주주활동을 할 수 있다. 국민연금이 자신의 요구사항을 명확히 해 수익자인 국민이 그 타당성을 검토할 수 있도록 하고, 회사 입장에서는 국민연금의 입장을 이해해 대응할 수 있게 하면서 동시에 회사의 자발적인 지배구조 개선을 촉구하는 역할도 한다. 위탁운용사가 주주활동을 수행하는 기준이나 참고자료로 활용할 수도 있다. 물론 이러한 장점은 국민연금 외의 연기금이나 자산운용사에도 적용된다. 해외의 웬만한 운용사나 연기금 등은 예외 없이 해당 원칙을 발표하고, 주기적으로 그 타당성을 검토해 필요한 경우 개정한다. 국민연금의 경우 아직 관련 계획이나 입장이 명확히 보이지 않아 아쉬움이 있다.

기업지배구조 원칙의 공개는 최근 정부가 주주활동 활성화와 코드 지원을 목적으로 자본시장법상 주식 등 대량보유보고제도, 일명 5% 룰을 개정(시행령)함에 따라 이를 효과적으로 활용하기 위해서도 시급히 필요하게 되었다. 개정 전 규정에 따르면 5% 이상 지분을 보유한 주주가 이사회나 주주총회 등 관련한 지배구조를 개선하기 위해 정관 변경 안건을 주주제안하는 경우 이는 경영권에 영향을 끼칠 목적의 행위로 간주돼 적지 않은 공시 부담을 떠안아야 했다. 그러나 5% 룰 개정에 따라 국민연금 같은 연기금은 미리 정해 공개한 지배구조 원칙 등에 따라 지배구조 개선 목적으로 정관 변경 주주제안을 하는 경우 공시 부담이 상당히 완화되었다. 필요할 때 보다 적극적인 주주제안을 위해서라도 기업지배구조 원칙의 공개는 시급한 과제로 떠오른 셈이다.

다음으로 주주활동 수행의 대상이 되는 중점관리 사안을 확대해야 한다. 회사의 평판이나 기업 가치에 끼치는 부정적 영향이 적지 않아 신속히 대응할 필요성이 있는 추가적인 중점 관리 사항이 몇 가지 있다. 가령, 회사가 적정 외의 감사의견을 받거나 회계부정으로 제재를 당한 경우 또는 의결정족수 부족으로 감사(위원) 선임 등 주요 안건이 부결된 경우이다. 기존의 중점 관리 사안인 횡령·배임이나 사익편취, 부당내부거래 외에도 미공개 중요정보 이용 금지 규정 위반 등 증권 범죄를 포함하는 각종 금융법 위반도 소홀히 지나칠 수 없는 문제이다. 이들 사안 역시 기업가치 훼손과 주가 하락을 야기할 우려가 크다는 점에서 중점 관리 대상에 포함시키고 해결 방안을 자체적으로 검토하면서 동시에 문제가 불거진 회사에 적절한 보완조치를 요구할 필요가 있다.

2018.9.14. 작성(2020.4. 수정하여 실음)

일본의 고령화와 정년 연장
한국에 주는 시사점

11

이강국 리쓰메이칸대학교 경제학부 교수

최근 한국에서도 급속한 고령화와 생산가능인구의 감소 등 인구구조 변화의 충격에 대한 우려가 커지고 있다. 고령화의 속도가 매우 빨라서 노인부양비율이 높아지고 있고 출산율은 이제 1보다도 낮아서 장기적으로 인구 감소를 우려해야 하는 상황이다. 인구구조 변화라는 측면에서 볼 때 일본은 한국을 약 20년 앞서간 국가로서 한국도 일본을 닮아가고 있다고 흔히 이야기된다. 이를 고려하면 일본의 경험은 한국에게 시사하는 바가 적지 않을 것이다.

일본 정부는 급속한 고령화로 인한 일손 부족과 재정 부담의 증가를 배경으로 이미 1998년 60세 정년을 법제화하고 2013년에는 실질적으로 65세 정년제를 도입했다. 이 글에서는 정년 연장의 경험을

11 일본의 고령화와 정년 연장: 한국에 주는 시사점 **109**

중심으로 일본이 고령화에 대해 어떻게 대응해 왔는지 간략하게 살펴볼 것이다. 특히 최근 한국의 정년 연장 논의와 관련하여 일본의 경험이 한국에게 어떤 시사점을 주는가를 검토하고자 한다.

일본의 고령화와 그에 대한 대응

유엔UN에 따르면 2017년 현재 일본의 노인부양비율은 약 45%로서 세계에서 가장 높은 수준이고 한국은 약 19.2%이다. 일본은 1993년 약 19%였고 그 이후 고령화가 빠르게 진행되었다. 그러나 그림 11-1이 보여주듯 한국의 고령화 속도는 일본보다 더 빨라서, 노인부양비율이 2035년이면 약 46.8%가 될 전망이고 2060년이 되면 73.3%로 일본의 71.9%를 넘어 세계 최고의 고령국가가 될 것으로 보인다. 고령화와 함께 일본은 1990년대 중반 생산가능인구가 감소하기 시작했고 2010년 이후 전체 인구도 지속적으로 감소하고 있다. 통계청에 따르면 한국도 생산가능인구가 2017년부터 감소하고 총인구도 2029년부터 감소할 전망이다.

이러한 인구구조의 변화가 경제에 미치는 영향은 매우 크다. 먼저 고령화의 진전은 수요 측면에서 소비를 축소시켜 총수요를 억압하고, 공급 측면에서도 노동의 투입을 감소시키고 생산성 상승을 둔화시켜 경제성장에 악영향을 미칠 수 있다. 이러한 인구구조 변화에 따른 명목GDP의 감소는 조세수입을 감소시켜 정부재정을 악화시키고 국가채무비율도 높일 것이다. 또한 고령화의 진전과 생산가능인구 감소는 연금수입을 감소시키고 지출을 증가시켜 연금의 지속 가능성에도 악영향을 미친다.

그림 11-1. 한국과 일본의 노인부양비율

(단위: %)

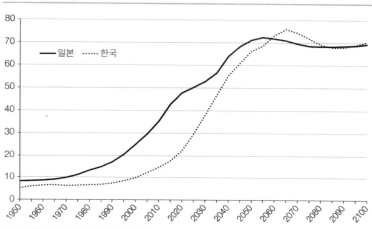

주: (65세 이상 인구) / (15~64세 인구), 중위추계치에 기초하여 작성.
자료: "World Population Prospects 2019"(UNDESA).

실제로 일본의 2000년 이후 생산가능인구 대비 GDP 성장률은
유럽 선진국에 비해 높았기 때문에 일본의 낮은 성장률은 주로 인구
요인과 관련이 컸다고 할 수 있다. 일본정부의 재정도 고령화와 함께
급속히 악화되어, 1990년대 초반 국가채무비율이 GDP의 약 60%였
으나 현재는 약 240%에 이른다. 한국도 생산가능인구의 감소로 인
해 예상보다 빠르게 2020년부터 잠재성장률이 1%대로 하락할 것이
라는 전망이 제기된다. 노동생산성 상승이 인구 감소로 인한 악영향
을 상쇄할 수도 있다. 하지만 25~54세 핵심노동인구의 감소는 생산
성 상승에도 악영향을 미칠 가능성이 크기 때문에 인구 감소의 충격
을 걱정하지 않을 수 없다.

일본 정부는 인구구조 변화에 대응하여 노동 투입을 증가시키기

기 위해 많은 노력을 기울였다. 실제로 생산가능인구 대비 여성의 고용률이 2012년 약 61%에서 2018년 약 70%까지 높아졌고 외국인 이민노동자의 유입 촉진을 위한 정책도 추진하고 있다. 이와 함께 일본 정부는 장기적으로 인구 감소를 막기 위해 '1억총활약계획—億総活躍プラン'을 제시했다. 2016년 발표된 1억총활약계획은 2단계 아베노믹스의 핵심적인 의제로서, 50년 후에도 인구 1억을 유지하기 위해 출산율을 1.8로 높이고 노인과 여성의 경제활동참가를 촉진하기 위한 정책들을 망라하고 있다. 일본 정부는 동일노동 동일임금 법제화 등 청년층 비정규직의 노동조건을 개선하기 위한 정책을 도입했다. 또한 육아 지원을 강화하고 고령자의 요양을 지원하며 고령자와 여성의 취업을 촉진하기 위해 노력하고 있다. 이를 통해 노동 공급을 증가시키고 임금과 소득을 늘려서 소비와 성장을 촉진하는 성장과 분배의 선순환을 만들어내고자 하는 것이다. 일본 정부는 명목GDP 상승을 위한 여러 개혁과, 출산율 제고를 위한 육아 지원, 그리고 노인 요양을 위한 사회보장 확대로 구성되는 2단계 아베노믹스가 궁극의 성장전략이라고 강조하고 있다.

일본의 정년 연장 경험

또한 일본은 고령화에 대응하여 정년의 연장을 통해 고령자의 노동 참가를 확대하기 위한 노력을 기울여 왔다. 건강과 의료의 개선으로 노동자들은 60대 이후에도 노동을 할 수 있는 능력이 커진 반면 일본 기업들은 고령화로 일손 부족 문제를 겪어왔다. 이러한 현실을 배경으로 일본 정부는 정년 연령을 점차 높여왔다.

일본은 2차 대전 이후 대기업 중심으로 55세 정년이 확대되었고 1960년대에 노조를 중심으로 60세 정년 연장 운동이 발전되었다. 1970년 65세 이상 인구 비중이 7.1%가 되어 고령화 사회가 시작되자 정부는 1971년 '중고연령자 등을 위한 고용촉진에 관한 특별조치법'을 제정하고 1973년부터 기업에 정년연장 장려금 제도를 실시하며 60세를 목표로 정년연장을 추진하기 시작했다. 1976년에는 피용자의 일정비율이 55세 이상이 되도록 하는 노력 의무가 규정된 고연령자고용률제도를 도입했다. 1986년에는 기존 법을 '고연령자 등의 고용안정 등에 관한 법률'로 변경하여 정년연장과 계속고용제도의 도입을 추진했고 기업의 60세 정년 노력을 의무화했다.

1989년에는 고령화의 진전을 배경으로 연금제도의 개혁과 법적인 고용 연장에 관한 사회적 논의가 발전되었고, 정부는 각 정당과 노사의 제언을 수용했다. 그 결과로 정부는 1994년 고연령자고용안정법을 개정하여 60세 정년을 법제화했다. 이 법은 4년의 유예기간을 두어 실제 시행은 1998년부터 이루어졌다. 법 시행 당시 일본 기업은 이미 93%가 60세 정년을 실시 중이었다. 당시 일본 기업들은 비용 부담을 들며 반발하기도 했지만 일본 정부는 고령화 문제와 고령노동자의 경험과 기술전수 등의 이득을 강조하여 기업을 설득했다.

최근 고령화가 더욱 빠르게 진전되고 연금지급개시 연령이 2001년부터 단계적으로 연장됨에 따라 일본 정부는 정년을 65세로 높였다. 정부는 2006년 '개정고연령자고용안정법'을 통해 기업이 65세까지 고연령자의 안정적인 고용확보를 위해 정년연장, 정년폐지, 그리고 계속고용제도의 도입 중 하나를 택하도록 했다. 새 법은 고연령자 기준연령을 단계적으로 높여서 2013년에는 희망하는 노동자들의 경우 65세까지 고용을 보장하도록 했다. 일본 기업은 2012년에 대부분의 기업들이 65세 고령자 고용확보 조치를 실시하고 있었으며, 정년 연장 이후 약 80%가 여러 선택지 중에서 계속고용제도를 선택했다. 계속고용제도에서는 보통 노동자들이 일단 60세에 퇴직하고 65세까지 다시 채용되는데 임금은 이전의 50~70% 수준으로 낮아진다. 또한 일본 정부는 65세 이상으로 정년을 연장하거나 정년제도를 폐지, 혹은 70세까지 계속고용제를 도입하는 중소기업에 대한 장려금도 지급하고 있다. 이러한 일본의 정년 연장의 경험은 제도의 입안 이후 법제화까지 긴 시간을 거쳐 사회적 논의를 발전시키고 기업과 노동자가 충분히 대비할 수 있도록 한 것이 특징적이다. 노사의 자율적인 노력을 우선하고 정부가 여러 지원과 지도를 하다가 현실에서 환경이 충분히 조성된 이후 법제화를 실행하였던 것이다.

일각에서는 65세로 정년 연장을 함에 따라 비용 부담으로 감원이나 신입 채용 축소 등이 나타날 것이라는 우려를 제기하기도 했지만, 일손 부족에 직면한 기업들은 대체로 정년 연장에 공감했다. 특히 정년 연장이 청년들의 고용에 미칠 악영향에 관한 우려는 별로 크지 않았다. 청년인구의 감소와 경기회복을 배경으로 2018년 청년실업률이 약 4%이고 전체실업률이 2.4%로 일본은 완전고용 상태이기 때문이다. 나아가 고령층과 청년층의 고용은 같은 방향으로 움직이며 둘 간의 대체관계도 약하다는 점도 지적되었다. 한편 일본 경제에서는 근속 연수에 따라 임금이 상승하는 연공제가 오랫동안 약화되어 왔기 때문에 사회적으로도 정년 연장에 대한 반발도 제한적이었다. 실제로 일본에서는 2000년대 이후 일본형 직무급인 역할급이 확산되었고 한국보다 연공제의 정도가 낮다.

일본 정부는 2018년 10월 국가미래투자회의에서 '고령자고용안정법'을 정비하여 70세까지 계속 고용을 추진하겠다고 밝히고 2019년 5월 개정안을 마련했다. 이는 심각한 인력부족 문제에 대응하고 고령자의 소득을 높여 소비감소를 막기 위한 것이다. 일본 정부에 따르면, 70세로 정년을 연장하면 65~69세 취업자가 약 220만 명 증가하고 근로소득이 약 8.2조 엔 증가하며 소비지출이 4.1조 엔 증가할 것이고 연금과 의료비의 부담도 감소할 것이다. 물론 일본은 현재도 다른 선진국에 비해 노인고용률이 높다. 그러나 연금수입만으로 노후대비가 충분하지 않은 상황에서 노동을 통해 수입을 보전하고자 하는 고령자들의 요구와 인구 감소로 노동력이 필요한 기업들의 요구가 이제 70세 정년 논의로까지 이어지고 있다.

한국에 주는 시사점

얼마 전 한국 정부도 정년 연장 논의를 시작하겠다고 발표하여 논란을 불러일으킨 바 있다. 한국은 2013년 고령자고용법의 개정을 통해 법적 정년을 60세로 정하고 2016년부터 시행하고 있다. 그런데 2030년이 되면 고령화의 진전으로 노동력이 부족해질 것이고, 노인 빈곤 문제가 심각한데 국민연금 수령 시기는 65세이기 때문에 정년 연장 논의가 필요하다는 것이다. 앞서 보았듯이 한국도 급속한 고령화와 인구구조 변화가 가져올 충격에 대응하기 위한 고민과 노력이 시작되어야 할 것이다.

그러나 이러한 발표에 대해 비판의 목소리가 높다. 65세로의 정년연장은 단기적으로 공공부문이나 대기업 정규직 등 기득권을 지닌 소수의 노동자에게만 도움이 될 것이고, 청년실업 문제가 심각한 현실에서 청년의 고용에는 도리어 악영향을 미칠 것이라는 우려 때문이다. 실제로 한국의 노동자들은 평균 근속 연수가 약 6년으로 매우 짧은데, 일본은 약 11년으로 한국보다 훨씬 길며 정년까지 일하는 경우도 더 많다. 이를 고려하면 일본과 달리 한국은 정년 연장은 정년을 누릴 수 있는 노동자들에게만 이득이 될 가능성도 있다.

따라서 한국의 정년연장 논의 과정에서 연공제의 약화 등 임금체계 개혁이나 강력한 임금피크제 등이 포함되어야 할 것이다. 현재와 같이 생산성과 관계없이 근속 연수에 따라 임금이 가파르게 상승한다면 정년이 연장될 경우 기업이 비용 부담 때문에 신규 고용을 억제할 수도 있기 때문이다. 앞으로 정부는 여러 이해관계자들이 참여하는 사회적 논의에 기초하여 정년 연장에 관한 합의를 도출하기 위해 노력해야 할 것이다. 이 과정에서 공공부문의 임금제도 개혁과 취약한 노동자들의 고용 안정 등을 위한 정책이 요구되고 있다.

일본은 급속한 고령화에 대응하여 노동력 투입을 증가시키기 위해 노력하고 있고, 별다른 갈등 없이 성공적으로 정년을 연장해 왔다. 이는 일손이 부족한 기업들의 계속적인 고용과 소득을 바라는 고령 노동자들의 이해관계의 일치를 배경으로 한 것이다. 한국과 달리 일본에서는 정년 연장이 청년의 고용에 미칠 악영향에 대한 우려가 작았고 정년 연장에 대한 사회적 공감대가 컸다. 또한 이 과정에서 정부가 이해당사자의 논의와 사회적 합의를 발전시키고 여러 지원과 법제도의 정비를 위한 노력을 기울여 왔다는 점이 주목할 만하다. 한국도 정부의 적극적 역할과 사회적 논의에 기초하여 취약한 노동자들과 청년층을 고려하는 여러 개혁조치와 함께 정년 연장 논의를 시작해야 할 것이다. 특히 일본의 1억총활약계획과 같이 더욱 장기적인 관점에서 한국의 인구 감소의 충격에 대응하기 위한 체계적인 정책이 추진되어야 할 것이다.

2019.6.28. 작성(2020.4. 수정하여 실음)

제3부

한국경제
장기 과제

외환위기 이후
한국의 경제성장률 하락

———————— 이제민 연세대학교 명예교수

지난 20여 년간 한국의 경제성장률은 그 전에 비해 분명히 떨어졌다. 국내총생산GDP 증가율(2010년 기준)로 측정한 경제성장률은 1998년부터 2017년까지 20년간 평균 4.0%로서, 그 전 20년간인 1978년부터 1997년까지의 경제성장률 8.6%에서 반 토막이 났다. 1인당 GDP 증가율은 7.5%에서 3.4%로 떨어졌다(여기서 2017년 통계는 GDP 증가율 3.1%, 인구 증가율 0.5%라는 잠정 추정치를 사용해서 계산).

경제성장률이 떨어진 계기는 기본적으로 두 가지다. 하나는 1997년에 일어난 외환위기이고 다른 하나는 2008년 글로벌 금융위기 이후 이어진 대침체The Great Recession이다. 그렇게 두 가지 사태를 계기로 해서 경제성장률이 떨어졌던 것이다. 구체적으로 1998년부터

2007년까지 10년간 평균을 보면 GDP 증가율은 4.9%, 1인당 GDP 증가율은 4.3%다. 2008년부터 2017년까지 평균은 더 낮아져서 경제성장률은 3.1%, 1인당 GDP 증가율은 2.5%다.

이 글에서는 외환위기 후 10년간 경제성장률이 떨어진 데 대해 분석해 보고자 한다. 대침체하에서의 성장률 하락은 전 세계적 현상이고 그 원인도 상대적으로 잘 알려져 있는 반면, 외환위기 후 성장률이 떨어진 것은 한국 자체의 문제로서 그에 대한 설명이 잘 되어 있지 않다고 생각되기 때문이다.[1]

과잉투자의 조정?

외환위기를 계기로 경제성장률이 떨어진 데 대해서는 우선 1인당 GDP 증가에 따른 자연스러운 현상이라고 생각해 볼 수 있다. 그러나 경제성장률이 외환위기 후 급락한 것을 자연적 하락으로 해석할 수는 없다. 외환위기 후 성장률은 1인당 GDP 증가에 따른 자연적 하락 추세보다 더 떨어졌다.[2]

외환위기 후 성장률이 떨어진 것은 단적으로 투자율이 떨어진 데서 나타난다. 투자율은 1988년부터 1997년까지 10년간 평균 38.4%였던 것이 1998년부터 2007년까지 10년간 평균 31.8%로 떨어졌다. 31.8%도 여전히 세계적으로 보아 높은 수준이지만, 외환위기 전

---

1 이 글의 주요 내용은 필자의 책 『외환위기와 그 후의 한국 경제』(한울, 2017) 중에서 경제성장에 대한 부분에 기초하고 있다. 더 구체적인 내용은 그 책을 참조하라.
2 박원암, 「체제전환모형을 이용한 외환위기 충격의 영속성 분석」, 《국제경제연구》, 11-2(2005).

보다 대폭 떨어진 것은 의심의 여지가 없다.

지금까지 외환위기 후 투자율 하락에 대한 대표적 설명은 그 전의 과잉투자가 조정된 것이라고 보는 것이다. 그 대표적 견해는 아이켄 그린 등의 연구다. 이 설명[3]에서는 외환위기 전에 투자율이 추세적으로 떨어져야 했는데 실제로는 떨어지지 않아서 과잉투자가 이루어졌다고 본다. 실제로 1990~1996년간 총투자율은 39.2%로서 1980년대 평균인 33.6%보다 더 올라갔다.

문제는 과잉투자를 어떻게 정의하는가 하는 것이다. 과잉투자라면 그로 인해 성장이 지속 불가능하게 되어야 한다. 성장이 지속 불가능하게 만드는 거시경제지표로서는 물가와 국제수지가 있다. 그러나 1990년대 물가 상승률이 1980년대 말에 비해 올라간 것은 아니었다. 국제수지를 보면, 경상수지 흑자가 적자로 반전되었지만 규모가 작아서 그 때문에 성장이 지속 불가능하게 된 것은 아니었다.

한편 1990년대에 들어 한국의 투자율이 올라갈 이유가 있었다. 당시 세계경제가 호황으로 가고 있었기 때문이다. IT기술 보급에 따른 미국의 호황과 더불어 신흥공업국, 특히 중국의 등장으로 세계의 경제성장률이 올라가는 상황이었다. 그중에서 신흥공업국의 등장에 따른 호황은 지속될 가능성이 컸다. 그것은 세계사적인 흐름이었다. 1980년대 이후 중국의 체제전환, 구소련과 동구의 공산체제 붕괴, 인도를 위시한 제3세계 개도국의 세계자본주의로의 통합 등이 이루

---

3   Barry Eichengreen, Dwight H. Perkins and Kwanho Shin, *From Miracle to Maturity: The Growth of the Korean Economy*(Harvard East Asian Monographs, 2012).

어지면서 이들 신흥공업국의 '따라잡기' 성장 구도가 만들어졌다. 이것은 마치 1950년대부터 1970년대 초까지 유럽과 일본이 미국을 따라잡으면서 세계경제가 고도성장을 한 것과 비슷한 구도였다. 1990년대에 이들 신흥공업국이 비중이 커지면서 세계경제성장률을 끌어올렸고, 이는 2008년 글로벌 금융위기가 일어날 때까지 이어졌다.

1990년대 세계경제의 고도성장이 언제 시작되었다고 정확하게 규정하기는 어렵다. 앵거스 매디슨Angus Maddison에 따르면 구매력평가 GDP로 본 세계경제성장률은 1993년 2.2%에서 1994년 3.5%로 올라간 뒤 1994년부터 2007년까지 14년간 연평균 4.0%를 기록하였다. 1인당 GDP 증가율은 1993년 0.7%에서 1994년 2.0%로 올라간 뒤 1994년부터 2007년까지 14년간 연평균 2.6%를 기록하였다. 이 결과는 표 12-1에 요약되어 있다.

한국의 입장에서는 이렇게 세계 경제성장률이 올라갔다는 사실뿐 아니라, 신흥공업국 중에서 가장 규모가 크고 성장률이 높은 중국이 바로 옆에 있다는 사실이 중요한 기회로 작용했다. 중국 등 신흥공업국 시장을 이용하는 데 유리한 조건으로서 한국은 1970년대부터 육성해 온 중화학공업의 기반이 있었다. 이들 산업은 완전히 첨단산업은 아니었지만, 아직 한국이 상당기간 국제경쟁력을 유지할 수 있는 산업이었다. 이런 산업을 중심으로 대규모 투자 붐이 일어났던 것이다. 그렇게 해서 외환위기 직전 기간인 1993년부터 1996년까지 4년 동안 설비투자가 연 평균 13.6%씩 늘었다.

1990년대 한국 기업들이 세계경제의 호황을 기대하고 주로 설비투자를 늘렸다면 그것은 과잉투자라고 볼 수 없다. 그리고 사후적으

표 12-1. 세계 주요국 경제의 성장 국면

(1990년 불변가격, 구매력평가 기준, %)

		1870~1913	1913~1950	1950~1973	1973~1993	1993~2007
미국	GDP	3.9	2.8	3.9	2.8	3.1
	1인당 GDP	1.8	1.6	2.5	1.8	2.0
서유럽	GDP	2.1	1.2	4.8	2.1	2.4
	1인당 GDP	1.3	0.8	4.1	1.8	2.1
일본	GDP	2.4	2.2	9.3	3.4	1.3
	1인당 GDP	1.5	0.9	8.1	2.7	1.2
중국	GDP	0.6	0.0	4.9	6.7	8.3
	1인당 GDP	0.1	-0.6	2.8	5.2	7.4
인도	GDP	1.0	0.0	3.5	4.7	7.0
	1인당 GDP	0.5	-0.2	1.4	2.5	5.1
한국	GDP	1.0	1.8	7.6	8.1	5.3
	1인당 GDP	0.9	0.0	5.3	6.6	4.6
세계	GDP	2.1	1.8	4.9	3.0	4.0
	1인당 GDP	1.3	0.9	2.9	1.2	2.6

자료: http://www.ggdc.net/maddison.

로 보아도 외환위기 전 투자는 과잉투자가 아닌 것으로 드러났다. 외환위기 후 한국은 대규모 유휴설비가 나타난 적이 없었다. 오히려 1998년 이후 그때 투자해 놓은 산업의 제품을 수출하면서 외환위기를 벗어날 수 있었던 것이다.

구조개혁과 성장률 하락

한편 외환위기 전 한국경제의 미시경제적 구조를 보면 과잉투자라고 볼 이유가 있었다. 1960~1970년대부터 있어왔던 기업경영 행태, 특히 재벌 기업이 단기적 이윤을 무시한 채 차입에 의존해서 성장 위

그림 12-1. 기업이윤율과 차입금평균이자율

(단위: %)

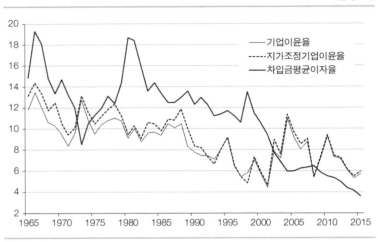

자료: 한국은행, 「기업경영분석」; 한국감정원.

주의 경영을 하는 행태가 지속되었을 뿐 아니라 오히려 심해졌던 것이다. 그것은 금융기관의 부실채권이 대규모로 발생했다는 것을 의미했다.

그렇게 부실채권 문제가 해결되지 못함으로써 금융위기가 일어날 가능성이 커지고 있었다. 그런 구도는 통계적으로 확인이 가능하다. 그림 12-1에서 보는 것처럼, 위기 전 한국은 기업의 이윤율이 차입비용보다 낮은 상태가 지속되었다. 그것은 금융권 대출에 담보로 쓰이는 가장 중요한 자산인 토지의 가격 상승, 즉 지가 상승을 고려하더라도 마찬가지이다. 정상적 시장경제하에서는 불확실성을 수반하는 투자의 결과인 기업의 이윤율이 차입금평균이자율보다 높은 것이 당연하다. 그렇지 못하다는 것은 기업들이 부실채권을 만들어내고 있다는 것을 의미한다.

　그러면 거시경제적으로 과잉투자라 볼 수 없고 미시적으로 과잉투자라고 볼 수 있다는 것을 어떻게 일관되게 설명할 수 있는가? 이 둘을 일관되게 설명하는 방법은 이렇다. 경제 전체로 보면 과잉투자라 할 수 없었지만, 그 투자를 하는 주체는 재벌기업에 과도하게 집중되어 있었다. 그렇게 된 가장 큰 이유는 금융기관으로부터의 차입을 통해 이들 기업에 자금이 집중되었던 것이다. 이들 기업이 차입에 의거해서 이윤을 충분히 못 내는 성장 위주 투자를 했다. 이것은 뒤집어 말하면 중소기업이나 창업기업startups은 자금 조달이 어려워서 투자를 제대로 할 수 없었다는 것을 의미한다. 만약 재벌이 부채를 덜 지면서 좀 더 이윤을 내는 경영을 하는 한편 중소기업이나 창업 기업에도 자금이 공급되어서 이들 기업이 더 투자를 하는 구도였다면, 거시경제적으로 40% 가까운 투자율이 유지되었더라도 그것을 과잉투자라고 볼 수는 없었을 것이다. 외국인 직접투자를 좀 더 일찍부터 자유화했으면 그런 점에서 역시 도움이 되었을 것이다.

　외환위기 후 구조개혁은 그렇게 재벌기업을 중심으로 과다차입에 따른 과잉투자가 일어나는 구도를 청산하려고 하였다. 그러한 노력은 성과를 내었다. 한국 기업의 오랜 저이윤 – 고부채 경영 행태가 해소된 것이다. 그림 12-1에서 보는 것처럼 외환위기 전에는 기업이윤율이 차입금평균이자율보다 낮았지만, 외환위기 후에는 기업이윤율이 차입금평균이자율보다 높게 되었다. 그런 한편 부채비율은 급속히 떨어져서 2006년에는 100% 이하가 되었다. 그러나 이런 급격한 구조개혁이 성장률을 떨어뜨렸을 가능성이 크다.

외환위기 후 구조개혁이 당장 투자율 하락으로 이어지는 것은 불가피했다. 재벌기업들이 구조조정과정에서 부채비율을 급격히 낮추기 위해 자산을 늘리지 않은 것은 물론 가지고 있던 자산을 대규모로 매각했다. 기업이 부채비율을 낮춘 결과 투자를 줄인 것은 실증 연구로 확인된다.[4] 그렇게 외환위기 전 기업의 저이윤 – 고부채 구도가 청산되면서 투자율이 떨어진 것은 미시경제적으로 보면 과잉투자가 정상화된 것이라고 볼 수 있다. 그러나 거시경제적으로 보면 그 전에 과잉투자가 이루어졌던 것은 아니었기 때문에 과잉투자가 정상화된 것이라고 볼 수 없다. 이 둘을 일관되게 설명하는 방법은 이렇다. 외환위기 후에 재벌기업이 과다차입에 따른 과잉투자를 중단했다. 그 결과 다른 조건이 일정한 한 거시경제적으로 본 투자율이 떨어질 수밖에 없다. 여기서 다른 조건이 일정하지 않게 되려면 재벌기업이 투자를 줄인 자리를 다른 경제주체의 투자가 메워주어야 한다. 재벌기업이 투자를 줄인 자리를 다른 경제주체의 투자가 메우지 못해서 투자율이 떨어졌다면 거시경제적으로 보아 투자는 자연스럽게 떨어진 것이 아니다.

재벌기업이 투자를 줄인 자리를 채워줄 경제주체는 중소기업이나 창업기업이다. 직접투자를 하고자 하는 외국 기업도 그런 주체이다. 결국 거시경제적으로 보아 외환위기 후 투자율 하락이 과잉투자가 자연스럽게 조정된 것인지는 중소기업이나 창업기업, 외국인 직접투자자가 재벌기업이 투자를 줄인 자리를 채워주었는가에 달려 있는

---

4   홍기석. 「우리나라와 여타 외환위기 경험국가들의 고정투자」. 『경제위기 이후 한국경제 구조변화의 분석과 정책 방향』(KDI, 2006).

것이다. 실제로 외환위기 후 한국은 창업기업, 즉 벤처기업을 육성하고, 중소기업을 활성화하고 외국인 직접투자를 도입하려고 노력해 왔다. 그 노력이 성공했는지 여부가 거시경제적으로 보아 투자가 자연스럽게 떨어진 것인지를 판단하는 기준이라고 할 수 있다. 그러나 결론부터 말하면 그렇게 되지 못했다.

벤처기업 육성은 김대중 정부 초기에 정부 주도로 급격하게 추진하다가 거품과 스캔들 등 각종 문제를 일으킨 후 그 추진력이 약화되었다. 벤처기업이 제 역할을 못 한다면 일반 중소기업이 과거 재벌의 투자 역할을 대신해 주면 될 것이다. 그러나 외환위기 후 중소기업도 재벌이 비운 자리를 메워주지 못했다. 그 가장 두드러진 이유는 가계대출 증가이다. 재벌기업이 투자를 줄인 자리를 중소기업의 투자가 메워주려면 재벌기업에게 몰아주던 자금이 중소기업에게로 가게 되었어야 한다. 물론 그렇게 되지 못했기 때문에 투자율이 떨어졌다. 그 이유는 금융기관이 가계대출에 치중하게 되었기 때문이다. 이것은 금융부문 총자산의 60% 이상을 차지하는 은행의 행태에서 드러난다. 그림 12-2에서 보는 것처럼 외환위기 후 은행의 중소기업 대출은 상대적으로 부진한 반면 가계대출이 급증했다.

외국인 직접투자FDI를 보면, 한국은 그 전에 계속해서 외국인 직접투자를 제한하고 있었기 때문에 투자 유치 잠재력과 현실 투자 수치 사이에 '갭'이 커져 있었다. 그러다가 OECD 가입에 따라 제한을 푼 데다 외환위기 후 전면적 제한 철폐와 함께 투자 인센티브를 강화했기 때문에 양자 간의 갭이 줄어들면서 투자가 급격히 늘어났다. 그 중에는 제한이 철폐되자 시장을 선점하려고 들어온 투자도 있었다.

그림 12-2. 일반은행의 원화대출 비중

(단위: %)

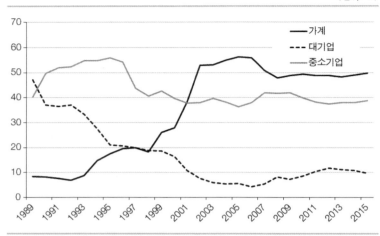

자료: 한국은행 은행감독원·금융감독원, 「은행경영통계」.

거기에다 외환위기 후 한국 자산이 대규모로 외국인에게 매각되는 것과 맞물려 FDI 유입이 급증했다. 그러나 그런 투자는 예외적 상황이 만들어지면서 증가한 것이기 때문에 증가세가 지속될 수 없었다. 그림 12-3에서 보는 것처럼 FDI 유입의 국내총생산에 대한 비율은 외환위기 후 급증했다가 그 뒤 급속히 떨어졌다. 그 후로 위기 전보다는 올라갔지만, 투자율 하락을 보전할 만큼 증가하지는 못했다. 이것은 투자를 늘리는 데 직접적 효과가 있는 그린필드 투자에 한정해서 보아도 마찬가지다. 그렇게 비중이 떨어진 FDI 유입은 비슷한 조건을 가진 다른 나라에 비해 크게 떨어진다.[5]

---

5   Barry Eichengreen, Dwight H. Perkins and Kwanho Shin, *From Miracle to Maturity: The Growth of the Korean Economy*(Harvard East Asian

그림 12-3. 외국인 직접투자(GDP에 대한 비율)

(단위: %)

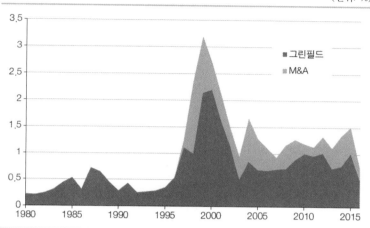

자료: 산업통상자원부.

결론

외환위기 후 구조개혁은 경제성장률이 떨어지는 결과를 가져왔다. 구조개혁은 부실채권이 생성되는 구도를 청산했기 때문에 금융위기 가능성을 줄여 안정성을 올리는 데는 기여했지만, 성장률은 떨어뜨리는 쪽으로 작용한 것이다. 위기 전 부실채권으로 빚어진 금융위기는 구조조정과 동시에 확장적 거시경제정책으로 대처할 수 있었던 만큼, 금융위기로 인한 불안정성은 그리 크지 않았다고 할 수 있다. 그만큼 경제성장률 하락을 상쇄할 이익도 크지 않았다. 결국 위기 후 경제성장률이 떨어지면서 안정성 확보에는 그리 큰 성과가 없었던 것은 급격한 구조개혁으로 한국의 현지 실정에 맞지 않는 제도를 도

Monographs, 2012), Chapter 6.

입했기 때문이라고 할 수 있다.

그렇다고 이것이 물론 지금 위기 전 체제로 돌아가는 것이 낫다는 것을 의미하지는 않는다. 20년이 지난 지금 과거로 돌아가는 것은 또다시 현실에 맞지 않는 제도를 도입하는 셈이 될 가능성이 크다. 무엇보다 지금은 재벌기업들이 현금을 쌓아놓고도 투자 기회가 보이지 않아서 투자를 안 하는 실정이다. 그런 상태에서 과거식 차입경영으로 돌아가는 것이 투자를 늘릴 수는 없을 것이다. 앞으로 경제성장은 위기 후 재벌의 역할을 대체할 것으로 기대했던 벤처기업, 중소기업, 외국인 직접투자를 늘리는 데서 찾고, 재벌이 대규모 사내유보금을 쌓으면서 투자를 하지 않고 있는 상황을 극복하는 데서 찾아야 할 것이다. 그러나 외환위기 후 한국 현실에 맞지 않는 제도를 급격히 도입함으로써 경제성장률을 낮추었다는 것을 알고, 앞으로는 그런 일이 없도록 해야 한다는 것도 중요한 고려 사항이다.

2018.2.7. 작성

출산율,
왜 낮아졌을까

13

──────────────────────────── **장세진** 서울사회경제연구소 소장

우리나라의 출산율이 1970년 4.5에서 작년 1.2(185개국 중 184위)로 떨어졌다(그림 13-1 참조). 출산율이 왜 이렇게 낮아졌을까? 또 지난 10년여 동안 출산 지원에 100조 원이 넘는 예산을 투입해도 왜 별 소용이 없었을까?

출산율의 문제를 이해하려면, 가정家庭을 단순히 컨슈머(소비자)가 아니라 프로슈머(생산소비자)로 보는 것이 필요하다. 가정은 시장재화를 그냥 소비하는 것이 아니라, 시간을 투입하여 소비에 적합한 '기본상품'으로 만들어 소비한다. 주목할 점은 기본상품의 생산에 시장재화뿐만 아니라 시간이 투입된다는 것이다. 예를 들어 등산은 교통, 음료 등의 시장재화에 여가시간을 투입하여 생산, 소비된다. 가족 만

그림 13-1. 출생아수와 합계출산율(1970~2016년)

(단위: 천 명, %)

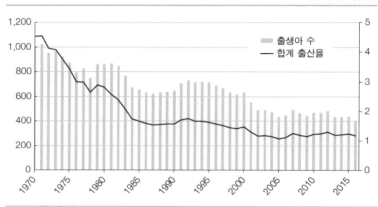

찬이나 여행, 심지어 수면도 그러하다.

자녀는 시간집약적인 기본상품

이렇게 보면 자녀도 여러 시장재화에 시간이 투입되어 생산, 소비되는 고차원, 고품격의 '기본상품'(그렇게 부르는 것을 용서하시라!)이다. 중요한 사실은 자녀는 대단히 시간집약적인 기본상품이라는 것이다. 투입되는 시간의 가치 비중이 상대적으로 매우 높다는 뜻이다.

시간의 가치는 그 시간만큼 시장에서 일했다면 받을 수 있었던 임금으로 측정할 수 있다. 경제발전은 시간의 가치를 증가시킨다. 기술진보와 자본 축적으로 노동생산성이 향상되고 임금이 상승하기 때문이다. 경제발전은 또한 '여가'를 증가시키기도 한다. 여가는 사치재이고, 먹고살 만하면 여가가 더욱 소중해지기 때문이다.

여가는 시장노동을 하지 않는 시간을 의미할 뿐, 결코 가치 없는 시간을 의미하는 것은 아니다. 오히려 여가야말로 시장노동의 대가로 얻어낸 소중한 시간이다. 시간이 비싸지므로, 여가가 늘어나도 여가 시간을 소중하게 잘 계획하며 아껴 써야 한다. 우리가 예전에 비하여(또는 가난한 나라에 비하여) 음식물은 낭비하면서도 시간은 여유롭지 못하게 된 것도 그 때문이다. 역설적으로 잘살수록 여가는 늘어나면서도 시간 여유는 없어지는 셈이다. 시간이 비쌀수록 어떤 시간이든 아껴 써야 하기 때문이다.

시간을 아껴 쓰는 한 방법은 기본상품의 생산에서 시간을 절약하는 기술을 도입하거나 시장재화로 대체하는 것이다. 기본상품이 가족만찬이라면 전통적인 조리방식을 간편한 조리방식으로 대체하거나, 외식으로 대체할 수 있다. 자녀의 경우라면 일부는 산후조리원, 종이 기저귀, 육아 서비스로 대체할 수 있지만. 가족이 아니면 쉽게 대체할 수 없는 부분이 남기 마련이다. 게다가 대체할 수 있는 가족의 수도 크게 줄었다. 자녀는 여전히, 또는 더욱더, 시간집약적인 기본상품으로 남아 있다.

시간을 아껴 쓰는 다른 방법은 아예 시간집약적인 기본상품을 줄이고 시장재화집약적인 기본상품으로 대체하는 것이다. 자녀라는 기본상품의 경우, 결혼을 포기하고 싱글의 삶을 선택하거나, 결혼은 하되 자녀를 포기하고 부부만의 여행이나 애완동물로 대체하는 것이 한 방법이다. 일반적으로 선택되는 중요한 절충적 대안은 자녀를 갖되, 하나로 만족하는 것이다. 물론 자녀는 사치재에 해당하고 소득이 증가할 때 자녀에 대한 총지출은 비례 이상으로 증가한다. 다만 음식물에 대한 지출 증가가 그러한 것처럼, 수량의 증가가 아니라 품질의 향상으로 나타난다. 그 결과가 '하나만 낳아 명품처럼 잘 기르자'는 경향으로 나타난다.

사실 임금이 상승한 이상으로 출산 비용이 증가하였다. 첫째, 여성의 경우 경력단절이라는 중요한 문제가 발생한다. 여성은 출산 후에 재취업이 어렵거나 훨씬 불리한 조건으로 재취업하게 된다. 따라서 출산은 현재의 소득만이 아니라, 미래의 소득도 감소시킨다. 이것은 출산 육아의 시간 비용을 더욱 크게 증가시킨다.

둘째, 자녀로부터 기대할 수 있는 경제적 보상은 거의 사라진 반면에, 자녀를 보살피는 비용과 기간은 크게 증가하였다. 전통사회와는 달리 자녀의 가사 기여는 대부분 사라졌고, 자녀에게 노후 생활의 보험 기능을 기대하기도 어렵다. 게다가 자녀를 명품으로 기르는 경향은 기간별 양육비용을 경쟁적으로 높였을 뿐만 아니라, 양육 기간도 출산, 육아는 물론, 대학교육까지(또는 취업이나 결혼까지)로 크게 길어졌다. 이를 두루 고려하면, 문재인 대통령이 고백한 것처럼 젊은 부부에게 둘을 낳으라고 권유하기가 쉽지 않다.

결국 자녀는 보험이 아니라 명품이 되었다. 젊은이들에게 자녀 출산은 출산장려금이나 보육지원비 같은 단기지원에 따라 결정하기에는 너무 길고 어려운 결정이다. 그것은 이민을 장려한다고 공항까지의 택시비를 지원하는 격이다. 택시비 지원 때문에 이민을 선택하지는 않듯이, 출산비를 지원한다고 출산을 결정하는 것은 아니다.

가사노동을 차별하지 말아야

젊은이는 출산 여부를 육아, 교육, 취업, 결혼, 나아가 손자녀의 출산까지 길게 미래를 내다보며 결정한다. 출산장려정책은 이러한 출산 결정의 긴 계획수평과 어려움을 이해하는 데서 출발해야 한다. 로버트 프로스트의 시 「가지 않은 길」의 시구처럼, 자녀의 출산은 한번 들어서면 되돌아 나오기 어려운 중요한 갈림길을 선택하는 것이다. 우리는 적절한 수의 자녀를 갖는 것이 얼마나 소중한 가치를 갖는지를 국가 설계의 관점이 아니라 젊은이의 인생 설계의 관점에서 생각하고 권유할 수 있어야 한다. 그것은 철학적인 권유이고, 상호적인 숙의가 되어야 한다. 물론 어느 경우든 젊은이의 최종적인 선택이 존중되어야 한다.

출산율의 저하는 기본적으로 시간 비용에 대한 문화적 반응이므로, 철학적 권유가 필요하다지만 경제적 유인에 반응하지 않는다는 의미는 아니다. 주부는 가사노동의 잠재가치가 시장노동의 임금보다 같거나 큰 경우에만 가사노동을 선택한다. 여성이 전업주부로서, 또는 직장여성이 경력 단절을 각오하고, 출산을 선택하는 것은 시장노동의 임금 손실보다 자녀가 더 소중하기 때문이다. 그럼에도 정부 정책이 시장노동에 비하여 가사노동의 가치를 상대적으로 저평가하는 것은 출산장려정책에 모순될 뿐만 아니라, 가족제도에도 중대한 왜곡을 초래한다.

대표적인 예가 출산장려 정책지원의 대부분을 차지하는 무상보육이다. 시간비용의 증가가 저출산의 원인이라면, 정부는 시간비용을 감소시켜 줘야 하고, 시간 투입이 보육기에 집중적으로 발생하므로 보육 지원은 올바른 방향이다. 다만, 현재의 무상보육지원제도는 보육원을 이용하지 않는 경우나 부분적으로 이용할 경우를 차등 지

표 13-1. 보육료(전일제)와 양육수당

연령	보육료	양육수당	수당비율
0세	430,000	200,000	46.5%
1세	378,000	150,000	39.7%
2세	313,000	100,000	31.9%
3세	220,000	100,000	45.5%
4세	220,000	100,000	45.5%
5세	220,000	100,000	45.5%

원함으로써 간접적으로 전업주부의 가사노동을 차별하고 있다. 예를 들어 0세의 유아는 전일보육을 맡기면 월 43만 원을 지원하고, 부모가 직접 돌보면 월 20만 원을 지원한다(표 13-1 참조). 문형표 복지부 장관 시절 보편보육에서 선별보육으로 전환하면서 생긴 일로서, 소득 수준이 아니라 시장노동 여부로 선별이 결정되는 특이한 예에 해당한다.

이러한 왜곡은 부모들 사이에, 또 부모와 보육원 사이에 분쟁을 초래하는 한편, 보육원의 집단적인 지대추구행위도 초래하였다. 아기를 어떻게 기르는지도, 시장노동과 가사노동의 선택도, 부모에게 맡겨야 한다. 그러면 분쟁도, 지대추구의 비효율도 없어지고, 아기는 더 좋은 환경에서 자라게 된다. 전업 주부에 대한 육아비의 차등 지원은 가정의 행복추구권에 대한 정부의 부당한 개입이기도 하다. 최소한 0세의 유아는 엄마의 품을 떠나도록, 그렇지 않으면 손해를 보도록 정부가 유인해서는 안 된다.

집에서 돌보니 친구가 없어서 사회성을 기르기 어렵다는 것은 제도적인 착시에 지나지 않는다. 친구가 없는 것은 정부가 아기를 보육원에 맡기도록 유인하였기 때문이다. 집에서 아기를 돌보는 부모가 늘어나면 자연스럽게 육아 클럽이나 공동육아 협동조합을 만들 터이고, 그 편이 훨씬 효율적이다. 보육서비스도 지대추구 대신 부모의 수요에 맞추어 진화할 것이다.

일반적으로 정부의 세금이나 지원은 가족제도를 지원하지는 못하더라도 방해가 되어서는 안 된다. 노부부가 같이 살거나 노부모를 자녀가 돌보면 기초연금을 적게 지급하는 것도 가족제도에 방해가 된다. 종합부동산세의 부부합산과세가 헌법의 행복추구권에 배치된다는 이유로 위헌 판결을 받은 것도 이 때문이었다.

정부가 가족제도에 친화적이면서도 긴 시야를 가지고 양육을 지원해야 한다면, 새로 출산하는 아기부터 기본소득을 점진적으로 도입하는 것이 최선의 대안이다. 평생 기본소득이 어렵다면 대학졸업까지만 일정한 양육소득을 보장하는 것도 훌륭한 절충안이다. 그러면 자녀와 가정을 보는 젊은이의 눈이 달라지고, 대가족을 복원하는 젊은 부부들도 생겨날 것이다.

젊은이들에게 출산은 짧은 일화가 아니라 긴 시야로 선택되는 인생의 중요한 결정이다. 이에 맞추어 정부의 출산장려정책도 출산, 육아의 지원을 넘어서 긴 시야에서 세워져야 한다. 그렇지 않으면 정부가 생색만 내고 정작 아픈 곳은 외면한다는 젊은이들의 불만을 잠재우기도, 출산율을 올리기도 어려울 것이다.

2017. 11. 10. 작성(2020. 4. 수정하여 실음)

우리나라의 리디노미네이션에 관하여

14

배영목 충북대학교 명예교수

리디노미네이션이란 무엇인가

화폐는 경제적 가치를 측정하여 교환을 매개하고 저장하는 기능을 담당한다. 우리나라에서 경제적 가치는 단기적으로 대부분 원이라는 화폐단위를 기준으로 측정된다. 리디노미네이션redenomination이란 구매력이 다른 새로운 화폐단위를 사용하면서 현재의 화폐단위로 표시된 가격, 증권의 액면가, 예금·채권·채무 등 일체의 금액을 법정비율(교환비율)에 따라 일률적으로 줄여서 표기하는 명목절하 denomination를 말한다. 이 조치는 신구화폐 교환으로 끝나는 것이 아니라 계산과 회계 단위의 변화로 모든 액면계약을 바꾸어야 하는 엄청난 파급효과가 있다. 광복 이후 우리나라는 두 차례의 통화개혁

currency reform에서 리디노미네이션을 함께 시행한 바 있다. 1953년 2월 전쟁으로 인한 통화남발의 하이퍼인플레이션으로의 발전을 사전에 예방하려는 목적에서 구화폐의 신화폐로의 교환과 예금인출 제한을 실시하였다. 그와 동시에 누적된 인플레이션으로 늘어난 계산비용과 회계비용을 줄이면서 인플레이션 역사도 지우고자 100원圜 = 1환圜의 리디노미네이션도 함께 실시하였다. 1962년 6월에 개발재원을 확보하려는 목적으로 신권교환과 예금인출을 1차 때보다 더 강력히 제한하였고, 비슷한 이유를 들어 10환圜 = 1원의 리디노미네이션도 함께 실시하였다. 두 통화개혁에서 화폐교환 및 예금인출의 제한 조치가 핵심조치였음에도 오래가지도 못하였고, 특히 제2차 개혁은 단기적으로도 성과를 거두지 못한 것으로 평가된다. 사람들의 관심은 화폐교환과 예금인출의 제한과 같은 충격이 큰 강권적 조치에 집중되어 같이 시행된 리디노미네이션은 별문제가 아닌 것 같은 착시현상이 있었던 것이다.

리디노미네이션은 어떤 경우에 하였는가

리디노미네이션은 세계적으로도 드문 현상이 아니다. 많은 나라가 누적된 인플레이션을 인정하고 다가올 하이퍼인플레이션을 억제하고자 화폐단위명을 바꾸면서까지 명목절하를 실시하였다. 이러한 조치는 한 번으로 끝나지 않고, 근본적 치유가 되지 않은 병과 같이 재발하는 특징이 있다. 즉 중앙은행은 과거의 누적된 인플레이션을 수습하고 새로운 출발을 하고자 새로운 화폐단위로 물가안정을 다짐하였지만, 통화남발과 인플레이션에 대한 경계심을 잃고 경기부양에만 매달리거나 인플레이션 억제에 실패하면 또 다시 명목절하의 유혹에 빠진다. 우리나라도 예외가 아니다. 광복 이후 벌써 두 차례의 명목절하를 경험하고서도 지금 이 방안을 거론하는 것을 보면 알 수 있다.

많은 나라가 인플레이션 수습을 위해서만 명목절하를 한 것은 아니었다. 신생국이 독립하면서 식민지 시대의 인플레이션 역사로부터 탈출해 자립경제를 건설하는 방안으로 새로운 화폐단위를 도입하면서 명목절하를 시도하기도 한다. 또한 경제통합이나 화폐통합이 진행될 때 새로운 화폐제도를 받아들이면서 인플레이션이 심했던 나라는 누적된 인플레이션의 기록을 지우기 위해 명목절하를 함께 진행하는 경우도 있다. 한국의 2차 통화개혁에서와 같이 퇴장된 현금을 예금화하여 개발자금으로 활용하기 위해 구화폐의 통용을 정지하고 이 조치에 대한 정당성을 부여하기 위해 명목절하를 함께 실시한 경우도 있다.

어떤 이유로 시행하든 간에 리디노미네이션은 그 나라의 화폐에 대한 신뢰를 떨어뜨리는 것이기 때문에 경기부양의 수단으로 사용하는 경우는 거의 없다. 인도네시아의 리디노미네이션이 경제성장과 물가안정에 도움이 되었다고 주장하는 연구가 있기는 하지만 경기부양수단으로 권장하지는 않았다. 지금은 디플레이션이 우려되는 상황이기 때문에 리디노미네이션의 적기라고 주장하는 사람은 재정확대나 금리 인상 등 다른 검증된 많은 방안이 있다는 것을 잊어서는 안 될 것이다. 따라서 리디노미네이션은 다른 나라의 사례에서 보듯이 화폐단위의 변경을 피할 수 없는 정치적·경제적 급변 사태가 있을 때에만 시행하는 극단적인 정책이라고 할 수 있다.

적절한 새로운 화폐단위명이 있을 것인가

화폐단위명은 몇몇 사람이 모여서 결정하거나 국민적 공모로 정할 수 있는 간단한 문제가 아니다. 어느 나라에서나 화폐단위명은 그 나라의 관습과 역사에 의거한다. 여기서 우리나라 화폐단위의 역사를 한번 회고해 볼 필요가 있다.

우리나라 화폐단위의 기원은 양兩으로 알려져 있는데, 이 양은 임진왜란 이후 중국과 일본에서 은화가 유입되면서 당시 은화의 계산단위인 10전錢 = 1냥兩 = 은화 37.3g이 적용된 것이다. 상평통보 시대에 접어들면서 100푼 = 10전 = 1냥이라는 단위가 성립되었다. 한국 정부는 갑오개혁 이후 은을 본위로 하는 신식화폐발행장정을 공포하면서 멕시코 은화 계산단위 원元을 차용하여 1원元 = 5냥의 계산단위를 사용하였으나 1901년 금본위제 도입을 시도하면서 100전錢 = 10냥兩 = 1원圜으로 되어 은화 2원元 = 금화 1원圜이라는 계산식을 작용하였다. 일본이 러일전쟁 이후 한국의 화폐를 일본의 화폐제도에 편입하고 백동화(구한국화폐)를 유통에서 축출하기 위해 실시한 화폐정리사업에서 한국의 1원圜을 일본의 1엔圓에 일치시키기 위해 화폐교환에서 구화폐 2원元 = 신화폐 1원圜 = 제일은행권 및 일본화폐 1엔圓을 적용하였다. 당시 우리나라에 유통되었던 제일은행권이 구한국은행권으로의 변신을 거쳐 조선은행권으로 변모되었고 원圓을 화폐단위로 하는 조선은행권이 주요통화로 계속 사용되었다.

광복 이후 미 군정이 조선은행권을 유통에서 축출하기 위해 신은행권을 제조하여 국내에 반입하였으나 여러 가지 사정을 고려하여 화폐교환은 포기하였는데 그 은행권이 제1차 통화개혁 때 신권으로 사용되었다. 이 신권의 화폐단위도 한글로는 원 한자로는 圜, 영문으로 Won이었는데 새로운 화폐단위 제정의 필요성 때문에 圜이 원 또는 환으로 읽히고 있다는 점을 활용하여 환圜을 화폐단위명으로 정하였고 이후의 은행권 제조에서 한글로 환, 한자로 圜, 영문으로는 Hwan이라고 표기하였다. 제2차 통화개혁에서는 적당한 새로운 화폐단위명을 찾지 못해 과거의 원圓의 한글명을 새로운 화폐단위로 사용한 것으로 보인다. 결과적으로 현재 한국의 화폐단위는 한자명을 배제하고 한글명을 쓰고 있다. 중국은 과거 은본위시대의 화폐단위명인 위안元을 쓰고 있고 일본도 한때 은화 단위이었던 엔圓을 계속 쓰고 있는 것을 보면 한중일 3국은 화폐에서는 기원이 비슷한 나라라고 할 수 있다.

명목절하율은 어떻게 정해지는 것인가?

리디노미네이션에서 명목절하란 화폐가치의 절하율이고, 간단히 말하면 화폐단위 0을 몇 개나 없앨 것인가 하는 문제이다. 명목절하에 따라 적게는 0이 하나만 사라지고 많게는 1946년 헝가리에서 한꺼번에 0이 29개가 사라진 경우도 있다. 만약 우리나라가 정치·경제적 급변 사태로 화폐단위명을 바꾸어야 하고 그때에 명목절하를 할 수 있는 기회가 주어진다면 얼마 정도를 하게 될 것인가?

다른 나라의 통화와 비교하지 않고 물가상승분만으로 고려해서 정한다면 현 화폐단위가 정해진 이후의 적절한 기준년도 물가지수와 현재의 물가지수를 비교하여 정하면 된다. 우리나라가 만약 1960년대 초반의 물가로 되돌아가고 싶다면, 명목절하가 있었던 1962년 이후 물가가 대략 60배 정도 상승하였으니 당시의 화폐가치를 유지하려면 0을 하나나 둘을 없애야 할 것이다.

인플레이션은 우리나라뿐 아니라 거의 모든 나라에서 나타나는 현상이기 때문에, 고액화 또한 정도의 차이는 있지만 거의 모든 나라의 문제이다. 따라서 우리나라만 이전의 물가수준으로 되돌아갈 필요는 없다. 예를 들어, 미국 달러와 비교한다면 미국과 비교하여 본 상대적 물가상승폭만이 문제가 된다. 미국의 물가가 1962년 이후 여덟 배 정도 상승하였던 점을 고려하면 절하 폭은 10분의 1로 충분하다. 물론 이 절하 폭도 명목가격이 열 배로 폭등하는 것이므로 결코 작은 것이 아니라는 점을 명심해야 할 것이다. 원화의 절하율을 달러와 비교하기 쉽게 정한다고 하면 그 비율은 1,000분의 1이 되어야 하고 엔화와 비교하기 쉽게 정한다면 10분의 1이 될 것이다. 특히 절하율이 커지면 그 충격도 크고 정착하기도 어렵다. 따라서 현재는 우리나라 화폐의 절하 폭을 달러를 기준으로 정하기도 어렵고 엔화를 기준으로 정하기도 어렵다. 명목절하가 불가피한 상황이 온다면 우리나라 화폐는 국제통화와 불가분의 관계에 있음을 감안하여 국내물가 상승 폭은 물론 환율의 변화 폭을 함께 고려하여 절하 폭을 정해야 할 것이다.

왜 리디노미네이션이 필요하다고 하는가

요즈음 리디노미네이션의 필요성을 주장하는 근거는 대략 다음과 같이 정리해 볼 수 있다. 첫째, 한국의 화폐단위가 한국의 국가위상에 맞지 않은 만큼 낮은 가치의 화폐단위명을 쓴다. 둘째, 1원을 달러로 표시할 때 불편한 점이 많다고 한다. 셋째, 물가상승으로 각종 가격이 고액화되어 불편이 적지 않아 이미 줄여서 가격을 표시하는 사례가 많아지고 있다. 예를 들어, 음식료 판매점에서 가격이 싼 것처럼 보이게 하게 위해 1,000원 단위로 가격을 표시하는 것이다. 또한 경제규모까지 커져서 거시경제를 제시할 때 경兆이라는 단위까지 쓰는 경우도 있다. 넷째, 리디노미네이션은 새로운 경제활동을 촉발하여 디플레이션에 빠진 경제의 활성화에 도움이 된다. 교환이나 인출을 제한하는 조치까지 병행한다면 현금화된 음성자금도 양성화할 수 있다.

그렇지만 이 조치의 필요성을 주장하는 사람들이 외면하고 말하지 않은 현실도 있는데, 그것은 다음과 같다. 첫째, 달러도 적은 가치를 표시하기 위해 센트라는 보조화폐명을 사용한다. 우리나라가 달러와 비슷한 가치로 화폐단위명을 새로 정하여 쓴다면 센트에 해당하는 보조화폐명도 새로 정해야 한다. 둘째, 일본은 열 배 정도 차이는 있지만 적은 가치의 엔을 사용하고 있는데도 국가위상이 낮아졌다고 생각하지 않는다. 셋째, 우리나라 대외적인 화폐가치인 대달러 환율이 외환위기 이후 안정되었고, 1달러의 가치를 원 단위로 정확히 표시함으로써 한국경제가 환율, 즉 원화의 대외가치에 더 민첩하게 대응하였다. 넷째, 가격 표시를 최대한 단순하게 표시하는 것은 묶어서라도 더 많이 팔고 잔돈 지급을 줄이기도 하기 위한 것이다. 다섯째, 재정확장이나 금리 인하 등 경기부양책은 수없이 많은데 한국경제의 근간인 원 단위를 흔드는 위험한 선택을 한다는 점이다. 여섯째, 가장 중요한 점은 어떤 정책이든 그 정책의 편익과 비용이 있는데 리디노미네이션의 비용에 대해서 말하지 않는다는 것이다. 간혹 비용을 말하는 경우에도 중앙은행이나 정부가 부담하는 실제비용만 말하고 있다. 이 조치로 인한 회계와 계약의 갱신 비용, 관련 기기교체 비용 등 민간이 추가로 부담해야 하는 실제비용이 상당히 있다. 특히 이 조치가 기대와는 달리 한국경제의 신뢰에 손상을 줌으로써 나타날 잠재비용은 측정조차 할 수도 없다.

리디노미네이션은 피하는 것만이 최선인가

리디노미네이션이 실제로 시행된다면 중앙은행이나 정부뿐 아니라 민간이 부담해야 할 실제비용도 적지 않고 한국경제의 신뢰 손상 등 계산이 어려운 잠재비용도 적지 않다. 반면에 이 조치를 통해 거래의 고액화에 따라 증가한 계산비용이나 회계비용을 줄일 수 있다. 하지만 우리나라와 같은 IT 강국에서는 그 편익은 크지 않고, 명목절하율이 클 경우 발생하는 혼란을 우려하여 실제로는 명목절하율을 최소한으로 줄일 수밖에 없다. 물가안정 속에서 실질가치보다는 명목가치로 계산하는 것에 익숙한 일반인에게 명목가치가 10분의 1로 줄어드는 것도 큰 충격이고 도리어 소비는 줄어들 수 있다.

이러한 충격적이고 극단적인 조치인 리디노미네이션이 정당화될 수 있다면 화폐통합이나 정치적 격변 또는 하이퍼인플레이션으로 화폐단위의 변경이 불가피할 때뿐일 것이다. 이렇게 된다면 어차피 피할 수 없는 화폐단위명의 변경으로 받은 충격 때문에 명목절하의 충격은 실제보다 적게 느껴질 것이다.

우리나라는 1960~1970년대의 높은 인플레이션으로 거래의 고액화와 은행권의 고액화가 빠르게 이루어져 현재 5만 원권이 전체 현금의 81%를 차지하고 있다. 한국경제, 특히 거대기업의 급성장으로 거액 단위에도 익숙해졌다. 다른 이유도 없이 거래나 회계단위가 거액화되었다는 이유만으로 리디노미네이션을 추진한 나라는 없다. 마침 화폐단위 면에서 우리와 가장 비슷한 사정에 있는 일본이 있기 때문에 일본이 거래의 규모 확대와 고액화에 어떻게 대응하는가를 면밀히 주시하면서 참고하는 것도 도움이 될 것이다. 그리고 국제 간의 거래가 원화표시로 되는 원화의 국제화가 실현되는 경우에는 1,000원을 기준으로 달러 환율을 표시하면 1.000원 = 0.8897달러로 매우 단순하고 알기도 쉽기 때문에 이러한 환율 표시가 가능하다면 정착시키는 것도 고려해 볼 수 있을 것이다.

2019.4.25. 작성(2020.4. 수정하여 실음)

대학체제 개혁 어떻게 할 것인가

대학을 생태계로 보자

안현효 대구대학교 일반사회교육학과 교수

빠져 나올 수 없는 덫, 대학입시

우리나라에서 교육 문제라고 하면 입시가 먼저 떠오른다. 유아교육이나 초·중등 교육에 문제가 없는 것은 아니나, 입시와 연계된 문제를 제외한다면 교육계 현안이라고 해도 전 국민적 문제로 부각되지는 않는다. 유아교육과 초·중등 교육은 지방교육재정교부금법에 따라 매년 내국세의 20.46%라는 일정한 예산이 안정적으로 확보되어 있기 때문이다(2020년 55조 3,700여억 원). 이와 같은 풍부한 예산과 안정적인 재원으로 학령인구 감소로 인한 갈등도 시간 여유를 갖고 원만하게 조정할 수 있다. 유아교육과 초·중등 교육에서 잘 해결되지 않는 것은 사교육과 공교육 교실의 붕괴, 기초학력 저하 등인데 이는 입시 문제와 연관된다.

입시 문제 그 자체로 가면 현행 입시 제도가 항상 도마에 오르고, 이렇게 저렇게 바꾸어보지만 지나보면 해결책이 아니었던 것으로 보인다. 그 이유는 문제가 입시에 있지 않기 때문이다.

대학수학능력시험 제도는 객관식 시험으로 한국적 특성을 그대로 반영하여 지식 평가와 지능 평가의 어중간한 위상을 가지고 있다. 수학능력시험이 학생들의 서열을 매기는 데는 공정성이 있으나 실제 학력을 평가하고 중등교육의 학력을 향상시키는 수단으로 기능하지 못하고 있다는 것은 알려진 사실이다.

또 다른 입시제도인 학생부 내신 제도는 서열화된 고교 체제를 완화하는 데는 효과가 있고 공교육의 규율 확보에는 일정하게 기여하지만, 이 역시 엄격한 상대평가 체제 속에서 운영되어 '줄 세우기' 수단으로 활용되면서 교육적 의미를 상실했다. 내신이 의미가 있기 위해서는 학점제로 진행되어야 하지만 학점 인플레이션의 우려 속에 절대평가 요청이 받아들여지고 있지 않다. 고등학교의 학교 성적이 절대평가가 되지 못하는 것 역시 대학 서열화 체제 때문이다.

학생부 종합(질적 평가에 기반한 교과 평가와 비교과 활동을 주로 본다)의 경우 공정성 시비에 걸려 있다. 이 평가 방법은 이상적인 것 같은데 사실 비교과 활동을 학교에서 제공하지 못하는 경우는 사교육을 조장하기도 한다.

대학입시에서 수많은 더 좋은 대안이 왜 우리나라에서는 현실적 대안으로 고려되지 않거나 실현되지 못하는 것일까? 대학 서열화 때문에 입시를 진학 과정으로 보는 것이 아니라 줄 세우기를 통한 선발

제도로 보기 때문이다. 지금 대학입시와 관련해서 상기해야 할 점 두 가지가 있다. 첫째는 현재 언론 등에서 논란이 되는 입시 공정성 문제를 실제보다 과장하고 있다는 점이다. 현재 공정성 문제는 넓게 잡아도 상위 10% 학생 선발에서의 문제이다. 대다수 학생들은 이 논란의 핵심 쟁점에서 비껴 서 있다. 둘째는 공정한 선발이라는 이념에 매몰되어 학생과 학부모가 고등학교를 졸업하고 왜 대학에 가야 하는가라는 대학진학의 목적 자체를 잊어버리고 있다는 점이다. 따라서 대학입시를 진학 과정의 일부로 보는 관점이 부각되어야 한다. 대학입시를 고등교육을 위한 진학으로 본다면 지금까지의 선발형 입시가 아닌 개방형 입학Open Admission에 대해 많은 관심을 기울여야 할 것이다.

대학 서열이 없는 '좋은 나라'에서 대학입시와 대학교육은?

여기서 우리가 정책 판단에서 내 자식의 문제라는 주관성을 탈피하기 위해서 사고실험을 해보자. 우리는 '대한민국'이 아니고 자국민을 위해 가장 좋은 대학입시제도를 설계하는 '좋은 나라'라는 가상국가에 살고 있다고 생각해 보자. 이 나라에서 가장 바람직한 대학 입시는 기초학력을 평가하는 자격고사와 결합한 개방형 입학 제도이다.

고등학교의 성과로 학업 능력을 따질 때 그 학업 능력은 상위권 학생에 대한 것이 아니라 고등학생 전체의 평균(수학능력)으로 판단해야 한다. 만약 현행 객관식 수능시험을 자격고사로 변경한다면 학업 능력을 평가할 수 있는 쉬운 문항들로 출제할 것이다. 이 경우 변별력이나 난이도 시비가 사라지고 문제은행을 활용할 수도 있다.

어디 이뿐인가? 쟁점이 되는 내신도 입시에 사용할 필요가 없다. 고등학교 졸업장 자체가 각 고등학교에서 책임지고 학생을 교육했다는 증거이고, 이 과정을 재검증하는 것이 국가가 전국적으로 시행하는 자격고사이기 때문에 내신을 다시 고려할 필요는 없다. 꼭 필요하다면 과목별로 최저기준을 사용하여 참고자료로 활용할 수 있다. 또한 학생부종합에서 보는 교과의 질적 평가(세특이라고 부른다)와 비교과 활동 역시 평가 대상이 아니므로 활성화할 수 있다.

요컨대 고등학교 교육이 정상화된다. 입시경쟁이 없으면 고등학교 교육이 쇠퇴할 것이라고 생각하는 사람은 거의 없겠지만, 그렇게 걱정이 되면 이 제도하에서는 고등학생을 대상으로 하는 주기적인 학력고사를 치르면 될 것이다. 고등학교까지의 교육과정은 국가교육과정이고 정부가 재원을 모두 제공하기 때문에 고등학교의 교육력에 문제가 발생하면 교육과정을 개선함으로써 해결할 수 있다.

한편 개방형 입시는 고등학교를 졸업한 '좋은 나라' 학생은 누구나 자신이 원하는 대학을 갈 수 있게 해주는 제도로 이용된다. 이것이 가능하기 위해서는 대학교육서비스의 공급이 충분해야 하는데 '운 좋게도' 학령인구가 감소해서 대학 정원이 충분해져 대학을 가고자 하는 고등학생 모두를 수용할 수 있게 되었다. 대학을 졸업한 다수의 학생은 아무래도 취업을 해야 하므로 좋은 직업을 가질 수 있는 전공으로 선호가 몰릴 가능성은 있다. 이 문제에 직면한 '좋은 나라'의 국가교육위원회 산하의 고등교육과정 위원회는 대학에서 연구하는 학문체계를 볼 때 기초학문과 응용학문을 구분해서 관리할 필요가 있다는 판단을 하고, 기초학문체계는 광범위하게 균형 있게 의무적으로 교육하고, 응용학문은 경쟁적으로 운영하자는 결정을 내림으로써 응용학문의 기반이 되는 기초학문을 보호하기로 결정한다. 응용학문 간 경쟁 도입과 비중 조절은 관련 학자들이 모여서 미래사회를 고려하되 중지를 모아 집단지성으로 자율적으로 결정하도록 하였다.

자기 할 일을 못 하고 있는 우리나라의 대학의 문제

이제 꿈에서 깨어나 '대한민국'으로 와보자. 대한민국의 대학은 자유 경쟁에 내맡겨져 있다. 개별적 경쟁은 두 개의 축으로 이루어진다. 하나는 시장경쟁, 다른 하나는 척도경쟁yard stick competition이다. 시장 경쟁은 입시제도를 통해 대학의 선발과정에서 이루어진다. 이는 서열화된 체제를 반영하는데, 그나마 대학입시제도가 정부의 개입으로 일정한 제약이 있을 뿐이다. 두 번째의 척도경쟁은 대학평가이다. 일반적으로 척도경쟁은 공기업 평가에서 많이 쓰는, 우리나라에서 익숙한 관행이다. 해당 대학은 평가지표에 크게 영향을 받고 평가지표는 중앙정부의 정책을 반영하기 때문에 중앙정부의 영향력이 매우 커진다. 여기에 예산 지원이 연동된다면 그 영향력은 증폭될 것이다.

정부(교육부)의 정책 방향은 이 두 가지 경쟁에 크게 영향을 미치지만 불행히도 대학 서열화는 정책대상이 아니라 주어진 여건으로만 간주된다. 대학체제가 공론화된 적이 없다. 이런 와중에 신자유주의적 대학정책이 훅 들어온 것이다. 신자유주의적 대학정책의 핵심은 자율화라는 미명하에 진행되는 대학 간 경쟁이고 이 정책은 대학 간 경쟁이 대학의 교육과 연구역량을 향상시킬 것이라는 믿음이나 기대에 근거하고 있었다.

표 15-1. 거점 국립대학과 서울 주요 사립대학 비교

(단위: 천 원 , %)

구분	학생 1인당 교육비	전임교원 확보율 (편제정원기준)	전임교원 확보율 (재학생기준)	대학원 진학률
거점 국립대학 (9개교)	14,941	85.0	78.8	9.0
주요 사립 5개 대학 평균	21,963	99.7	88.9	18.3

주: 1) 거점 국립대학: 강원대, 경북대, 부산대, 전남대, 전북대, 제주대, 충남대, 충북대, 인천대.
　　2) 주요 사립 5개 대학: 고려대, 연세대, 서강대, 성균관대, 한양대.

하지만 서열화된 체제가 온존한 상태에서 대학 간 경쟁은 서열 체제를 더 공고히 하는 것으로 귀결되었다. 대학의 서열은 대학의 역량의 순위를 정확히 반영하지 못할 수도 있다. 여기에는 정보의 비대칭성이 있다. 따라서 평판이 매우 중요한 역할을 하게 된다. 평판은 쉽게 바뀌지 않는데 역사적으로 대학 서열의 흐름이 변동한 시기가 있었다. 그 시기는 우리나라 경제가 체제전환을 한 시기인 1980년대 후반과 1990년대 후반인데, 이 시기에 서울 소재 사립대학과 지방 국립대학의 서열이 뒤바뀐 것이다.

이 시기에 대학 서열이 변동한 가장 큰 이유는 무엇일까? 표 15-1을 보면 지방국립대학에 대한 재정지원 규모가 수도권 사립대학의 재정 규모보다 작다는 점을 알 수 있다. 이때 대학 자율화와 경쟁 도입이 같이 추진되어 변동된 서열 체제는 더욱 공고화되었다. 이 상황에서 경쟁이 가속화되면 대학은 가장 손쉬운 방법을 선택한다. 즉 인재 선발이다. 대학이 교육보다 선발에 높은 비중을 두면서 대학 입학처는 예산도 증액되고 권한도 막강해졌다. 이러한 구조는 더 강고해질 것이다.

다른 한편 정부가 처음부터 개입하는 대학평가는 처음에는 차등지원의 근거로 도입되었다가 인구학적 변화를 계기로 구조조정의 수단으로 활용하였다. 대학평가의 결정판은 박근혜 정부에서 시작한 대학구조조정정책(2015~2018)이다. 이 구조조정정책은 3년씩 3회에 걸쳐 전체 대학 정원을 3%, 5%, 7%씩 줄여나가 학령인구 감소에 대응하겠다는 정책이었다. 차등지원의 근거로 사용하는 것과 정원 조정의 근거로 사용하는 것은 엄청난 차이가 있다. 구조조정평가에 직면한 모든 대학은 대학평가에 모든 것을 걸게 되었고, 이 평가의 지표가 대학운영에서 핵심 축이 되었다. 이 지표들은 여건, 과정, 성과로 나뉘어 있는데 여건의 핵심은 교원의 비중이고, 과정의 핵심은 교육과정이며, 성과의 핵심은 신입생, 재학생 충원율과 취업률이었다. 지표들 자체는 합리적으로 보인다. 하지만 이 지표들이 대학의 평판, 재정과 생존에 영향을 주게 되면서 지표의 도구적 사용으로 인해 극심한 혼란에 빠지게 되었다.

대학이 개별적 경쟁의 와중에 빠져드는 사이 사회는 4차 산업혁명의 시기로 접어든다. 4차 산업혁명과 관련한 온갖 레토릭이 쏟아져 나왔지만 사실상 대학은 이러한 사회적 요구에 귀를 기울이지 않는다. 너무나 단기적 성과에 쫓기다 보니 거시적·사회적 역할에 신경을 쓸 틈이 없어진 것이다.

대안으로 제기된 것
: 대학체제 개편과 대학 생태계

우리나라에서 대학 서열화가 관심의 초점이 된 것은 역사가 오래된

표 15-2. 문재인 정부 고등교육 공약

거점 국립대학이 명문대학으로 발전할 수 있도록 집중 육성

‣ 국립대학 간 선택 집중을 통해 대학이 주력 학문을 특성화할 수 있도록 자율적 혁신방안 추진을 지원

‣ 거점 국립대의 교육비 지원 확대

지역 소규모 강소 대학 육성 지원

‣ 교육·직업 중심 특성화 사업에 대한 지원 확대

공영형 사립대학 전환 및 육성

중장기적으로 대학 네트워크 구축을 통해 대학 서열화 완화 및 대학경쟁력 강화

‣ 국·공립대학 공동운영체제를 통해 대학의 자발적 고등교육 혁신체제 방안 구축

‣ 국·공립대학 간 기능별(연구 중심·교육 중심·직업 중심 등), 중점 분야별 특화 추진

‣ 국·공립대학 네트워크 구축, 이후 혁신강소대학 네트워크 구축

대학재정지원 사업 개편 및 대학 자율성 확대

‣ 대학재정지원은 일반대학 재정지원사업과 특수목적 재정지원사업으로 구분하여 지원

‣ 일반대학 재정지원사업은 미래사회에 대응하기 위한 중장기 발전계획을 토대로 협약을 통해 대학을 지원하고 협약 이행 실적 위주의 평가 실시

자료: 더불어민주당, 『제19대 대통령선거 정책공약집, 나라를 나라답게』(2017. 4. 28.).

것은 아니다. 외국의 사례로는 프랑스에서 68 혁명 때 프랑스 국립대학을 평준화시킨 것이 알려져 있으나, 우리나라에서 대학 서열화가 문제되고 정책 목표로 대학평준화가 제시된 것은 2000년대 초반 국립대 체제개편과 관련한 국립대 통합 네트워크 논의에서 시작되었다고 할 수 있다.

이 정책은 노무현 정부 때 '고등교육혁신위원회'에서 논의하기 시작하여 공론화가 되었다. 이때 서울대 폐지론으로 대중에게 먼저 드러났고 대중적 논란을 야기한 끝에 흐지부지되었다. 10여 년이 지나는 사이에 이 정책은 세련되게 정비되었다. 우선 가장 큰 논란을 야기했던 서울대가 국립법인으로 지위변동이 일어나서 국립대 정책 대상의 우선 대상에서 제외되어 지방국립대 지원 및 네트워크 정책으로 변화한다. 여기에 국립교양대학 안이 새로이 제기되고, 사립대학의 공적 역할을 강조하는 공영형 사립대 안도 등장하였다. 이 안들은 19대 대통령 공약에 부분적으로 반영되어 새 정부의 국정과제로 공식화되었다(표 15-2 참조).

왜 대안 정책은 추진되지 못했을까
: 대학에 대한 인식

이 공약과 이후 구체화된 정부의 정책들이 계획대로 추진되었다면 우리나라의 대학체제에 큰 변화를 초래할 수 있었을 것이다. 이 정책은 대학체제를 변화시켜 우리나라 대학의 교육과 연구 경쟁력을 신장하고자 하는 것으로서, 다른 고등교육 정책과 비교하면 대학체제를 주된 대상으로 한 매우 체계적인 정책이다. 기존의 신자유주의적 경쟁기반의 고등교육 정책과 비교하면 대학 간 경쟁을 종식시키고 우리나라 대학 전체의 관점에서 대학정책을 바라본다는 점이 가장 큰 차이라 할 수 있다.

그러나 정책 추진의 요건인 재정확보에 성공하지는 못하였다. 공약 중 핵심은 국립대 네트워크와 공영형 사립대 정책이었는데, 두 정책 모두 자리를 잡지 못하고 있다. 국립대 네트워크 정책의 핵심 내용은 '공동운영체제'였고, 여기에는 공동입시, 공동교육과정, 공동학위 등이 내용적 구성물로 포함되어 있었다.

공약 중 실제로 진행된 것은 '특수목적 사업의 일반대학재정지원사업으로의 전환'이다. 기존의 대학구조개혁평가를 재구성하여 대학기본역량진단으로 바꾸고 진단결과를 일반재정지원과 연계하는 사업으로 전환해서, 다양한 특수목적사업을 '대학혁신지원' 사업으로 통합했다. 연간 일반대학에 약 6,000억 원, 전문대학에 약 3,000억 원 수준으로 지원하여 2019년부터 3개년 동안 대학들은 규모에 따라 20~50억 수준의 지원을 받고 있다.[1] 이 정책의 부작용을 해소하고 업그레이드한 순항과 확대는 우리나라 대학 전반의 교육 여건 향상을 위해서 필요하고도 좋은 방향이다.

---

1   이 정책도 조금 더 자세히 들어가면 과연 '일반재정지원'이 맞는가라는 논란이 있을 수 있다. '대학혁신지원' 사업은 교비지원의 특성을 갖는 것이 아니라 사업계획서를 쓰고 이에 맞춘 집행을 해야 하기 때문이다. 다만 기존의 지원 방식과 달라진 것은 공모제가 아니라 지원이 확정된 상태에서 집행 사업 계획을 쓴다는 점이다. 보조금 정책의 기준에 맞게 시한이 정해져 있고, 사업으로 간주되어 성과평가를 해야 한다는 점에서 대학에 대한 일반재정지원이라고 하기에는 미흡하다.

하지만 이런 지원은 대학체제를 개편하고 미래사회를 대비하기 위한 대학개혁에는 턱없이 부족할 것이다. 대학체제 개편은 대학 서열화를 완화하고, 대학이 미래사회를 대비하기 위해 시급히 추진되어야 하는데 이를 추진하기 위한 1차적 여건이 관련 정책 예산의 확보라 할 수 있다. 다행히 두 정책에 대한 정책연구는 수차례 매우 충실하게 진행되어 상당히 구체적인 추진 시나리오를 입안할 수 있었다. 그런데도 대학체제 개편을 위한 정책이 큰 한 발짝을 내딛지 못하는 이유는 무엇일까?

그것은 여전히 대학을 개인 복리의 대상으로 보고 사적 영역으로 보는 시각에서 벗어나지 못했기 때문이다. 심지어 일부 정책 당국자는 대학을 '사양산업'으로 보고 여기에 투자하는 것은 '밑 빠진 독에 물 붓기'라는 생각도 하고 있는 것 같다.

대학이란 도대체 무엇일까? 대학은 원래 12, 13세기 서양 중세에서 출현해서 진화한 제도적 산물로서 인류사회의 독특한 발명품임을 인식할 필요가 있다. 인류가 생존하고 번영하는 과정에서 만들어진 제도로서 지식을 저장하는 창고인 것이다. 1차적으로 이러한 역할을 하는 대학은 보유하고 저장한 지식을 대중과 교류하는 교육과정을 운영한다. 이러한 교육은 당연히 사회의 생산력을 증진시키지만, 사회의 민주화를 추동하기도 하고, 교육받는 대학인의 삶의 질을 풍요롭게 하기도 한다. 따라서 대학은 그 역할을 물질적 수량적으로만 측정할 수 없는 가치를 지니는 제도인 것이다.

따라서 대학은 단순한 '산업'으로 간주할 수는 없다. 대학의 출현과 역사적 기능을 고려할 때 대학을 산업으로 보는 시각이 완전히 맞다고 볼 수는 없다. 물론 '산업'의 요소가 없는 것도 아니다. 오늘날 대학은 매우 다양한 기능을 수행하고 있기에 '산업적 가치'도 가진다. 대학이 만들어내고 보존하는 지식은 그 자체가 생산력이 되는 시대로 진입했기 때문이다. 설사 대학을 산업으로 보아도 대학은 결코 '사양산업'은 아니다. 대학에 대한 투자 없이는 대한민국의 선진화는 요원할 것이다. 반대로 대학에 대한 투자를 결심할 때 우리나라의 잠재력은 꽃필 수 있다. 이때 필요한 관점이 대학을 개체로 보는 것이 아니라 생태계로 보는 시각이다. 최근 산업육성에서 생태계의 개념은 보편적으로 수용되고 있다. 대학 역시 산업이라고 한다면 대학을 당연히 생태계로 간주하고 이에 따른 정책 전환이 있어야 할 것이다.

2019.12.24. 작성

산학결합 대학교육
독일의 '산학결합 대학학업'과 시사점

———— **이명헌** 인천대학교 경제학과 교수

현 정부가 내건 경제정책의 큰 방향 중에서 '소득주도 성장'에 대해서는 그 개념적 설득력과 실효성을 둘러싸고 논쟁이 열띠게 진행되어 왔다. 반면, '혁신성장'에 대해서는 논의가 그렇게까지 가열되지는 않았다. 정부가 제시한 관련 정책과제들을 보면 새로운 기술육성 및 보급, 그리고 규제 완화 등이 중심이다. 그런데 이와 관련해서 근본적인데도 간과되는 문제가 교육, 특히 고등교육의 질을 어떻게 향상시키고 산업계의 수요에 긴밀히 연계시킬 것인가 하는 점이다.

이와 관련해서 대학과 기업이 긴밀히 결합하여 고등교육의 형태와 내용을 혁신하는 사례인 독일의 산학결합 대학학업duales Studium이 어떻게 이루어지는지를 살펴보고, 우리나라에서 그러한 시도를

하기 위해서는 어떤 제도적 바탕이 필요한지를 간단히 검토하고자
한다.

산학결합 직업교육
: 오래된 '성공담'

독일, 스위스, 오스트리아 등 독일어권에서 볼 수 있는 '이중직업교
육duale Ausbildung'은 기업에서의 실습(통상 매주 3, 4일)과 직업학교에서
의 직업교육(통상 매주 1, 2일)을 결합한 교육방식이다. 이를 통해서 교
육생은 기업에서는 실제적 기능 및 기업특정적 능력을 습득하고 학
교에서는 이론적 이해 및 산업범용적 능력을 습득할 수 있다. 이 교육
을 성공적으로 이수한 사람은 연방정부가 체계적으로 관리하는 전문
적 직업자격을 취득하게 된다.

이 교육은 '직주학종職主學從' 방식이 특징이다. 즉, 의무교육인 10
학년까지의 학교교육을 마친 청년이 먼저 실습자리를 제공하는 기업
과 '직업교육계약'을 체결하여 기업 내 실습을 받으면서 직업학교에
서의 이론수업을 병행하게 된다. 각 직업별로 학습해야 할 내용과 기
간의 기본적 틀은 연방정부가, 실제교육의 수행과 이수자격 부여는
주정부가 마련한 제도적 틀 속에서 이루어진다. 직업학교는 자치단
체의 재정지원을 받으므로 교육생들은 등록금 부담이 없고, 실습 기
업으로부터는 일정한 급여(임금은 아님)를 지급받는다. 교육이수 후에
기업과 교육생 사이에는 채용과 관련된 의무사항은 없지만, 많은 경
우 실습을 했던 기업의 채용으로 이어진다.

이 이중직업교육 모델은 대학에 진학하지 않는 청년들이 기업과

공공의 부담으로 실제 기업이 요구하는 기술과 숙련을 축적할 수 있는 기회를 열어준다. 이로 인해 청년층의 고용가능성이 높아지고, 기업은 직업교육을 마친 인력으로부터 높은 생산성을 확보할 수 있다는 장점이 있다. 실제로 독일의 낮은 청년실업률과 높은 기업 내 공정 process혁신 빈도는 이러한 이중직업교육 방식에 힘입은 바 크다는 것이 통설이다. 그러나 이러한 독일식 이중직업교육 방식에도 여러 문제점이 있다. 경기하강 국면에서는 교육의 1차적 주체인 기업이 견습자리 제공에 소극적이게 되므로 그 시기에 견습자리를 찾게 되는 특정년도 출생자들에게는 직업교육의 기회가 제한된다. 이것은 그 세대에게는 평생에 걸쳐 취업률, 소득에 부정적 영향을 끼칠 가능성이 있다. 최근에 더욱 문제가 되는 것은 이 체제가 세분화된 중위 수준의 숙련을 젊은 나이에 획득하게 해주지만, 기술혁신이 급속하게 일어나고 따라서 요구되는 숙련의 내용이 빠른 속도로 바뀌는 상황에서는 그렇게 축적된 숙련이 무의미해질 수 있다는 점이다. 실제로 이중직업교육만을 받은 집단은 대학교육을 받은 집단에 비해서 기술 적응 능력이 떨어져서 40대 이후 취업률이 상대적으로 낮다는 보고도 있다.[1]

성공모델이 대학교육으로 넘어오다

독일에서도 세계화와 정보화가 진행되는 가운데 대학교육 이수 여부에 따른 임금격차가 확대되면서 대학교육에 대한 수요가 증가하고

---

[1] https://www.welt.de/wirtschaft/article158739657/Im-Alter-haben-Akademiker-einen-entscheidenden-Vorteil.html.

있다. 이에 대응하여, 중등교육 수준에서 이루어지던 이중직업교육 모델을 대학교육에 접목시키는 움직임이 나타나고 있다. 이것은 흔히 '산학결합 대학과정duales Studium'이라고 부르는데, 이는 대학에서의 이론교육과 기업에서의 실습을 거의 동등한 비중으로 결합한다. 그러므로 학생들은 졸업 시점에서는 학사학위를 취득함과 동시에 상당한 실무경력을 축적한 상태가 된다.

단, 고등학교 수준의 이중직업교육과는 차이점도 있다.[2] 첫째는 앞에서 언급한 공식적인 직업자격 취득과의 관계이다. 고교 수준의 이중직업교육은 공식적 직업자격 취득으로 종료되지만, 산학결합 대학과정은 경우에 따라서 다르며 공식적 직업자격증 취득과 반드시 연계되어 있는 것은 아니다. 둘째로 교육내용 중 이론 부분에 대해서 국가가 표준적 기준을 정하는가 하는 문제이다. 고등학교 수준의 이중직업교육 중 이론 부분의 내용에 대해서는 연방수준의 '기본계획'이 있어서 전국적으로 표준화된 교육과정이 제공된다. 반면, 산학결합 대학과정에서 이론적 교육의 내용은 각 대학이 자신의 파트너가 되는 기업들과 협의해서 자율적으로 결정한다.

이 모델은 원래 1970년대 바덴 - 뷔르템베르크주州의 슈튜트가르트 지역에 근거를 두는 벤츠 등의 대기업들이 대학졸업생들의 실무능력에 문제를 느끼고 주정부에 산학결합형 대학교육기관 설립을 요구함으로써 시작되었다. 현재 이 주의 주립州立 '듀알레 호흐슐레 Duale Hochschule'의 경우 약 9,000개의 파트너 기업과 제휴하여 3개

2 https://www.ausbildung.de/duales-studium/.

월 주기로 캠퍼스에서의 이론교육과 기업에서의 실습을 교차하여 방학 없이 3년 만에 일반대학과 동등한 학사 학위를 수여한다.

이 모델을 인접한 바이에른을 비롯한 독일의 여러 주에서 다양한 형태로 변형하여 도입함으로써 독일 전역에 전파되어 왔다. 그 결과 2005년에 산학결합 대학과정은 545개, 참여기업은 약 1.9만 개, 재학생은 4.2만 명 정도였으나, 계속 증가하여 2016년[3]에는 과정이 1,592개, 참여기업 약 4.7만 개, 재학생은 10만 명에 달하였다.[4] 2010년대 전반까지는 과정과 참여기업이 급속하게 늘어났다. 2010년대 후반에는 그 숫자에는 큰 변화가 없는 가운데 학생들의 숫자가 배 이상으로 늘어나서 이 과정이 독일 고등교육 체계 속에서 정착하여 그 인기가 상승하는 것을 알 수 있다. 같은 해 전체 대학재학생 수 280만에 비하면 그 비중이 3.5%에 지나지 않지만, 독일의 특징적 대학교육 모델로 자리 잡고 확대되는 것은 분명하다.

독일의 산학결합 대학과정에는 다양한 유형이 있다. 고교졸업생을 대상으로는 직업자격취득 또는 집중적인 직장실습을 결합시키는 방식이 있다. 또한 재직자를 대상으로 근무시간을 줄이고 대학과정을 이수하게 하거나 근무시간을 줄이지 않고 주말수업 또는 원격수업을 듣게 하는 방식도 있다.

이러한 모델은 한편으로는 기존의 이중직업교육의 장점을 그대로 살리면서, 교육생들이 대학교육을 이수할 수 있게 함으로써 이론적 소양과 기술변화에 대한 적응력을 높이려는 시도라고 할 수 있다.

---

3 2020년 현재 산학결합과정에 대한 공식통계가 존재하는 최신년도임.
4 https://www.wegweiser-duales-studium.de/info.

다른 한편으로는 대학재학 중에 기업에서의 실습을 부수적으로 체험하는 것이 아니라 캠퍼스에서의 교육과 동등한 비중으로 행함으로써 고용가능성employability을 높이고 현장생산성을 제고하는 효과도 기대할 수 있다.

이상과 같은 대학교육에서의 산학협력은 대학 내의 교육내용과 방식 자체를 변화시키는 효과를 갖는다. 학생들에게 실습기회를 제공하는 기업들은 대학의 교육과정을 결정하는 과정에 참여하여 대학의 이론적 교육이 어떤 내용을 담을지에 영향력을 끼친다. 이로써 대학의 교육 자체가 산업계의 동향을 더 예민하게 반영하게 된다.

산학결합 교육에 참여하는 대학은 전통적인 대규모 연구중심대학 Universität보다는 소규모 응용과학대학Hochschule(영어로는 Univestity of Applied Science)들이 많다. 즉 독일 대학재학생 중에서 응용과학대학이 점하는 비율은 약 35%지만,[5] 산학결합 대학교육 과정의 66%를 이 응용과학대학이 제공하고 있다.[6]

이 응용과학대학은 실무중심 교육을 하지만 우리나라의 전문대나 기능대학에 비해서 수업연한이 길고 이론적 교육을 겸하므로 그 학위가 연구중심대학과 동등성을 인정받는다. 응용과학대학은 박사과정을 두지 않으며 학교의 임무도 연구가 아닌 고등직업교육으로 정의되어 있다. 따라서 교수들의 평가에도 연구는 중요하지 않으며

---

5   https://www.destatis.de/DE/Publikationen/Thematisch/BildungForschung Kultur/Hochschulen/BroschuereHochschulenBlick0110010167004.pdf?__blob=publicationFile.

6   https://www.wegweiser-duales-studium.de/statistik-2018/.

기업체와 긴밀한 협력이 중시된다. 학교 규모도 크지 않으며 지역에 발달한 산업과 관련한 전공 또는 전국적으로 볼 때 특색 있는 전공에 특화하는 경우가 많다. 이 같은 특성상 지역의 산업적 수요에 민감하게 대응하는 경향이 강하다. 이 같은 전통과 특징이 있기 때문에 산학결합 대학과정 개설에 더 적극적일 수 있는 것이다.

한국형 산학결합 고등교육을 만들자

교육제도는 사회경제체제를 구성하는 가장 근본적인 요소 중 하나이며, 많은 주체들의 이해관계가 얽혀 있으므로 변화시키기 어렵다. 특히 우리나라에서 중소기업이 참여하는 산학협력교육은 중소기업이 가진 인력 및 기술탈취에 대한 두려움, 폐쇄적인 기업문화 때문에 더욱 어려운 측면이 있다.

그러나 현재 나타나고 있는 대학졸업생의 취업난, 그리고 그것과 병존하는 중소기업의 구인난과 생산성 정체를 보면 우리나라 고등교육체계를 개혁해야 필요성은 분명하다. 수년 전부터 하락하고는 있지만 약 70%로 여전히 매우 높은 대학진학률, 학령인구의 감소로 대학의 구조조정과 역할변화가 불가피한 상황이 그러한 개혁의 필요성을 더욱 높이고 있다.

이런 맥락에서 고등학교 수준에서 좋은 성과를 보인 산학협력 교육 모델을 대학교육에 접목시키고 있는 독일의 경험은 주목할 가치가 있다. 사실, 현재 우리 정부도 계약학과 및 일학습병행제IPP와 같은 재정사업 형태로 산학결합 교육을 4년제 대학에 확산하기 위한 시도를 하고 있다. 그러나 계약학과의 경우 재직자에 대한 재교육 중심으로 이루어지고 있어서 고졸 신입생에게 산학결합형 교육기회를 주는 데에는 아직 한계가 많다. IPP는 재정사업 대상으로 선발된 대학에 국한되고 있으며 산학협력 교육의 전통이 부족한 상황에서 그 지속 가능성 또한 제한적이다.

이러한 상황을 타개하기 위해서는 산학협력 교육을 고유임무 mandate로 하는 고등교육기관제도 도입을 검토할 필요가 있다. 즉 기존 대학들이 일시적 재정지원을 받기 위해서 단기적 프로그램을 운영하게 하는 방식에서 벗어나, 연구중심대학과 구분되는 고등직업교육대학을 고등교육의 독립적 범주로 정의한다. 이들 대학에는 학사 또는 학사와 석사과정만을 개설하게 하되 산업현장과 밀착된 고등교육을 위한 인프라를 집중적으로 지원해 준다. 이것은 시설에 대한 지원은 물론 산학협력 네트워크 구축과 운용, 산업현장의 경험이 있는 고등인력을 교수요원으로 전환하기 위한 교육, 교수요원의 정기적 산업체 근무에 대한 지원 등을 포함하게 될 것이다. 이러한 대학들을 지원할 때에는 연구중심대학에 적용되는 것과는 다르게 산학협력 교육과정의 내실화 정도, 교육성과를 중심으로 한 평가를 기초로 해야 할 것이다.

2019. 2. 27. 작성(2020. 4. 수정하여 실음)

한반도 평화경제의
이상과 현실

17

———————————————— **김석진** 통일연구원 선임연구위원

2018년 남북 정상회담과 북·미 정상회담으로 시작된 한반도 비핵 평화 협상은 2019년 제2차 북·미 정상회담이 실패한 후 교착 상태에 빠져 있다. 문재인 정부가 핵심 국정과제로 삼고 있는 한반도 평화경제의 추진도 당분간 어렵게 되었다.

하지만 비핵 평화체제 수립 가능성이 완전히 소멸했다고 할 수는 없다. 제재가 장기화되어 경제 형편이 크게 어려워지면 체제위기가 심화될 수 있으므로 북한 당국이 다시 협상장으로 복귀할 가능성이 남아 있다. 미국 정부도 대선 이후 전반적 대외관계 재정비와 한반도 상황 관리 차원에서 협상 재개를 추진할 수 있다.

이제까지의 정세 전개가 보여주듯이 비핵 평화체제는 몇 차례 협

17 한반도 평화경제의 이상과 현실　**169**

상으로 단기간 내에 달성할 수 있는 쉬운 목표는 아니다. 비핵화와 평화정착 프로세스는 남북한과 미국, 중국, 그리고 국제사회의 여러 이해관계자가 협력해 다양하고 광범위한 조치들을 실행해야만 이루어질 수 있는, 장기간의 복잡한 과정이 될 것이다.

따라서 향후 낙관적 시나리오가 실현되어 남북경협 재개가 가능해지더라도 정부와 기업은 섣부른 기대보다는 현실적 인식에 기초해 신중하게 접근하는 것이 바람직하다. 제도적 환경의 획기적 개선, 긴밀한 남북 및 민관협력 체제 구축, 현실적인 사업성 검토 등 어려운 숙제들을 풀어야만 비로소 한반도 평화경제 시대를 열어나갈 수 있을 것이다.

제재 장기화될수록 북한 협상력 약화

북한과 미국 간 협상이 쉽게 풀리지 않는 이유, 특히 2019년 2월 회담에서 북한 당국이 요구한 제재 해제를 미국 정부가 수용하지 않은 이유를 이해하려면, 지금의 제재가 미국 일부 강경파의 정책이 아니라 유엔 안보리 이사국의 만장일치로 채택된 국제사회의 합의라는 점을 이해하는 것이 중요하다. 따라서 제재 해제는 세계에서 가장 막강한 권력을 가졌다는 미국 대통령도 쉽게 약속할 수 있는 사안이 아니다. 설령 미국 대통령이 약속을 하고 유엔 안보리가 수용해 일단 제재 해제가 이루어지더라도 북한 당국이 미국 주류 정계와 국제사회가 충분히 인정할 만한 실질적 비핵화 조치를 이행하지 않는다면 제재는 다시 부과되고 정세는 원점으로 돌아가게 된다.

지난 여러 해 동안 북한 당국이 보인 협상 태도에서는 국제정세에 대한 이해 부족이 여실히 드러난다. 북한 당국은 실질적인 핵공격 능력을 갖춤으로써 자신들의 협상력이 충분히 강화되었으며, 따라서 미국과 대등한 입장에서 협상을 벌일 수 있다고 생각한 것 같다. 하지만 미국과 국제사회가 볼 때 비핵 평화 협상은 세계질서를 좌우하는 초강대국 미국이 약소국 북한을 상대로 벌이는, 더욱이 국제사회 주요국들까지 동조하는 강압적 외교에 지나지 않는다.

향후 정세를 좌우할 가장 중요한 변수는 제재가 북한경제에 얼마나 심각한 타격을 가할 것인가, 그 결과 북한 당국이 자신들의 셈법을 바꿀 여지가 있는가 하는 문제이다. 미국 정부와 국제사회는 제재를 지속할 경우 북한의 경제적 고통은 심화될 것이며, 이에 따라 북한의 협상력이 크게 약화될 것으로 믿는 것 같다. 반면 북한 당국은 자신들이 제재에 대해 충분한 내구력이 있으며, 셈법을 바꿔야 할 당사자는 자신들이 아니라 미국이라고 주장하고 있다.

자료와 정보가 부족해 확정적 결론을 내리기는 어려우나, 제재가 양측의 협상력에 미치는 영향에 대해서는 미국과 국제사회의 생각이 더 현실에 가까워 보인다. 북한경제의 대외의존도는 낮은 편이고 식량 자급률은 높은 편이므로 제재 속에서도 최소한의 생존능력은 있다고 할 수 있다. 그러나 경제발전에 필수적인 중요 물자, 즉 각종 기계, 자동차, 전기전자, 석유 등의 자급능력이 취약해 제재가 장기화되면 북한경제는 점진적으로 쇠퇴할 가능성이 높다.

그 경우 그간의 경제회복으로 기대수준이 높아진 엘리트 집단과 일반주민 모두 기존 체제와 정권에 대해 크게 실망할 수 있다. 장기간 사회 전반에 만연한 실망과 사기 저하는 옛 소련과 동유럽 공산당 체제의 붕괴를 가져온 주된 배경이기도 했다. 북한은 정치, 이념 통제가 철저해 정권 붕괴 가능성이 높진 않지만, 북한 당국으로서는 무거운 심리적 압박을 느끼지 않을 수 없을 것이며, 이는 곧 북한 당국의 협상력 약화로 이어질 것이다.

물론 협상력이 약화된다고 해서 북한 당국이 완전히 굴복하는 방식으로 협상이 타결될 가능성은 높지 않아 보인다. 협상 타결은 미국과 국제사회, 그리고 우리 정부가 북한이 어느 정도 수용할 만한 괜찮은 협상안을 구체적으로 준비하고 북측을 꾸준히 설득해야만 비로소 이루어질 수 있을 것이다. 일방적 굴복을 강요하기보다는 쌍방이 한 발씩 양보하는 지혜로운 타협안이 필요하다.

경협 제도 개선 필요

비핵 평화 협상이 큰 틀에서 타결되어 대북제재가 풀릴 경우 남북경협은 기존 사업을 재개하는 것에서 출발할 수 있다. 특히 가장 중요한 사업이었던 개성공단을 재가동하는 것이 최우선 과제가 될 것이다. 개성공단은 전력, 용수, 통신, 도로 등 주요 기반시설이 갖춰져 있고 수도권과 인접해 있어 남측 기업들이 사업하기에 가장 좋은 곳이다. 또 이미 개발된 1단계 부지 중 절반 이상이 빈 땅으로 남아 있어 앞으로도 사업 규모를 크게 키워나갈 수 있다.

또 하나의 중요 사업이었던 금강산 관광은 재개 여부가 불투명하다. 북한 당국은 사업이 중단된 후 기존 사업자인 현대아산의 투자자산을 동결하고 사업권을 박탈한다고 선언한 바 있다. 또 원산과 금강산을 묶어 국제 관광특구로 지정하고 새로운 개발회사도 창립한 상태이다. 하지만 현대아산이 사업권 대가로 거액의 자금을 미리 지급한 바 있으므로 사업권을 되찾으려 노력해야 할 것이다. 독점권을 되찾지는 못하더라도 현대아산과 북측 개발회사 간 협력체계를 만들어 사업에 계속 참여하는 방안을 모색할 필요가 있다.

기존 사업 재개에 그치지 않고 정부가 천명한 한반도 평화경제 시대를 본격적으로 열어나가려면 경협의 제도적 환경을 획기적으로 개선하는 것이 무엇보다 중요하다. 언뜻 생각할 때에는 핵 문제만 해결되면 모든 일이 일사천리로 잘 될 것 같지만, 현실은 그렇지 못할 가능성이 높다. 북한의 핵 개발 수준이 낮았고 남북관계가 비교적 양호했던 김대중, 노무현 정부 시절에도 남북경협은 순탄치 않았다.

북한 당국은 남북경협을 통해 경제적 이익을 얻고 싶어 하지만, 동시에 남북교류의 확대가 정치적 위협요인으로 작용할 가능성을 경계한다. 따라서 북한 정권은 남북경협이 비교적 활발하게 진행되던 시기에도 다음과 같은 몇 가지 규제를 가했다. 첫째, 남북 간의 육로 운송 및 통행을 허용하지 않았다. 둘째, 남측 기업가나 기술자의 북한 상주를 허용하지 않았고 일시적 방북조차도 제한적으로만 허가했다. 셋째, 남측 기업 관리자가 북측 인력을 직접 통제하는 것을 허용하지 않았다.

이런 식의 비정상적 규제 때문에 남북경협은 발전 잠재력에 크게 못 미치는 제한적 수준에 머무를 수밖에 없었다. 한 가지 다행스러운 점은 북한 정권이 경제특구로 지정한 사업, 즉 개성공단과 금강산 관광에서는 첫 번째와 두 번째 규제를 대체로 철폐했다는 것이다. 즉 경제특구라는 형식을 통해 북한 내부 사회와 분리시킨 지역에서는 기본적인 사업환경을 갖춰준 것이다.

앞으로 경협이 본격 재개될 경우 특구만이 아닌 모든 지역과 모든 사업에서 비정상적 규제를 제거해야 하며, 이를 분명히 하려면 '남북 경제협력협정'을 맺는 등 법·제도적 환경을 정비할 필요가 있다. 협정에 포함시켜야 할 주요 내용은 ① 남북교역에 대한 무관세 적용(일부 품목 예외 가능), ② 육로를 포함한 운송·통행의 안전과 편의 보장, ③ 기업인의 북한 상주·방북 및 경협 관련 통신의 자유화, ④ 남북 간 직접 금융거래 채널 확보, ⑤ 대북 투자기업의 경영권·재산권의 제도적·정치적 보장 등이다.

남북 공동 추진체제 수립해야

과거의 경험에서 얻어야 할 또 하나의 중요한 교훈은 남북경협이 북한의 경제발전과 북한 정권의 경제정책에 미칠 영향을 고민할 필요가 있다는 것이다. 이제까지의 남북경협은 대부분 남측이 기획, 투자, 경영을 도맡고 북측은 단지 토지와 노동력만 빌려주면서 대가를 챙기는 방식으로 이루어졌다. 북한 정권은 별다른 노력과 투자 없이 얻는 외화수입에 안주할 뿐, 경협을 북한 내부경제와 연계 발전시키려는 의지는 보여주지 않았다. 오히려 남북경협에서 얻은 경제적 이득은 정권의 사회정치적 통제력을 강화하고 비효율적 국영경제를 재건하는 데 활용되었을 가능성이 높다. 이런 방식의 협력은 장기적으로 북한의 개혁·개방과 경제발전을 저해하는 부작용을 낳을 수 있다.

중국과 베트남 사례에서 볼 수 있듯이 대외개방과 외자유치는 내부경제와 연계되어 기술 및 경영 노하우 전파, 내부 기업 발전 촉진

등 광범위한 파급효과를 발휘해야 경제발전에 크게 기여할 수 있다. 또 단지 개방에 그칠 것이 아니라 근본적인 내부 체제개혁을 함께 추진해 시장과 사기업을 육성하고 경쟁 환경을 조성해야만 긍정적 파급효과를 기대할 수 있다. 시장지향적 체제개혁은 외자기업에게 더 좋은 비즈니스 환경을 제공한다는 점에서도 매우 중요하다.

이렇게 볼 때 남북경협도 과거처럼 남한 정부와 기업이 일방적으로 주도하는 방식이 아니라 북한 스스로 적극적인 개혁·개방을 통해 경제발전을 추진하면서 이에 필요한 개발사업 중 일부를 남한과 공동 기획, 공동 투자하는 방식으로 진행하는 것이 더 바람직하다. 예를 들어 남북이 함께 남북협력지구(경제특구) 개발사업을 기획하고 관련 기반시설을 공동 건설하며, 그 결과 사업환경이 확보된 지역에 남측 및 외국 기업과 북측 기업을 함께 유치·관리하는 방법을 생각해 볼 수 있다.

문제는 북한 당국이 개혁·개방에 여전히 소극적이고 시장경제식 비즈니스에 익숙하지 않으며 경제발전전략도 사회주의식 산업정책에서 크게 벗어나지 못하고 있어 이런 바람직한 경협을 추진할 의지와 능력이 부족하다는 것이다. 따라서 현재로서는 북한 정권의 주도성을 중시하더라도 그들의 요구를 그대로 수용해 경협을 추진하는 것은 곤란하며, 남북 양측이 각자의 구상을 상호 제안하고 그중에서 남북한이 함께 이득을 볼 수 있는 교집합 부분을 찾아내 실행하는 것이 더 현실적인 방안일 것으로 생각된다.

이를 위해서는 남북 공동의 경협 추진체계를 만들고 지속적인 정책대화와 지식공유 사업을 실시함으로써 북한이 대외·대남 경제교류를 국제규범과 관례에 맞게 추진하도록 유도할 필요가 있다. 2007년 2차 남북 정상회담 이후에도 남북은 공동의 사업 추진을 위해 남북경제협력공동위원회와 분과별 위원회를 여러 차례 개최한 경험이 있다. 이런 경험을 더 발전시켜 남북 당국자들이 함께 참여하는 상설 경협 추진기구를 설립하는 방안도 검토해 볼 만하다.

현실적인 사업성 검토 필수

북한 비핵화가 이행되고 남북관계 및 북한의 대외관계가 정상화되면 신규 경협 사업이 대거 추진될 수 있을 것으로 전망된다. 이때 추진할 사업들에 대한 아이디어는 이미 오래전부터 논의되어 왔는데, 그 대부분은 문재인 대통령의 대선공약 중 하나인 '한반도 신경제(지도) 구상'에 담겨 있다. 하지만 이 구상은 말 그대로 구상일 뿐이며 경제적 타당성은 충분히 검토되지 않은 상태이다.

수많은 공공투자 및 민간투자 사례를 보면 구상 단계에서 좋아 보였던 사업이 실제로 실행해 보면 경제성이 부족한 것으로 판명되는 경우가 허다하다. 남북경협에서도 이는 마찬가지일 것이다. 투자 실패를 최소화하고 경제적 성과를 극대화하려면 각각의 개발 프로젝트에 대한 사업성 검토를 철저하게 실시해야 하며, 수익성과 개발효과를 고려해 사업 간 우선순위 및 추진속도를 적절하게 설정해야 할 것이다. 또 어떤 사업들의 경우에는 개별적으로 실시하면 경제성이 부족하지만 긴밀하게 연계 추진할 경우 경제성이 좋아질 수도 있으므로 개별 사업만이 아니라 여러 사업을 묶은 종합 패키지에 대한 경제성 분석도 필요하다.

민간기업도 각자의 사업계획을 현실적으로 검토해 경제성을 검증한 후 북한에 진출해야 할 것이다. 과거의 경험에서 나타난 중요한 문제점 중 하나는 많은 기업들이 남북관계의 특수성을 고려해 정부가 적극적 지원을 해줄 것으로 기대하고 경제성이 부족한 사업을 모험적으로 추진했다는 것이다. 남북관계의 정치적 리스크를 고려해 정부가 민간경협을 지원할 필요성을 인정할 수 있지만, 그러한 지원은 단지 정치적 리스크를 커버하는 데 그쳐야 한다. 앞으로의 남북경협에서는 정부 지원을 적정 수준으로 제한해 사업 리스크 자체는 민간기업이 스스로 부담해야 한다는 원칙을 분명히 할 필요가 있다.

한반도 평화경제라는 장밋빛 비전에 취해 정부와 기업이 사업성 검토를 소홀히 한 채 서둘러 북한 개발과 투자를 추진한다면 오히려 일을 크게 그르칠 수 있다. 북한 비핵화와 한반도 평화정착이라는 좋은 정세가 형성되더라도 경제발전에는 오랜 시일과 부단한 노력이 필요하다는 점을 잊지 말고 신중하고 점진적인 방식으로 경협을 추진하는 것이 바람직하다.

2018.5.8. 작성(2020.4. 수정하여 실음)

제4부

J노믹스
평가와 과제

소득주도 성장과 최저임금 인상

18

이강국 리쓰메이칸대학교 경제학부 교수

최저임금 인상은 문재인 정부의 경제정책 중에서 가장 뜨거운 논란을 불러일으킨 정책이었다. 정부는 2020년 최저임금 시간당 만 원을 목표로 2018년 최저임금을 16.4% 인상했고 2019년에는 10.9% 인상했다. 최저임금의 인상은 저임금 노동자들의 비중이 매우 높은 한국에서 이들의 처지를 개선하고 경제적 불평등을 완화하기 위한 노력이라 할 수 있다. 그러나 최저임금의 급속한 인상이 오히려 취약한 노동자들의 고용과 불평등 완화에 악영향을 미쳤다는 거센 비판도 있다. 이 글은 최저임금 인상을 소득주도 성장이라는 틀에서 이해하고 최저임금 인상을 둘러싼 쟁점에 관해 간략하게 살펴보고자 한다.

최저임금 인상, 소득주도 성장의 핵심정책

최저임금의 인상은 문재인 정부의 소득주도 성장에서 핵심적인 정책이라 할 수 있다. 소득주도 성장은 정부가 밝힌 바와 같이 임금과 가계소득을 늘려 소비를 촉진하고 총수요와 성장을 촉진하겠다는 경제성장의 새로운 패러다임의 도입이다. 이는 외환위기 이후 기존의 성장전략으로 불평등과 총수요 정체 그리고 저성장의 악순환을 해결할 수 없다는 한국경제의 현실에 대한 판단을 배경으로 하고 있다. 소득주도 성장은 포스트케인스주의 경제학의 임금주도 성장론의 한국판인데, 이 이론은 자본과 노동 사이의 기능적 소득분배가 총수요와 성장에 어떤 영향을 미치는지 분석한다. 포스트케인스주의 성장론은 공급 측만을 중시하는 기존 주류경제학의 경제성장론과는 달리 수요주도의 성장론이라 할 수 있다. 글로벌 금융위기 이후 경제학계에서도 잠재산출과 장기적인 경제성장에 미치는 수요 측의 역할을 강조하고 있으므로 이러한 논의는 경제의 수요 측과 공급 측을 통합적으로 이해하는 노력에 기여한다고 할 수 있다.

이들의 논의에서 임금이 인상되고 노동소득 분배율이 높아질 때 총수요가 확대되면 경제는 임금주도체제이며 낮아질 경우가 이윤주도체제이다. 한국을 대상으로 한 많은 실증연구들은 외환위기 이후 한국경제는 노동소득 분배율이 높아지면 소비는 크게 촉진되는 반면 투자와 수출에 미치는 영향은 미미하여 임금 몫의 증대와 함께 총수요와 성장이 촉진되는 임금주도체제라고 보고한다. 따라서 정부는 임금과 가계소득 증가, 사회안전망 확대, 인적 자본을 위한 투자 등을 소득주도 성장의 3대 과제로 제시한 바 있다.

그림 18-1. 최저임금 인상률과 노동소득 분배율

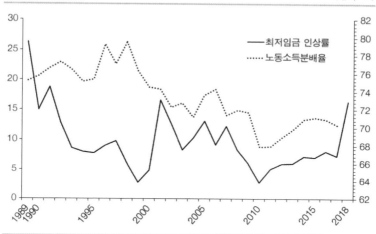

(단위: %)

주: 노동소득 분배율은 자영업소득을 경제 전체와 동일한 비율로 자본소득과 노동소득으로 나
누어 보정한 보정노동소득 분배율이다.
자료: 한국은행.

그중에서도 최저임금 인상은 저소득층의 임금수준을 높이고 노
동소득 분배율을 높이는 매우 중요한 정책 수단이라 할 수 있다. 현실
에서 취약한 노동자들의 협상력을 강화하기 어려운 상황에서 최저임
금 인상은 중위임금 이하 노동자들의 임금을 전반적으로 상승시키는
효과를 가진다. 최저임금이 전사업장으로 확대된 2001년 이후의 변
화를 그림 18-1에서 살펴보면 최저임금 인상률과 노동소득 분배율
이 연관되어 움직이는 것을 알 수 있다. 이 결과는 경제성장률이나
무역개방도와 같은 여러 요인을 통제해도 통계적으로 유의하다.

최저임금 인상의 고용효과에 관한 논쟁

최저임금의 인상에 대해 흔히 제기되는 비판은 저임금 노동자들의 고용에 악영향을 미칠 수 있다는 것이다. 단순한 신고전파 노동시장 모형에 따르면 시장균형 수준보다 높은 최저임금은 임금비용을 높이고 취약한 노동자들의 고용을 감소시킬 수 있다. 보수적인 경제학자들은 이러한 이론적 근거에 기초하여 최저임금의 인상을 반대한다. 그러나 실증분석의 바탕이 되는 현실은 이보다 훨씬 더 복잡하다. 실제로 경제학계에서는 미국을 중심으로 최저임금의 고용효과에 관해 열띤 논쟁이 오랫동안 진행되어 왔다.

1994년 발표된 뉴저지주의 레스토랑을 대상으로 최저임금이 고용에 미치는 악영향이 없다고 보고한 카드와 크루거 교수의 연구 이후 새로운 실증연구들이 전개되었다. 실증분석의 기법과 결과를 둘러싸고 논쟁이 진행 중이지만, 대부분의 연구에서는 약간의 최저임금 인상은 고용에 미미한 악영향을 미친다고 보고한다. 또한 통계적으로 유의성이 없다고 보고하는 연구도 상당수 있다. 예를 들어 2000년대 이후의 미국에 관한 실증분석들을 종합한 한 메타분석에 따르면 최저임금의 고용탄력성의 중위값이 -0.03인데, 이는 최저임금이 10% 인상되었을 때 고용이 약 0.3% 감소한다는 것이다.

한편 최근 시애틀 등 몇몇 대도시에서 급속하게 최저임금을 인상하여 다시 최저임금이 고용에 미치는 영향이 쟁점이 되고 있는데, 여전히 고용을 감소시켰다는 연구와 그렇지 않았다는 연구가 대립하고 있다. 워싱턴대학의 연구팀은 2016년 시애틀의 최저임금 인상이 저임금 노동자의 고용을 줄였다고 보고했지만, 여러 비판이 제기되었다. 버클리대학의 연구팀은 시애틀의 음식점 산업에서 그런 증거가 없으며 시애틀을 포함한 미국 6대 도시의 급속한 최저임금 인상도 고용을 감소시켰다는 증거가 없다고 보고한다. 한국도 최저임금 인상의 고용효과에 관한 상반된 연구결과들이 보고되고 있다. 한국의 경우 특히 미국과 달리 전국 단일최저임금으로 인해 데이터와 실증분석에 한계가 있는 것도 사실이다.

이렇게 최저임금 인상이 현실의 고용에 뚜렷한 악영향을 미치지 않는 것은 최저임금 인상의 효과를 완화할 수 있는 여러 조정경로가 있기 때문이다. 예를 들어 이직의 감소, 생산성의 상승, 고임금 노동자들의 임금상승 억제, 가격 인상 등이다. 또한 노동시장이 수요독점인 경우 최저임금 인상은 오히려 고용을 증가시킬 수도 있다. 나아가 장기적으로 볼 때 저소득층의 소득증가와 내수확대로 거시적으로 총수요가 증가하고 고용이 증가할 가능성도 있다. 이를 고려하면 최저임금의 인상이 고용에 미치는 악영향은 분명하지 않으며 앞으로 여러 조정경로를 함께 고려하는 연구가 발전되어야 할 것이다.

2018년 한국의 최저임금 인상의 고용효과

하지만 한국의 현실에서 최저임금의 가파른 인상이 가져올 수 있는 부작용도 무시할 수 없다. 먼저 한국의 최저임금은 최근 빠르게 인상되어 2018년 현재 중위임금의 약 55%로 추정되는데, 이는 국제적으로 높은 수준이며 산입 범위를 고려하면 현실에서는 더욱 높다. 최저임금의 인상과 함께 최저임금 미만율과 영향률도 최근 급속히 높아져 경제활동인구부가조사에 따르면 2018년 미만율이 전체 노동자의 약 16%, 영향률은 약 24%나 되었다. 또한 최저임금은 그 대상자들이 가구소득 하위 20%에 속할 확률이 약 40%에 지나지 않아 빈곤 문제를 해결하는 데에도 무딘 수단이다. 무엇보다도 다른 나라에 비해 영세한 자영업자와 중소기업이 많은 한국에서 최저임금의 급속한 인상은 약자들 간의 갈등을 강화하고 고용에도 악영향을 미칠 수 있다. 정부도 이런 부작용을 예상하고 2018년부터 연간 약 3조 원을 투입하여 최저임금 인상분을 부분적으로 지원하는 일자리안정자금 제도를 도입했다.

그렇다면 2018년과 2019년 최저임금 인상은 고용에 어떤 영향을 주었을까? 실제로 최저임금이 급속히 높아진 2018년은 연간 취업자 증가가 약 9만 7,000명에 그쳐 이전보다 크게 줄어들었다. 보수 언론은 이에 대해 최저임금 인상으로 인한 고용쇼크라고 비판했다. 그러나 먼저 취업자 증가폭 감소에는 인구요인도 고려해야 한다. 2018년은 이전에 비해 15세 이상 인구 증가폭이 크게 감소했고 특히 15~64세 생산가능인구는 약 6만 3,000명이나 줄어들었다. 인구변화를 감안한 취업자 증가폭은 2018년이 2017년보다는 못하지만, 2015년과 2016년 동 기간과는 비슷한 수준이다. 즉 취업자 수 증가라는 지표는 한계가 크다고 할 수 있다. 게다가 2019년은 일자리 확대를 위한 정부의 노력과 함께 연간 취업자 증가가 약 30만 1,000명으로 크게 높아졌다. 고용률이나 실업률을 보면 문재인 정부에 들어서 최저임금의 급속한 인상 이후 전반적으로 고용이 나쁜 상황은 아니라 할 수 있다.

한편 최저임금 인상에 영향을 크게 받는 취약계층의 고용이 감소하여 최저임금 인상의 영향을 보여주는 것처럼 보인다. 2018년 4분기 숙박음식업은 전년 동분기 대비 취업자가 약 6만 5,000명 감소했고 도·소매업은 약 7만 7,000명 감소했다. 하지만 이를 최저임금 인상의 직접적인 영향으로 해석하는 데는 주의가 필요하다. 추세를 살펴보면 숙박음식업은 중국 관광객의 급속한 감소와 함께 2016년 중반 이후 취업자 수가 감소해 왔고, 도·소매업도 2017년 초부터 취업자 수가 감소하는 추세이기 때문이다. 실제로 숙박음식업의 경우 2019년 4분기에는 취업자가 전년 동분기 대비 약 9만 8,000명 증가했다. 최저임금의 대상이 되는 노동자를 많이 고용하고 있는 자영업의 경우 경기부진과 과당경쟁으로 인한 구조조정의 압력이 계속 있어왔다는 점을 잊지 말아야 할 것이다.

2018년의 급속한 최저임금 인상이 고용에 미치는 효과를 분석하기 위해 몇몇 실증연구들이 발전되었지만 그 결론도 뚜렷하지는 않다. 몇몇 연구들은 최저임금 인상이 고용을 감소시켰다고 보고하지만, 다른 연구들은 여러 변수들을 통제하고 나면 그 효과가 명확하지 않다고 보고한다. 최저임금 인상의 영향을 정확히 판단하기 위해서는 경기변동의 효과나 산업 등 분석집단별의 추세를 통제해야 할 것이다. 이를 고려한 연구결과는 최저임금 인상이 고용에 미치는 영향이 통계적으로 유의하지 않다고 보고한다. 다만 여러 연구들은 2018년 최저임금 인상이 노동자들의 노동시간을 감소시켰다고 보고한다. 즉 최저임금 인상으로 취약한 노동자들의 노동시간이 감소하고 그에 따라 소득이 감소했을 가능성이 큰 것으로 보인다.

결국 2018년의 고용은 전반적으로 경기둔화, 인구변화 그리고 최저임금 인상의 부분적 영향이 겹쳐서 부진했지만, 최저임금 인상이 고용에 뚜렷한 악영향을 미쳤는지는 통계적으로 확실하지 않다. 최저임금 인상으로 저임금 일자리들이 감소하더라도 장기적으로 소득이 증가하여 소비가 촉진되고 더 나은 일자리들이 생겨난다면 바람직한 일이다. 실제로 2018년 소비지출과 서비스업의 경기는 상대적으로 양호한 편이었다.

사회안전망 강화와 소득주도 성장의 업그레이드

2018년과 2019년 최저임금 인상은 노동시장 내의 불평등을 개선하는 데는 상당한 역할을 했다. 노동시장 내 노동자의 시간당 임금의 불평등은 크게 감소했고 이전에 비해 저임금노동자의 비중도 줄어들었다. 그러나 가계동향조사에 따르면 급속하게 최저임금을 인상했던 2018년은 가구소득 분배와 계층 간 소득격차가 악화되어 뜨거운 논란을 불러일으켰다. 실제로 최저임금 인상 직후인 2018년 1분기 가계동향조사에 따르면 저소득층인 1분위 계층의 소득이 전년 동기 대비 약 8% 감소하여 소득분배가 크게 악화되었다. 이들 저소득층의 근로소득은 13.3% 감소했고 사업소득은 26.6% 감소했다. 그러나 더욱 신뢰할 만한 자료인 가계금융복지조사에 따르면 2018년은 소득분배와 상대적 빈곤율이 모두 개선되었다는 점에서 가계동향조사의 결과는 해석에 주의해야 할 것이다. 2019년에도 최저임금이 높게 상승했지만 가계동향조사는 2018년과 같은 소득분배의 악화를 보고하지는 않는다.

한편 가계동향조사는 전체 가구를 노동자 가구와 노동자 외 가구를 나누어 소득의 변화를 가각 보고한다. 특히 2018년 가계동향조사에서 나타난 소득분배의 악화는 노동자 외 가구가 주도했으며 노동자 가구의 소득분배는 악화되지 않았다. 이는 부분적으로 고령화로 인한 70대 이상 가구주 비율 증가와 함께 앞서 살펴본 여러 이유로 인해 취약계층의 일자리나 노동시간이 부분적으로 줄어든 현실과 관련이 있다. 심각해지고 있는 빈곤문제가 주로 노인 등 노동시장 밖에 있는 가구의 문제임을 고려하면, 노동자 개인과 관련이 있는 최저임금 인상이 가구기준으로 측정되는 소득분배를 개선하는 데는 한계가 있다고도 할 수 있다. 실제로 한국은 다른 선진국에 비해 정부의 소득재분배 역할이 매우 작으며 따라서 가처분소득 기준의 가구소득 불평등과 상대적 빈곤율이 상대적으로 심각한 나라이다. 이러한 현실을 고려할 때 정부는 보다 적극적으로 사회복지와 사회안전망 강화를 추구해야 한다.

정부는 2019년부터 상여금과 복리후생비를 부분적으로 최저임금 계산에 포함하는 산입 범위를 확대하여 최저임금 인상의 효과를 억제했다. 그리고 정부는 2020년 최저임금 인상폭을 2.9%로 크게 낮추어 최저임금 인상의 속도를 조절했다. 이는 2020년 최저임금이 만 원이 되면 중위임금의 70%에 근접하여 선진국 중 가장 높은 수준이 된다는 것을 고려한 것이다. 또한 경기가 둔화되는 현실에서 최저임금 인상이 노동시장에 미치는 충격을 우려한 것으로 볼 수 있다. 문제는 최저임금 결정 때마다 매년 갈등과 논란이 반복되고 있다는 점이다. 이를 극복하기 위해서는 최저임금 인상에 관한 실태조사와 실증분석을 발전시켜 적절한 인상폭에 관한 논의를 발전시켜야 할 것이다.

 최저임금의 인상과 함께 꼭 필요한 일은 사회안전망을 대폭 강화하는 것이다. 예를 들어 빈곤층 가구를 직접 지원하는 근로소득장려세제를 계획보다 더욱 확대하고 실업급여와 기간을 늘리는 등 고용보험을 강화해야 할 것이다. 이미 한국형 실업부조 제도의 도입과 고용보험에서 특수고용 노동자에 대한 적용 확대 등에 대한 논의가 발전되고 있다. 이러한 정책의 재원조달을 위해 부동산 등 자산보유계층과 고소득층에 증세하고 대기업과 그들의 노동자를 중심으로 고용보험료율을 높이기 위한 노력을 추진해야 한다. 또한 임대료 상승 억제와 공정거래 확립 그리고 가격 인상 등으로 최저임금 인상의 부담을 우리 사회의 모두가 나누기 위한 노력도 필요할 것이다. 마지막으로 적극적인 재정지출 확대로 경기를 부양하고 총수요를 확대하여 고용을 촉진하는 정부의 역할이 요구되고 있다. 소득주도 성장의 이론적 기초를 제공한 포스트케인스주의자들도 최근에는 소득재분배와 공공투자 등 정부의 역할을 강조하는 평등주도 성장을 강조하고 있다. 정부는 최저임금의 인상과 함께 적극적인 재정지출과 소득재분배의 확대로 소득주도 성장을 업그레이드해야 할 것이다.

2018.6.7. 작성(2020.4. 수정하여 실음)

소득주도 성장의 개념을 둘러싼 오해들

19

장세진 서울사회경제연구소 소장

소득주도 성장을 둘러싸고 논쟁이 뜨겁다. 누구는 이를 이론적 기반이 없는 정치적 포장이라고 하거나, 분배이론일 뿐 성장이론이 아니라고 주장한다. 또한 이미 실패한 정책으로 포기해야 한다고도 하고, 포용성장으로 대체해야 한다고도 한다.

개념부터 정리해 두어야 불필요한 논쟁을 줄이고 건설적인 논의에 집중할 수 있다. 새로운 개념을 만들고 이름을 붙이는 전형적인 방법은 이미 알려진 개념에 형용하는 말을 덧붙여 한정하는 방법이다. 예컨대, 흑연으로 만든 붓(필)이라는 의미에서 '연 + 필'이라고 부르고, 이를 다시 '색'으로 형용하여 '색연필'이라고 부르는 식이다. 소득주도 성장income-led growth은 '성장'을 '소득'이 형용한 것이다.

성장 중에서도 소득에 따른 성장이다. 소득과 성장의 관계가 모호할까 해서 다시 '주도'라는 말을 덧붙여서 관계를 명시하고 있다. 소득이 주도적으로 증가하여 성장이 뒤따르게 한다는 의미다. 비슷한 명명법으로 수출주도 성장export-led growth이라는 말이 있다. 수출을 주도적으로 증가시켜 성장이 뒤따르게 한다는 말이다. 한국은 수출주도 성장을 성공시킨 대표적인 나라의 하나로 꼽힌다.

임금주도, 소득주도와 이윤주도

사실 소득주도 성장은 영어의 '임금주도 성장wage-led growth'을 한국 실정에 맞게 번역한 개념이다. 임금 대신 소득을 사용한 것은 우리나라의 경우 자영업의 비중이 높고, 자영업자의 소득은 이윤이 아니라 대부분 자기 노동의 대가에 해당하므로, 노동자의 임금소득과 자영업자의 자영소득을 함께 증가시켜야 한다는 뜻이다. 임금소득을 임금 및 자영소득으로 확장한 광의의 임금주도 성장이라고 말할 수 있다.

그렇지만 '소득'주도 성장이라고 부르면 곧 순환론적 정의라는 비판을 받기도 한다. 경제성장은 국민소득의 증가를 말한다. 보통 생산GDP으로 성장을 측정하지만, 국민소득회계에서 소득과 생산은 같으므로, 생산의 증가는 소득의 증가와 같다. 그렇다면 소득주도 성장은 국민소득의 증가로 국민소득의 증가를 가져오겠다는 순환론으로 오해될 수 있다. 소득주도에서의 소득은 국민소득의 일부인 '임금 및 자영소득'이라면 순환론은 아니다.

국민소득회계에서 소득은 크게 노동소득과 자본소득으로 구분된다. 노동소득은 임금이다. 자본소득은 이자, 임대료, 배당은 물론 법인기업의 사내유보도 포함한다. 즉 법인기업(회사)의 사업소득(순이익)은 배당되든 아니든 자본소득에 해당한다. 개인기업(자영업)의 사업소득은 자기자본에 대한 이자, 임대료, 이윤을 포함하지만, 대부분 자기노동에 대한 대가로 추정된다. 자영소득을 노동소득으로 간주하면 모든 소득을 노동소득과 자본소득으로 구분할 수 있다. 노동소득을 임금으로 통칭하듯이, 자본소득을 이윤으로 통칭한다. 즉 소득 = 임금 + 이윤이다. 그러므로 소득주도 성장(광의의 임금주도 성장)에 대응되는 개념은 '이윤주도 성장profit-led growth'이다.

이윤주도 성장은 대체로 고전적 성장이론과 맥락을 같이한다. 자본 축적이 성장의 원동력이다. 자본 축적은 노동자의 임금보다 주로 자본가의 이윤에서 이루어진다. 따라서 성장을 촉진하려면 임금보다 이윤의 비중을 높여야 한다는 것이 고전적 성장이론의 중요한 정책적 결론이다.

물론 기업가에게 이윤 비중의 증가는 노동자에게 임금 비중의 감소를 의미하지만, 그러한 노동자의 일시적 희생은 나중에 더 큰 임금 상승으로 보상된다. 이윤의 증가는 투자를 통해서 자본을 증가시켜서 노동의 생산성을 높이고, 이는 노동 수요를 증가시켜서 고용 증가와 임금 상승을 가져온다. 상층부인 자본가의 소득 증가가 하층부인 노동자의 소득 증가로 파급되므로 이를 낙수효과라고 부른다. 먼저 성장의 문제를 해결하면 낙수효과에 따라 분배 문제가 자연스럽게 해결될 것이라는 주장을 쿠즈네츠 가설이라고 부르기도 한다.

자본 축적과 더불어 혁신에 따른 기술진보도 성장의 중요한 원동력이라는 것이 슘페터의 주장이다. 그런데 대기업의 이윤 증가는 연구개발을 통해서 혁신을 촉진하기도 한다. 자영업자나 중소기업은 혁신의 유인도 작고, 그 불확실성을 감당하기도 어렵다. 대기업이 혁신에 성공하면 그 혜택은 당분간 혁신 대기업이 누리지만, 시간이 지나면서 중소기업, 자영업, 노동자 등 경제 전반에 파급된다. 결국 규제 완화든 재정지원이든 기업을 운영하기 좋은, 이윤 내기 좋은 환경을 만들어주면, 기업의 자본 축적과 혁신을 통해서 경제가 성장하고, 그 혜택은 경제 전반으로 확산될 것이다. 이것이 사실 고전적 성장이론뿐만 아니라, 신고전파 성장이론이나 신성장이론이 공통적으로 가지는 정책적 함축이기도 하다.

문제는 1990년대 이후 지속적으로 임금 비중이 줄고 이윤 비중이 증가했지만, 이윤주도 성장론이 약속하는 성장효과도 낙수효과도 제대로 작동하지 않았다는 것이다. 기업 이윤이 증가한다고 곧 투자가 증가하는 것이 아니었다. 기업은 이윤을 쌓아놓거나 금융투자를 통하여 투기이익을 노리는 수가 더 많았다. 이윤 증가와 함께 진행된 세계화와 정보화는 이런 경향을 더욱 강화시켰다. 돈이 돈을 버는 사이에 낙수효과는 사라지고 양극화는 심화되었다. 심화된 소득의 양극화는 빈곤층의 교육투자를 어렵게 하고, 또한 사회적 연대감을 훼손시켜서 미래의 성장 잠재력을 떨어뜨리기도 하였다.

과연 임금과 이윤 중 어느 쪽의 비중을 높이는 것이 성장에 더 유리할까? 결국은 실증의 문제이다. 우리는 시계열 자료에 나타난 임금, 이윤, 성장 사이의 동태적 관계를 통계적으로 분석하여, 임금 증가와 이윤 증가 중 어느 쪽이 더 높은 성장률을 가져오는지 나라별로 검증할 수 있다. 미국, 유럽, 한국을 비롯한 대부분의 나라가 임금주도 성장에 속한다는 것이 여러 실증 연구의 공통된 결론이었다. 물론 임금의 증가가 성장률의 상승에 선행했다고 해서, 꼭 임금이 성장을 초래했다고 볼 수는 없다. 제3의 요인에 따라 임금과 성장이 다른 시차를 두고 영향을 받았을 수도 있다. 그런데 이런 가능성을 통제한 여러 실증연구에서도 임금주도 성장은 꾸준히 지지되고 있다.

임금주도 성장과 이윤주도 성장을 검증하는 다른 방법은 총수요에 대한 영향을 조사하는 것이다. 총수요는 소비, 투자, 정부구매, 순수출의 합계(Y = C + I + G + NX)로 주어진다. 정책적으로 결정되는 정부구매 G를 제외하면, 임금은 이윤에 비하여 소비 C를 증가시키는 반면, 투자 I와 순수출 NX를 감소시키는 경향이 있다. 총효과는 어떻게 될까? 대부분의 나라에서 임금 비중의 증가는 소비를 증가시키는 효과가 투자 및 순수출을 감소시키는 효과를 압도하여 총수요의 증가를 가져왔다. 핵심은 가난한 노동자가 임금으로부터 소비하는 비율이 부자인 기업가가 이윤으로부터 소비하는 비율보다 훨씬 높다는 데 있다. 그런 점에서 소득주도 성장은 '평등주도 성장equality-led growth'이라고 고쳐 부를 수도 있다.

물론 실증연구에서 흔히 그렇듯이 논쟁의 여지는 남아 있다. 임금과 이윤의 분배와 성장의 관계에 초점을 맞추는 것부터 논란의 대상이 된다. 이는 임금주도든 이윤주도든 분배가 중요하다는 프레임에 묶어두는 효과가 생긴다. 또한 임금과 이윤의 비중은 경제과정에서 복합적 요인에 따라 내생적으로 결정되는 변수이다. 이러한 내부구조를 무시한 축약된 방정식의 통계적 추정은 한계를 갖기 마련이다. 더욱이 국제비교자료가 갖춰진 최근 20~30년 정도는 임금 비중과 성장률이 동반 하락한 시기이므로 임금 하락 → 성장률 하락이라는 의미에서 임금주도 성장이 관찰되는 경향이 생기도 한다.

계량적 연구와는 별도로 일반적인 통찰도 소득주도 성장을 지지한다. 세계적인 과잉설비와 총수요 부족 상황에서 일자리와 성장의 돌파구를 찾기 위하여 많은 나라는 수출주도 성장을 추구하게 된다. 중국과 독일이 그렇고 한국도 여기에 해당한다. 이 과정에서 국제경쟁력을 위하여 임금은 억제되고, 내수는 위축된다. 모든 나라가 그럴 수는 없다. 일부 국가는 미국과 남부유럽처럼 무역적자를 겪게 된다. 이들 적자국가는 총수요를 유지하기 위하여 금융주도 또는 부채주도 성장을 추구하게 된다. 흑자국가의 과잉저축은 적자국가의 부채누적을 가능하게 하지만 이런 상태는 지속 가능하지 않다. 지속 가능하려면 세계경제 전체의 총수요를 증가시켜야 한다. 그러려면 소비성향이 높은 임금 및 자영소득을 증가시키지 않으면 안 된다.

성장과 분배, 총수요와 총공급

우리는 적어도 한 질문에 답했다. 소득주도 성장이 이론적, 실증적 기반이 없는 정치적 포장, 또는 포퓰리즘에 바탕을 둔 분배이론이 아니다. 소득주도 성장이론은 기존의 성장이론만큼이나 이론적, 실증적 기반을 갖추고 있다. 특이하다면 성장과 분배를 대립이 아니라 조화되는 것으로 보는 것이다. 또한 기존의 성장이론이 총공급에 주목하는 데 반하여 총수요에 주목하고 있기도 하다. 이에 대해서 약간의 추가 설명이 필요하다.

우리는 오랫동안 성장과 분배, 또는 효율과 형평을 대립되고 상충하는 개념으로 인식해 왔다. 성장을 위해서는 분배를 희생해야 하고 분배를 위해서는 성장을 희생해야 한다. 그 사이에서 적당히 절충해야 한다. 쿠즈네츠 가설처럼 먼저 성장을 추구하고 분배를 나중으로 미루는 것이 한 방법이다. 그렇지만 피케티나 밀라노비치는 이러한 절충조차 전쟁과 공황이라는 우연의 산물일 뿐이라고 부정한다. 그런데 둘 사이에 상충관계가 없다니, 아니 오히려 조화되고 서로 촉진한다니, 너무 좋기만 한 이야기라서 포퓰리즘이라고 의심할 만도 하다. 생전에 김근태 의원은 그런 이론은 없느냐고 되묻곤 하였다. 그렇지만 효율과 형평, 또는 성장과 분배가 꼭 상충해야 할 이유는 없다. 상충할 수도 조화될 수도 있으며, 어느 편인가는 실증의 문제일 뿐이다.

포용 성장과 소득주도 성장은 어떤 관계일까? 포용 성장의 개념은 성장과 분배가 상충하는 경우에도 성장의 과실을 나누어 누린다는 의미에서 사용할 수 있다. 이것을 '소극적' 포용성장이라고 부를 수 있다. 성장과 분배가 조화될 경우, 더욱 적극적으로 분배정책을 추진할 수 있다. 이것을 '적극적' 포용성장이라고 부를 만하다. 두 개념이 상충하는 것이 아니라 보완하는 것으로 보아야 한다.

기존의 성장이론은 공급에 주목한다. 성장은 장기적 추세에 관한 이론이고, 장기적으로 수요와 공급이 균형상태에 있게 되므로, 총공급만 연구해도 충분하다고 보는 것이다. 신고전파 성장모형이 그렇고, 내생적 성장모형이 그렇다. 그러면 공급 측 요인, 즉 자본 축적, 인구 증가, 기술진보가 성장의 엔진이 된다. 총수요는 저절로 창출된다. 단기의 경기변동과정에서는 총수요가 문제로 되지만, 장기적으로는 전혀 문제로 되지 않는다.

장기에는 총수요와 총공급이 같아지므로, 총공급만 보아도 될까? 그것은 수요와 공급이 같으므로 수요만 보는 것만큼이나 위험하다. 산업혁명의 긴 역사에서 값싼 철강의 공급이 증가하여 방적기계가 만들어지고, 값싼 기계의 등장으로 방적업이 발달했을까? 거꾸로이다. 방적업이 발달하며 기계산업이 발달했고, 그 뒤에 제철업이 발달했다. 공급이 수요를 창출하는 것이 아니라 거꾸로 수요가 공급을 창출했다.

수출주도 성장에서도 핵심은 수출수요이다. 투자가 이루어지는 것도 자금이 있어서가 아니라, 미래의 수요와 수익이 예상되어 자금을 조달하기 때문이다. 설혹 총수요가 단기에서만 중요하더라도, 경제의 경로의존성은 장기에 수요가 중요하게 만든다. 우리는 소득주도 성장이론은 기존 성장이론과 모순, 대립되는 것이 아니라 장기적인 수요 측면에서 서로 보완할 수 있다는 것을 밝힌 셈이다(또한 지속적 수요관리의 장기적 효과에 주목한다는 점에서 단기적인 총수요관리정책과도 다르다).

정책으로서의 소득주도 성장

마지막으로 경제성장 정책으로서 소득주도 성장의 개념을 검토해야 한다. 이론을 정책으로 옮기는 것은 늘 큰 도전이다. 이 경우는 특히 그렇다. '임금 및 자영소득이 증가하면 성장률이 상승'하는 통계적 경향이 있다는 것과 어떻게든 '임금 및 자영소득을 증가시키면 성장률이 상승'할 것이라는 정책적 예측은 사뭇 다르다. 소위 루카스 비판이 적용될 수 있기 때문이다. 더욱이 소득주도 성장이론에는 지금까지 많은 이론적 가능성과 통계적 검증이 있었을 뿐 실제로 적극적인 성장정책으로 추진되어서 성공(또는 실패)한 선례가 없다. 이것이 소득주도 성장정책이 정책실험이라고 비난받는 이유이자, 신중한 정책적 접근이 요구되는 이유이다.

우선 어떤 정책 수단이 있는지를 살펴보자. 임금소득을 증가시키는 정책 수단은 크게 ① 사전적으로 노동시장에서 임금협상이 노동자에게 유리하게 진행되도록 제도적으로 유도하고(최저임금 인상, 노동조건 개선, 노동시간 단축, 자본소득 제한), ② 사후적으로 재분배 정책을 통하여 노동소득을 지원해 주고(근로소득 장려금, 누진세제, 고용보험), ③ 거시적으로 완전고용을 유지하도록 여러 경제정책(재정정책, 금융정책, 산업정책, 무역정책)을 수행하는 것으로 구분할 수 있다. 이들을 각각 사전조정, 사후조정, 간접조정의 소득정책 수단이라고 부르자.

이들 소득정책 수단의 성장효과가 나타날 때까지 오랜 시간이 걸리고, 그 사이에 많은 일이 뒤섞여 일어나므로, 정책과 효과 사이의 관계나 성패를 식별하기 어렵게 된다. 따라서 최종 결과가 드러나기 전에, 정책 추진의 경과를 관찰하는 적절한 중간지표를 설정하고, 중간지표에 따라 정책 수단을 조정하는 과정이 필수적이다. 또한 그 과정에서 민간의 협력이 필요한 경우에는 적절한 유인체계를 마련해야 하고, 필요한 정보가 원활하게 소통되도록 유의해야 한다.

최근 논란의 핵심이 되는 최저임금 인상은 사전조정의 소득정책 수단으로 저임금 노동자뿐만 아니라 차상위 노동자의 임금수준을 순차적으로 상승시키는 중요한 정책 수단이다. 그렇지만 단기적으로 고용 감소를 초래할 수 있고, 더욱이 임금소득과 자영소득이 상계되어 전반적인 임금 및 자영소득 증가는 아마도 미미하다는 한계가 있다. 예컨대 최근 최저임금 인상의 임금 및 자영소득의 증가율은 크게 보아도 0.1%에 미치지 못할 것이다. 따라서 최근 최저임금의 단편적인 시행결과만으로 소득주도 성장이론의 성공 또는 실패를 평가하는 것은 너무 성급한 판단일 것이다.

그렇지만 최저임금 인상을 비롯한 소득주도 성장정책이 충분히 신중하고 정교한 설계를 통해서 효과적으로 수행되었다고 평가하기도 어렵다. 왜 정책 당국이 충분히 신중하고 정교하지 못했을까? 역설적이지만 이는 성장과 분배가 조화된다는 사실에서 비롯되는 것으로 보인다.

성장과 분배가 상충하지 않고 조화된다는 것은 얼핏 엄청난 축복처럼 보인다. 임금 상승이 생산성 증가를 통해 성장으로 이어지되, 노동절약적 기술진보와 수용적 거시정책으로 인플레이션이나 실업의 우려 없이 임금과 성장 사이에 누적적 선순환이 일어난다. 왜 이러한 축복이 동시에 정책 수행에서 어려움의 근원이 될 수도 있는가? 우리는 작은 변화에 대한 선형 추세를 유추하여 성장과 분배가 조화된다고 추정하였다. 이것이 큰 변화에도 그대로 적용할 수 있는지는 아무도 모른다. 그렇지만 우리는 그렇게 추정하는 경향이 있다.

성장과 분배가 상충되는 경우, 임금의 정책적 인상은 성장 부담을 고려하여 절제하게 된다. 그런데 이제 임금 상승이 성장에도 좋은 효과를 미친다면, 이러한 절제가 무력화되고, 우리는 모든 정책 수단을 총동원하여 임금 상승을 촉진해야 한다고 생각하게 된다. 여기서 무리가 생기게 된다. 가능한 부작용에 대한 감시와 조정이 소홀해진다. 예컨대 최저임금을 인상하면 단기적으로 고용 감소가 따르기 쉽다는 사실을 경시하게 만들고 그에 대한 보완조치도 소홀하게 된다. 성장과 분배가 상충한다고 간주한다면 우리는 이러한 성향에 좀 더 관심을 기울이고 정교하게 대응하였을 터이다.

최저임금과 임금 및 자영업 소득

노동자와 자영업자의 이해상충은 최근 소득주도 성장의 핵심적인 논쟁거리로 부상하였다. 며칠 전 심야 방송에서 노동자 측과 자영업자 측의 패널 논쟁을 지켜본 적이 있다. 방송사는 은연중 논쟁을 부추기고, 이에 화답하듯 각 패널은 상대측의 어떤 사실이나 의견 제시에 조금도 흔들리지 않는다. 자영업자 측이 최저임금 인상을 감당하기 어려운 사정임을 들어 차등적용을 주장하자, 노동자 측은 과밀한 자영업 진출, 가맹본부의 로열티, 임대료, 카드 수수료가 문제이지 최저임금의 문제는 아니라고 반박한다. 자영업자는 최저임금을 지급하기 어려운 사정을 호소하니, 더 크고 어려운 문제를 해결할 것을 요구한다고 반발한다. 국민 패널로 참여한 대학생들은 노동자 편을 들어준다. 사실 종종 아르바이트를 하는 대학생은, 적어도 자영업자는 물론 같은 노동자 중에서도 중고등학생이나 노년층에 비하여 최저임금의 수혜자에 해당하므로 중립적인 국민 패널이 아니다.

소득주도 성장이라는 한국적 명명법에서처럼, 우리는 임금소득뿐만 아니라 자영업자의 소득을 함께 올려야 한다. 그런데 최저임금의 영향이 주로 임시직·비정규직인 단순노동에 적용되고, 최저임금에 따른 소득의 이전이 이윤소득 → 임금소득이 아니라, 주로 자영소득 → 임금소득으로 이루어진다고 하자. 그러면 소득주도 성장의 전제 조건인 임금 및 자영소득의 증가는 상계되어 미미해진다.

자영업자의 대부분이 고용 없는 나 홀로 자영업자라서 별문제가 되지 않는다는 주장도 있다. 이 주장에는 문제가 두 가지 있다. 첫째, 측정오차의 문제이다. 사용자는 4대보험을 피하기 위하여 노동자는 실업수당 또는 장학금을 받으려고 노동거래를 숨길 수 있다. 둘째, 내생성의 문제이다. 무고용이 임금수준에 따라 선택되는 것이라면 최저임금의 인상이 나 홀로 자영업자의 고용과 성장 가능성을 차단할 수 있다.

정치적 합의나 행정적 편의를 제외하고, 정책적 측면에서는 최저임금에 미국, 일본이나 호주처럼 필요에 따라 규모별, 업종별, 지역별, 또는 연령별로 차등을 두지 않을 이유가 없다. 일반적으로 섬세하고 신축적인 규제가 뭉툭하고 획일적인 규제보다 낫다. 주차위반 벌금을 획일적으로 부과하는 것보다, 교통에 얼마나 방해가 되는가에 따라 차등을 두는 편이 나은 것과 같은 이치이다. 특히 소득주도 성장이 임금 및 자영소득의 증가를 정책 수단으로 삼는다면, 자영업에 대해서 차등을 두는 것은 소득주도 성장의 이치에 맞고 공정성의 기준에도 부합된다.

물론 획일적으로 최저임금을 정해야 할 경우도 있다. 정치적으로 한발 물러서면 모든 곳에서 물러나야 한다는 극한적인 이념 대립이 있는 경우이거나, 행정적으로 차등 규제를 집행할 능력이 결여되어 있는 경우이다. 그렇지만 정치적 이념 대립이라면 극복되어야 하고, 행정능력 문제라면 이제부터라도 배양해야 한다.

자영업에 대한 최저임금 차등 적용 문제는 이미 재론하기 어렵게 되었다. 최저임금에 대한 정부의 한시적 지원이나 임금 산입 범위의 확대도 재론하기 어렵지만, 소득주도 성장의 추진과정이 충분히 정교하지 못했다는 비판은 받을 만하다. 정부지원은 땜질처방이라는 비판을 들었다. 좀 더 미리 발표되고, 또 언제까지 지속되는지를 밝혔어야 했다. 임금 산입 범위 확대는 불확실성만 높여서 노사 간의 협상을 더욱 어렵게 만들었다. 최저임금의 인상 전에 발표했거나, 그렇지 않으면 최저임금의 계산에는 변경 전의 기준을 적용한다고 못 박아두는 편이 더 좋았다.

비슷하지만 해결되지 않은 문제가 하나 남아 있다. 주휴수당이 그것이다. 대법원의 유권해석에 따르면 최저임금법을 적용한 임금계산에는 주휴수당을 포함하되, 근로시간에는 휴일을 포함하지 않아야 한다. 사실 주휴수당을 별도로 주어야 한다면 사용자에게는 시간제 노동을 주당 15시간 미만으로 쪼개려는 유인이 생긴다. 근무처 이동시간과 직장 내 훈련을 이중으로 부담하게 되므로 노동자나 사용자 모두에게 바람직하지 않다. 대법원의 유권해석이 있음에도 주휴수당을 최저임금에 포함시키는 것이 꼭 필요하다면, 일부를 정부가 지원해 주는 것이 옳다. 하나의 출발점으로 주휴수당으로 추가되는 임금 20%를 사용자와 정부가 각각 10%씩 나누어 부담하는 것이 적절할 것이다.

소득주도 성장은 중요한 패러다임의 전환이다. 성장정책의 전환과정은 이념적 대립이나 투쟁일 수 있지만, 이를 성공시키는 것은 경제주체의 지속 가능한 협력과 조화이다. 소득주도 성장정책으로 최저임금 인상이 자영업자에게도 성공적으로 정착하려면 경제 전체에 어떤 협력과 조화가 일어나야 하는가? 조세의 전가 이론으로부터 유추할 수 있다. 최저임금 인상은 정부가 미숙련 노동의 거래에 세금을 부과하되, 그 세금을 모두 노동자에게 지급하는 것에 해당한다. 최저임금 인상으로 일자리가 줄어들게 되므로, 노동자는 아마도 더 열심히 일하여 임금 인상분의 일부를 증가된 생산성으로 흡수할 것이다. 흡수되지 않은 부분은 자영업자가 부담한다. 자영업자는 그중 일부를 소비자에게 전가하거나, 역으로 가맹본부나 임대업자, 카드회사에 전가할 것이다. 정부 정책은 이러한 협력의 과정이 원활하게 일어나도록 촉진하고 지원해야 한다. 선명성이나 분배의 대립적 측면만을 부각시키면 정치적 응집은 기대할 수 있지만, 경제활동보다 지대추구활동에 소중한 자원과 창의력을 낭비할 수 있다. 소득주도 성장처럼 분배과정에서의 직접개입을 강조하는 정책이 경계해야 할 함정이다. 정책의 선명성을 위하여 자영업자의 소리에 귀를 닫아서는 안 된다. 정책의 성공이 선명성보다 100배는 더 중요하기 때문이다.

2018.8.17. 작성

공정경제와
문재인 정부의 경제정책

20

———————————————— **강철규** 서울시립대학교 명예교수

한국경제가 활력을 찾기 위해서는 현재의 어려운 상황에 대한 진단
이 과학적이어야 한다. 과학적이어야 한다는 말은 이념적, 규범적이
기보다는 현실적이어야 한다는 뜻이다. 현재의 상황에 대해서 경제
가 구조적으로 조정기에 있으므로 어려운 것은 당연하다고 하는 구
조론자도 있고, 세계경제의 경기가 하강기에 있기 때문에 불가피하
게 우리 경제도 하강한다는 경기론자도 있다. 그런가 하면 야당에서
는 소득주도 성장을 내세운 정부정책이 잘못되어서 그렇다고 주장하
기도 한다. 과연 누구의 진단이 정확한가? 구조적인 데 원인이 있다
면 구조조정을 하는 것이 해결방안일 것이고 경기적인 데 원인이 있
다면 경기부양을 통하여 활기를 되찾게 할 수도 있다. 정책이 잘못되

었다면 정책을 바꾸어야 할 것이다. 과연 무엇이 진짜 원인인가?

지금 한국경제는 크게 보아 세 가지 문제점을 안고 있다. 첫째는 성장 면에서 잠재성장률이 지속적으로 하락하고 있는 점, 둘째는 분배 면에서 급속한 양극화가 OECD 국가 중에서 가장 빠른 속도로 진행되고 있는 점, 셋째는 산업구조 면에서 그동안의 따라잡기 시대에서 자생적 혁신 시대로 성장 패러다임이 바뀌어야 하는 시기에 들어섰다는 점이다. 이 세 가지 문제점이 복합적으로 구조와 경기에 반영되어 한꺼번에 나타나고 있는 것이 한국경제의 현실이라고 하겠다.

이러한 상황에 대응하는 정책은 잘하고 있는가? 위에서 지적한 세 가지 문제점은 서로 깊이 연관되어 있어서 이를 해결하려면 종합적인 정책 프로그램이 필요하다. 단편적으로 문제를 풀려고 하면 의도한 성과에 비해 의도하지 않은 부작용이 더 큰 실수를 저지를 수 있다.

지금 당면한 한국경제의 문제를 해결하여 다시 활력을 되찾으려면 어떻게 해야 할 것인가? 시장경제하에서 어떠한 정책을 어떻게 구사하는 것이 성공으로 가는 길인지 아래에서 살펴보고자 한다.

목표가 무엇인가[1]

모든 경제정책은 역사 발전에 기여하는 것이어야 한다. 역사 발전이란 인류가 지향하는 가치의 실현이다. 필자가 생각하는 인류 공통의 가치는 생명 존중, 자유 확대, 신뢰 구축이다. 경제성장이나 민주주

---

1 이하 내용은 '한국경제의 현주소와 소득주도 성장 세미나'(2018.10.17.) 기조 강연 내용을 일부 수정한 것이다.

의 등 다른 가치들도 중요하나 위 생명, 자유, 신뢰라는 기본적 가치 실현에 기여할 때 의미가 있는 것이므로 보완적 가치이다.[2] 이들 기본가치를 실현하는지 여부로 정책의 옳고 그름을 평가할 수 있다.

생명의 존속과 번영을 의미하는 생명 존중은 개인의 천부적 기본권을 존중하고 잠재력을 육성 발휘시켜 인간다운 삶을 살게 하는 것이다. 자유 확대[3]란 사회구성원 개개인의 자유를 보장하는 것, 즉 각자가 하고 싶은 것 그리고 되고자 하는 것을 방해받지 않고 할 수 있는 것을 말한다. 이를 위해 정치적·경제적·사회적 제약을 최소화해야 한다. 정치적 자유는 법치와 선거를 통해, 경제적 자유는 부의 증가를 통해 실현될 수 있다. 사회적 자유는 사회안전망을 설치함으로써 확장시킬 수 있다. 또한 우리는 공동체 사회에서 살고 있기 때문에 상호 신뢰하는 사회를 목표로 그 기반을 만들어가야 한다. 높은 신뢰를 쌓는 것이 진보이고 신뢰가 붕괴되거나 사라지는 것이 퇴보라 할 수 있다.

모든 정책은 사회 진보 혹은 역사 발전에 기여하는가 여부에 따라 평가되어야 한다. 경제성장이라 해도 노예노동에 따른 것이라면 역사 발전에 반反한다. 신분사회에서 양반은 일하지 않고 하층민만이 일해 얻은 성장도 역시 문제이다. 같은 논리로 양극화 심화 속에서 이루어지는 성장도 사회구성원의 자유 확대, 생명 존중, 신뢰 구축 등의 가치실현 면에서 바람직하지 않고 지속 가능하지도 않다.

---

2   더 자세한 내용은 강철규, 『강한 나라는 어떻게 만들어지는가』(사회평론, 2016) 참조.

3   노벨 경제학상을 받은 아마티아 센A. Sen은 그의 저서 『자유로서의 발전 Development as Freedom』에서 자유의 확대가 발전이라고 보고 있다.

현재 정부가 추진하고 있는 소득주도 성장, 혁신경제, 공정경제도 같은 맥락에서, 즉 발전의 관점에서 평가되어야 한다. 생명 존중, 자유 확대, 신뢰 구축이라는 가치의 실현에 구체적으로 기여하면 옳은 정책이라고 보아야 하며, 이에 반하면 버려야 하는 정책이라고 할 수 있다.

역사적으로 보면 포용적 경제제도를 기반으로 성장할 때 지속 가능한 대번영이 이루어져 왔다. 포용적 경제제도inclusive economic institutions는 확고한 사유재산제도, 공평무사한 법 체제(기득권자를 위한 법체제가 아니라), 계약과 교환이 자유로운, 즉 타자위해他者危害가 없고 진입장벽이 없는 공평한 경쟁환경(반독점)에서 나온다.[4] 이러한 포용적 제도는 개인의 직업선택의 자유와 창업의 자유를 보장한다. 그러므로 어떠한 정책도 포용적 경제제도라는 목표에 기여하지 않고 그 반대로 착취적 경제제도에 기여하면 올바른 정책이라 할 수 없을 것이다.

수단은 적절한가

소득주도 성장, 혁신경제, 공정경제를 위해 추진되는 정책 수단들은 적절한가? 추구하는 목표가 올바르다 해도 정책을 실현하는 것은 또 다른 문제이다. 경제정책은 목표 부합성과 더불어 현실성이 있어야 하고 앞서 언급한 세 가지 한국경제의 당면 문제점들을 해결할 수 있어야 한다. 어떠한 정책을 구사하든 양극화를 해소해야 하고 밑으로

---

4 Daron Acemoglu & James A. Robinson, *Why Nations Fail: The Origins of Power, Prosperity, and Poverty*(Random House Inc,, 2012)[대런 애쓰모글루·제임스 A. 로빈슨, 『국가는 왜 실패하는가』, 최완규 옮김(시공사, 2012)].

부터 중소기업과 벤처기업의 창업이 활발히 일어나 미래산업으로 혁신이 이루어져 고용이 늘고 성장잠재력이 커져야 한다. 모든 정책은 이러한 문제들을 해결하는 데 기여해야 한다.

경제정책을 실현하는 데에서 현실에 적합한 방안이란 무엇인가? 소득주도 성장, 혁신경제, 공정경제 등 세 가지는 상호 보완적이다. 어느 것을 선택하고 말고 할 일이 아니다. 이를 시행하기 위해 선택한 구체적 수단들은 현실적인가 비현실적인가, 성과가 빈약하거나 부작용이 있을 경우 대안은 무엇인가 등에 대한 준비가 되어 있어야 한다.

예를 들면 최저임금의 급격한 상승은 실제로 대기업 및 중견기업에는 영향이 적은 반면 영세한 중소기업, 자영업 등에는 직접 해고라는 뼈아픈 영향을 미치고 있다. 이는 양극화 문제 해소에 역행할 수 있고 일자리를 감소시킬 수 있다. 그러므로 현실성 면에서 충분한 검토와 부작용에 대한 보완책을 마련하면서 실행에 옮겨야 한다. 나아가서 소득주도 성장을 위한 다양한 정책 수단을 모아 그 우선순위와 경중을 논의하고 그 핵심적 정책이 무엇인지 밝히면서 단계적으로 시행되어야 한다.

그렇게 해서 선택된 수단들은 제도개혁으로 마무리되어야 한다. 제도개혁 없이 행정조치나 일시적 지침으로 끝나게 되면 효과를 나타내기 어렵고 정권이 바뀌면 쉽게 폐기될 수도 있다.

정책 수단을 선택할 경우 정부가 할 수 있는 일과 할 수 없는 일을 구분하는 것이 중요하다. 정부는 시장경제가 잘 돌아가게 하는 일을 해야 하지 시장을 지배하고 관리하려 하면 안 될 것이다. 그렇게 할 수도 없다. 이와 관련하여 '시장경제'에 맡기면 되는 것을 국가주의

처럼 정부가 다 나서서 하려고 하느냐라는 비판도 있다. 여기서 논쟁의 대상이 되는 시장경제는 정부개입과 관련하여 어떤 시장경제를 말하는가?

어떤 시장경제?
: 시장중심주의, 능력주의, 복지주의, 시정주의

오늘날 지구상의 거의 모든 국가는 시장경제를 지향하고 있다. 그러나 시장경제는 한 가지가 아니다. 정부개입 정도에 따라 네 가지 시장경제로 분류할 수 있다.

첫째는 시장경제의 틀을 유지하기 위한 기본 제도를 제외한 모든 것을 시장에 맡기자는 시장중심주의 혹은 시장근본주의, 둘째는 시장은 능력과 노력에 대한 보상이 기본이므로 이에 따르지 않고 투기와 범죄를 자행하는 경우에는 국가가 개입하자는 능력주의, 셋째는 시장경쟁에서 실패한 사람과 노약자, 장애자 등 사회적 약자를 지원하는 것이 사회 전체에 이익이라는 복지주의, 넷째는 인종, 성별, 장애, 빈부 등 초기부터 불평등한 구조적 요소를 그대로 두고 자유경쟁하는 것은 불공정하므로 가능한 한 정부가 개입하여 초기조건을 비슷하게 하자는 시정주의 시장경제가 그것이다. 이들은 정부개입 정도의 차이만 있을 뿐 모두 시장경제를 전제로 한다.

그러면 우리가 말하는 시장에 맡기자 할 때의 시장은 이 중 무엇인가? 자유방임적 시장중심주의를 고집하는 나라는 이미 지구상에 거의 없다. 적어도 두 번째 투기와 반칙을 정부가 규제하는 능력주의는 모든 나라가 받아들이고 있다. 나아가서 시정주의와 복지주의도 정도의 차이는 있으나 대부분의 나라가 받아들이고 있다. 우리와 같이 불공정이 만연되어 소득양극화가 구조화되고 있는 경제에서는 시정주의가 중시되는 것은 당연하다. 사회안전망을 구축하기 위한 복지주의와 더불어 시정주의적 개입이 없으면 포용적 경제제도가 정착하기 어렵기 때문이다.

공정경제는 집짓기의 토대이며 필수

한국경제의 문제를 풀고 장기 발전을 가능하게 하려면 가장 먼저 해야 하는 것이 공정경제 기반을 튼튼히 하는 것이다. 공정경제의 토양 위에서 소득도 늘고 일자리도 늘고 혁신기업들의 창업도 늘어날 수 있기 때문이다. 공정경제에 기반을 두지 않고서는 어떠한 정책도 효과를 낼 수 없을 만큼 기본적이고 필수적인 것이다.

점점 심화되고 있는 소득과 부의 양극화 문제를 푸는 데서도 공정경제가 기본이다. 중하위층 소득을 상승시켜야 건실하게 전체 성장률을 높일 수 있는데 이것은 무엇보다도 소득이 기여도에 따라 공정하게 배분되는 원칙부터 정착되어야 가능하다. 즉, 일한 만큼 대접받아야 한다. 그런데 현재 우리나라의 소득 흐름을 보면 그 반대로 소득역류현상이 고착되고 있다. 한국노동연구원 자료에 따르면, 2015년에 우리나라 상위 10%가 전체 소득 중 48.5%(2000년에는 36.4%)로 거의 절반을 가져간다.[5] 이같이 소득이 소수의 부자에게로 흘러들어 가는 역류 파이프가 견고하게 자리 잡고 있다. 그중 하나는 불공정 재벌

─────

5 노동연구원, 「2015년까지 소득집중도」(2018) 참조. 여기서 소득은 근로소득, 사업소득, 금융소득의 합계이다.

집단으로, 다른 하나는 부동산 부자에게로 부가 집중되는 것이다. 예컨대 시장지배적 기업들이 제품단가인하, 기술탈취, 거래배제, 불리한 하도급거래 등으로 중소기업과 소비자로부터 소득을 흡수해 가고, 나아가 순환출자, 편법상속, 일감 몰아주기 등 문어발식 확장을 통해 시장을 재벌중심으로 구조화하여 소득분배를 더욱 불공정하게 한다. 이같이 독점재벌과 중소기업, 소상공인, 영세자영업자 간은 물론 내수기업과 수출기업 간, 수도권과 지방 간, 그리고 비정규직과 정규직 간, 부동산 보유자와 비보유자 간에도 소득 역류가 발생하고 있다. 시장의 독점과 권력의 독점이 유착하여 이러한 구조가 좀처럼 풀리지 않고 있다. 유감스럽게도 애쓰모글루D. Acemoglu 등이 말하는 착취적 경제제도가 견고해지고 있는 것이다.

소득 역류 현상을 바로잡지 않고서는 가계부채가 늘고 소비가 위축되며 중소기업이 몰락하는 등 한국경제의 성장잠재력이 추락하는 사태를 막을 수 없다. 이는 장기발전을 어둡게 한다. 이를 시정하기 위해서는 공정경제가 먼저 실현되어야 한다. 공정경제의 기반 위에서 소득상승과 일자리 창출 그리고 새로운 혁신이 이루어질 수 있고 이를 통해 소득 역류 현상이 완화될 수 있기 때문이다.

공정경제는 여러 바퀴 중 하나가 아니라 경제운영의 기반이 되는 토대이다. 그 토대 위에 집을 짓는다고 생각하면 된다. 집을 지을 때 먼저 터를 닦고 기반을 튼튼히 한 다음 그 위에 기둥들을 세우며 서까래를 걸치고 지붕을 만들어가는 순서에 따른다. 이 순서를 무시하고 지붕만 고치거나 토대를 튼튼히 하지 않은 채 기둥을 세우려 하면 집은 곧 쓰러지게 된다. 공정경제 실현은 세 바퀴 중 하나가 아니라 바로 이러한 토대를 구축하는 필수 과정이다.

어떻게 하면 진입장벽과 불공정거래를 제거하는 공정경제가 가능해질까? 개혁이 필요하다. 개혁이라 함은 포용적 성장을 위한 제도개혁을 의미한다. 시장경제의 공정경쟁과 관련하여 일반적으로 받아들일 수 있는 중요한 기준은 기회균등의 실현, 절차의 정당성 보장, 기여도에 따른 보상이라고 할 것이다. 이러한 원칙에 맞게 이미 설치되어 있는 진입장벽과 구조화된 불공정부터 바로잡아 나가야 한다. 이것은 제도개혁을 통하여 이루어져야 한다.

앞에서 본 바와 같이 애쓰모글루 등은 경제제도가 포용적으로 작동하려면 "사유재산이 확고히 보장되고, 법체제가 공평무사하게 시행되며, 누구나 교환 및 계약이 가능한 공평한 경쟁환경을 보장하는 공공서비스를 제공하는 것"이라고 하였다. 자유롭고 공정한 경쟁환경에서 가능하다는 것이다. 공정경제는 포용적 성장을 위한 기반이다. 이 기반이 허약하거나 무너지면 양극화 해소와 혁신경제로의 전환은 물론 잠재성장률의 개선을 기약할 수 없다.

소비 진작은 중하위층 소득증가가 관건

소비자 후생을 증가시키는 소비증가율이 급속히 저하되고 있다. 소비증가율의 하락은 잠재성장률 하락의 주원인 중 하나다. 우리나라의 소비증가율은 1998년 외환위기 전 6~8%에서, 위기 후에 2010년까지 3~4%, 현재 2%대로 하락하고 있다. 양극화에 따라 소득 주머니가 얇아진 다수의 서민이 주거비와 아동 교육비 및 의료비 부담으로 늘어난 부채에 시달리며 지갑을 닫고 소비를 억제하고 있기 때문이다.

소비증가가 투자증가로 선순환하여 성장을 지속시켜야 한다는 명제와 관련하여 중하위층 소득 상승이 매우 중요하다는 「IMF 보고서」[6]를 눈여겨볼 필요가 있다.

이 보고서의 중요 메시지는 소득분배가 성장에 중요하며 소득분배 악화는 지속성장에 부정적 영향을 끼친다는 것이다. 상위 20%의 소득이 1%포인트 증가하면 GDP가 0.08%포인트 낮아진다. 상위 20% 몫이 증가하면 GDP 성장은 중기적으로 감소한다는 것이다. 이는 낙수 효과가 없음을 의미한다. 반면 하위 20%의 소득이 1%포인트 증가하면 GDP가 0.38% 증가하고 그다음 20%와 세 번째 20%도 마찬가지로 성장률 상승효과가 각각 0.33%, 0.27%씩으로 나타났다. 중하위층 소득증가가 이루어질수록 전체 성장률 상승에 기여한다는 것을 실증분석을 통해 보여주고 있다. 중산층과 빈곤층의 소득증가가 성장에 매우 중요함을 강조하는 것이다. 저소득층의 소득상승은 건강과 교육에 좋은 영향을 끼쳐 노동생산성을 높이고, 사회적 이동성social mobility도 높여서 총수요를 증가시킨다. 따라서 정책 당국은 소득분배가 중요함을 인식하고 중하위층 소득의 상승에 관심을

---

6   Era Dabla-Norris, Kalpana Kochhar, Nujin Suphaphiphat, Frantisek Ricka, Evridiki Tsounta, "[IMFIMFSTAFF DISCUSSionNote] Causes and Consequences of Income Inequality: A Global Perspective"(June 2015). 이 보고서는 빈곤층과 중산층에 초점을 맞춘 정책들은 불평등을 완화한다고 주장한다. 정책 수단들과 관련하여 교육과 건강 케어 그리고 목표가 잘 설정된 사회정책들에 접근하기가 더 용이하도록 하고, 빈곤층에 불리하지 않은 노동시장제도를 만드는 것이 중산층과 빈곤층의 소득 비중을 높이는 데 도움이 된다고 하였다. 선진국은 인적자원과 기술향상을 위한 개혁과 누진적 조세제도에 중점을 두고 신흥개도국들EMDCs은 더 많은 금융포용 정책을 수반해야(금융심화 문제해결) 한다고 제안하고 있다.

가져야 한다.

그러면 중하위층 소득증가를 가져올 수 있는 방법은 무엇인가? 현 정부가 추진하고 있는 소득주도 성장의 몇 가지 정책은 극히 일부분에 지나지 않는다. 보다 포괄적이고 종합적 대책이 필요하다. 대공황 시 미국의 뉴딜정책에서 보듯이 포괄적 노동개혁이 요구되며 종합적인 사회안전망을 확대, 구축하는 대책이 필요하다. 여기에 더해 교육과 의료개혁도 필요하다. 아울러 부동산 투기를 근절시켜 투기로 돈 버는 구조를 개혁해야 한다. 그래야 집값을 안정시키고 가계부채를 줄일 수 있기 때문이다. 이러한 정책들이 종합적으로 검토되고 패키지로 실행되어야 성공을 할 수 있다. 즉 포용적 성장을 위한 제도개혁 프로그램이 필요한 것이다.

자생적 혁신을 위한 기업가적 자본주의 토대 마련

펠프스Phelps는 "대번영은 기술도입과 모방을 넘어서 자생적 혁신 혹은 풀뿌리 혁신grassroots innovation이 일어나야 가능하다"고 하였다. 지난 200년간 자생적 혁신국은 영국, 미국, 독일 등뿐이며 선진국 중에도 이탈리아, 스페인, 일본 등은 모두 도입과 모방국이라 하였다.[7]

생산성과 국제경쟁력 면에서 어려움을 겪고 있는 우리 경제는 그 동안의 기술도입과 모방의 따라잡기 시대를 넘어서 자생적 혁신

---

7 Edmund Phelps, *Mass Flourishing: How Grassroots Innovation created jobs, Challenge, and Change*(Princeton University Press, 2013)[에드먼드 펠프스, 『대번영의 조건: 모두에게 좋은 자본주의란 무엇인가』, 이창근·홍다운 옮김(열린책들, 2016)].

grassroots innovation 시대로 전환해야 새로운 도약이 가능하다. 전통산업 쇠퇴 내지 정체, 중산층 몰락, 소비문화 등을 극복하면서 다시 번영을 이루기 위해서는 새로운 혁신이 일어나도록 사회구성원들의 도전, 탐구, 모험, 열정을 가져오는 역동성과 다양성의 확산이 필요하다. 이는 시장 진입과 퇴출의 자유를 포함한 모든 경제활동의 자유가 보장되고, 예술·문화·교육 면에서 창의적 활동이 보장될 때 가능하다. 창의적 아이디어를 가지고 있는 사람들의 역동적 활동과 중소 벤처기업의 활발한 창업이라는 상향식 혁신이 필요하다. 모든 사람의 개성과 잠재력이 유감없이 발휘되는 이러한 환경은 어떠한 자본주의에서 가능할까?

보몰Baumol, 라이턴Litan 등이 저술한 『좋은 자본주의, 나쁜 자본주의』[8]는 현존 자본주의를 네 종류로 나누어 설명하고 있다. 네 가지 자본주의란 정부지도 자본주의, 과두지배 자본주의, 대기업 자본주의, 기업가적 자본주의이다. 이 중 기업가적 자본주의를 주목해야 한다. 대기업 자본주의big-firm capitalism는 대부분의 중요한 경제활동을 기존의 거대기업이 수행하는 경우로, 오늘날 유럽과 일본이 전형적이라고 하였다. 한국경제는 대기업 자본주의와 과두지배 자본주의의 성격을 가지고 있다. 우리가 주목해야 할 기업가 자본주의entrepreneurial capitalism는 시장에서 중요한 역할을 소규모의 혁신적 기업

---

8   William J. Baumol, Robert E. Litan and J. Schramm, *Good Capitalism, Bad Capitalism and the Economics of Growth and Prosperity*(Yale Univ Pr, 2007)[윌리엄 보몰·로버트 E. 라이턴·칼 J. 쉬램, 『좋은 자본주의 나쁜 자본주의: 성장과 번영의 경제학』, 이규억 옮김(시그마프레스, 2008)].

이 연출하는 경우로, 미국과 같은 나라에서 대표적으로 나타난다.

우리에게 필요한 것은 신규기업이 계속 출현하는 기업가적 자본주의가 될 수 있느냐 여부이다. 미국은 10년 내 10대기업이 계속 바뀐다. 유럽과 일본은 그렇지 않다. 우리도 그렇지 못하다. 저자들은 창업기업 중 10%만 혁신적 신규기업으로 성장하게 되면 기업가적 자본주의에 속할 수 있다고 주장한다. 우리 경제가 자생적 혁신시대로 도약하려면 기업가적 자본주의를 지향해야 할 것이다.

지금 세계의 앞선 경제들은 4차 산업혁명으로 변화하고 있다. 우리도 이 대열에 동참해야 한다. ICBMIoT, Clouding & Computing, Big-Data, Mobile 기술들이 서로 융합하여 새로운 경제지형을 만들어가는 혁명이다. 소비자의 필요를 알아차려 더 좋고 더 빠른 서비스를 제공하기 위한 융합기술이 바로 새로운 4차 산업혁명의 키워드이다. 이러한 혁신은 그간의 제조업이나 서비스업의 부가가치 생산방식을 소품종 대량생산에서 다품종 소량 혹은 대량생산으로 광범위하게 변화시키고 있다. 대기업뿐만 아니라 혁신적 중소기업과 벤처기업들이 담당할 몫이다. 한국경제가 이 부문을 확장하고 따라가지 않고는 자생적 선진경제로 나아간다고 말하기 어렵다.

기업가적 혁신경제는 슘페터의 말대로 '창조적 파괴'가 지속적으로 일어나야 가능하다. 과두지배이든 대기업지배이든 정체되어 있으면 지속발전을 기대하기 어렵다. 이러한 창조적 파괴는 어떠한 환경에서 이루어질 수 있을까. 앞에서 언급한 바와 같이 포용적 경제제도에서 가능하고, 착취적 경제제도에서는 불가능하다. 소득 역류 현상이 일어나는 빨대구조 속에서는 불가능하다. 대기업은 대기업대로 기술혁신에 역할을 하면서 신규기업들의 창업이 자유롭게 지속적으로 일어나야 하는데, 이익이 남지 않는 착취적 경제구조에서는 그것이 불가능하다. 이것을 바로잡는 것은 공정경제이다. 그러한 공정경제 기반 위에서 상향식 혁신을 가져오는 기업가적 자본주의가 싹트게 된다. 따라서 공정경제는 혁신경제로 나아가는 기본적 토대가 된다고 하겠다.

기업가적 자본주의로 가기 위해서 기업가적 전문경영인이 많이 양성되어야 한다. 창의적 인재들이 역동적으로 움직이게 하는 데는 지적소유권 보호와 보상이 철저하게 이루어지도록 제도보완이 필요하다. 창의력 발휘를 하기 위해서는 '맥락 끊기(창의력)' 교육을 중시하는 교육개혁도 필요하다. 따라잡기 시대라 할 수 있는 개발연대에는 주어진 일을 잘 수행하는 훈련된 산업일꾼을 양성하면 되었지만, 자생적 혁신시대에는 창의력을 발휘할 수 있는 다양한 인재가 많이 등장해야 한다. 학교교육도 중고등학교에서부터 선택과목제를 도입하여 각자가 잘하는 분야에 특화할 수 있는 장을 마련해 주어야 한다. 대학입시도 대학별·학과별 자율성을 보장하는 자율화가 필요하다. 자생적 혁신시대로 가기 위해서는 이에 맞는 규제 개혁이 꼭 필요하다. 개발연대형 기득권 수호를 위한 규제들은 과감하게 혁파되어야 한다. 그러나 규제 개혁은 규제 완화만을 의미하지 않는다. 4차산업혁명과 관련된 새로운 혁신은 새로운 독과점을 만들 수 있기 때문에 이에 대응하는 규제 개혁도 포함된다.

과거 따라잡기 시대를 리드해 왔던 재벌체제는 혁신시대에 해가 될 수도 있다. 재벌집단이 기득권을 보호하기 위해 경제권력을 휘두

르게 되면 창조적 파괴가 이루어질 수 없기 때문이다. 배타적 폐쇄집단이 아니라 열려 있는 독립경영체제로 경쟁을 해야 그나마 다양한 분야에서 자생적 기술혁신기업이 등장할 수 있다.

마지막으로 혁신경제를 위해 정부는 기초부문에 대한 연구개발 투자를 늘리고 인공지능 등을 활용한 소비자의 니즈 발견과 이를 소비진작에 연결하도록 하는 총수요창출정책이 필요하다. 또한 혁신기업들이 활동할 수 있는 공정경제 기반을 다져서 모험투자를 촉진해야 한다. 이를 통해 자생적 혁신이 밑으로부터 일어나면 자유 확대와 생명 존중이라는 역사 발전에 기여하게 된다.

맺음말

한국경제가 세 가지 문제점을 해결하고 성공하려면 올바른 목표와 적합한 수단을 갖춘 잘 짠 프로그램으로 접근해야 한다. 플레이 그라운드는 기업과 소비자가 활동하는 시장이고, 정부는 시장이 잘 돌아가도록 규칙을 정하고 반칙을 규제하는 역할을 하는 것이다. 다만 현재 시장이 왜곡되어 있고 불공정 플레이가 만연되어 있기 때문에 이를 바로잡는 일을 반드시 수행해야 한다. 이 점에서 공정경제가 매우 중요하나 기득권과 대립되기 때문에 그 정착이 쉽지 않다. 보다 종합적이고 세련된 행정능력이 필요한 이유이다. 오염된 경기장을 그대로 두고 반칙을 그대로 인정하면서 그 위에 소득주도 혁신경제라는 신도시를 건설하려는 것은 어리석은 일일지 모른다.

2018. 12. 12. 작성(2020. 4. 수정하여 실음)

성장전략의 전환과 맞지 않는 '보수적 재정기조'

— **정세은** 충남대학교 경제학과 교수

양극화로 성장동력을 상실한 경제를 물려받은 문재인 정부

외환위기 이후 나타난 양극화 문제는 저성장의 주요 원인이었다. 양극화 현상은 여러 모습으로 나타났는데 그중 하나가 내수와 수출의 양극화였다. 외환위기 이후 10년간 수출증가율은 이전과 비슷한 반면 소비증가율은 크게 하락했는데, 이명박 정부에 들어서는 소비증가율이 더욱 하락하는 양극화 심화현상이 발생했다. 그리고 박근혜 정부하에서는 수출증가율마저 하락하여 내수와 수출의 동반 부진 현상이 나타나게 되었다. 중국과의 무역마찰은 어쩔 수 없다 하더라도 인건비 절감, 단기수익성 추구, 투기조장으로는 경쟁력을 높일 수 없다는 것이 분명해진 것이다.

2017년 5월 집권한 문재인 정부가 물려받은 한국경제는 양극화로 성장동력까지 상실한 상태였던 것이다. 현 정부는 근본적인 시스템 전환이 필요함을 인식하고 소득주도-공정경제-혁신경제라는 전략을 내걸었다. 내수를 수출만큼 중요한 성장동력으로 세우고 저임금이 아닌 공정한 시장에서의 기술과 숙련, 창의력에 기대는 기업경영을 유도하기 위한 기조 전환이다. 2017년 첫해는 인수위 과정도 없이 임기를 시작해야 했기 때문에 제대로 정책을 추진할 여력이 없었으며 2018년이 되어서야 본격적으로 정책 전환이 이루어지기 시작했다.

성과가 있었으나 기대에 못 미치는 수준

2018년의 경제성과를 어떻게 판단해야 할 것인가? 경제성장률만을 놓고 본다면, 과거 10년간의 연간 평균 경제성장률이 3.05%였던 데 비해 소폭 하락한 2.7%를 기록했으나 미국의 보호무역주의 강화, 세계 경기 부진, 생산가능인구 감소 등을 고려하면 그리 나쁘지 않은 결과라고 판단된다. 반도체 수출이 예상보다 호조였던 것이 큰 도움이 된 것이 사실이지만 민간 소비와 정부 소비의 기여도가 증가한 것도 눈여겨볼 만하다. 현 정부 들어서 소득증대를 통해 소비를 활성화하고자 노력한 것이 소폭이지만 효과를 발휘한 것으로 보인다.

고용도 고용률이나 고용구조 변화 측면에서는 이전보다 악화된 것은 아니다. 2018년에 들어 취업자 수 증가폭의 큰 감소가 있었던 것은 사실이지만 고용률은 유지되고 있다. 또한 직무별로는 숙련도가 높은 직군에서 취업자 수가 증가하고 미숙련 직군에서 감소했으

표 21-1. 지출항목별 성장기여도

(전년 동기 대비 %포인트)

	1990~1997	1999~2007	2008~2012	2013~2016	2017	2018	2019.1.
성장률(%)	8.2	6.1	3.2	3.0	3.1	2.7	1.8
민간 소비	4.0	2.9	1.1	1.1	1.3	1.4	1.0
정부 소비	0.6	0.6	0.6	0.6	0.5	0.9	0.9
투자	3.5	2.3	0.4	1.3	3.0	-0.6	-2.5
수출	3.4	4.2	3.8	1.2	0.8	1.8	0.1
수입	3.4	3.9	2.6	1.1	2.5	0.6	-2.2

며, 종사상 지위별로는 상용임금노동자가 크게 증가하고 임시직 및 일용직 노동자와 자영업자가 감소하는 등 고용의 질도 개선되고 있다. 산업별로 보면 복지 부문 일자리의 확대로 그동안 고용률이 낮았던 여성 노동자들의 고용률이 올라간 것도 긍정적인 변화이다. 임금의 상승과 고용구조의 개선, 그로 인한 저임금노동자 비중의 감소가 민간 소비 확대를 이끌었을 것이다.

그렇다고 해도 이러한 결과가 만족스럽다고 하기는 어렵다. 무엇보다 고용률 자체가 선진국에 비해서 원래 낮은 수준이었기 때문에 고용률을 유지한 것이 만족할 만한 성과는 아니다. 취업자 수 증가폭이 감소한 것은 사실이며, 고용률이 유지된 것은 15세 이상 인구의 증가폭 자체가 줄어든 데 기인한다. 낮은 고용률이 그대로 유지되는 것은 유휴인력을 노동시장으로 끌어들일 좋은 일자리가 충분히 만들어지지 않기 때문일 것이다. 노동시장 세부적으로는, 외환위기 이후 시작된 청년실업 문제가 지속되고 있고 여성의 고용률은 올라가지만 남성의 고용률은 하락하고 있다.

저고용 상태의 지속 외에 또 다른 문제는 하위 1분위의 소득 상태는 개선되지 않고 있다는 점이다. 2018년 가계동향조사에서 나타난 1분위 가구의 소득 감소 현상은 엄중히 받아들여야 할 문제이다. 제조업 구조조정, 고령인구 증가 등 복합적인 요소가 작용했을 것인데 이를 보완할 정부의 정책이 부족했다. 복지가 증가하긴 했으나 더욱 적극적이어야 했다. 한편 저출산 추세가 반등의 기미를 보이기는커녕 더욱 악화되는 모습을 보인 것도 유감이다.

성장전략 전환과 맞지 않는 '보수적 재정정책' 기조

고용에서의 성과가 기대에 못 미친 것은 소득주도 성장과 같이 추진되는 공정과 혁신경제 과제들이 속도감 있게 추진되지 못하고 있기 때문일 것이다. 기득권 집단의 통제, 구조조정 과정의 피해계층 설득과 타협은 정치적으로 쉽지 않은 문제이며, 개념설계 역량의 축적, 혁신적 생태계 조성, 노동자들의 재훈련과 재배치도 단시간에 가시적 성과를 내기 어려운 과제이다. 이러한 과제가 성공적으로 실행되어야만 괜찮은 민간 일자리가 만들어질 것이지만 무리하게 밀어붙이면 오히려 부작용이 발생할 수 있다. 양적으로 밀어붙이는 스마트공장화 사업에 대해 벌써 부작용이 거론되고 있고 창업을 위해 대거 조성되는 펀드도 방만 투자가 우려되고 있다. 사실 이 과제들에 관해 예산 규모가 부족한 것이 문제라고 하기는 어렵다. 다른 OECD 국가들과 비교해 보면 기업과 산업을 지원하는 예산은 많은 편이며 정책자금도 적지 않다. 따라서 시장 제도 개혁과 함께 예산 집행 내용과 방식을 어떻게 개혁할 것인가가 중요할 것이다.

민간부문에서의 좋은 일자리가 만들어지는 속도가 느릴 수밖에 없는 상황에서 정부는 재정을 확대하여 정부가 할 수 있는 일을 조금 더 적극적으로 했어야 했다. 첫째, 구조조정이 진행되는 과정에서는 적극적 및 소극적 노동시장 정책이 중요하다. 정부는 고용보험 확대와 실업부조 도입을 약속했고 추진 중이지만 상황이 긴급하고 엄중한 것에 비해 진행 속도는 느리다. 둘째, 공약으로도 제시한 바 있는 공공부문 일자리, 복지부문 일자리 확충이 기대에 못 미치고 있다. 집권 직후 발표한 100대 국정과제에서는 국민의 안전·복지 담당 공무원 17.4만 명 추가 채용, 사회서비스 일자리 17만 개 확충 계획을 발표했으나 실적은 미미하다. 셋째, 소득주도 성장 달성을 위해 무엇보다 중요한 복지확대가 기대에 못 미치고 있다. 다른 OECD 국가들에 비해 GDP 대비 10%포인트 정도 부족한 복지는 대폭 확대되어야 소득주도 성장의 성과가 제대로 발휘될 수 있을 것이다. 일부에서는 현재의 복지프로그램을 그대로 유지만 해도 고령화가 진행되어 조만간 복지지출 수준이 선진국 평균(GDP 대비 규모 기준)에 도달한다고 주장하면서 복지 확대에 반대하는데, 그러한 미래야말로 우리가 피해야 할 미래이다. 지금의 복지수준은 우리나라의 노인 빈곤율과 자살률을 OECD 최고로 만들고 출산율을 최저로 만든 주범이다. 복지 확대 없이 현재의 위기를 극복할 수 없다.

한마디로 재정정책이 소득주도－공정혁신경제로의 전환을 뒷받침할 만큼 적극적이었다고 말하기 어렵다. 정부의 재정정책이 그러지 못했던 것은 '적극적 증세 없이, 국가채무를 늘리지 않으면서' 패러다임 전환을 이루겠다는 암묵적 재정기조 때문이다. 이러한 원칙을 지키려면 자연적으로 세수가 느는 한도 내에서, 다른 지출을 줄여 그 정도로만 복지를 확대하는 수밖에 없을 것이기 때문이다. 정부가 이러한 기조를 공식적으로 발표한 바는 없지만 그동안의 재정정책을 통해 추측 가능하다. 2017년 7월 정부가 '100대 국정과제'를 발표했을 때 일자리 및 복지확대를 위한 예산으로 2018~2022년의 5년 동안 총 119.7조 원을, 이 외에 균형발전, 국방, 기타 등을 포함하여 총 178조 원을 지출할 것으로 제시했으나 재원 마련 계획을 보면 자연 세수증가가 60.5조 원, 세출절감이 95.4조 원이었다.

2018년 예산을 통해 드러난 재정정책의 기조도 비슷했다. 증세가 없는 상황에서 지출을 수입 내에서 관리함으로써 국가채무 규모를 일정수준에서 유지하겠다고 제시했기 때문이다. 더구나 2018년에는 정부가 세수를 과소추계하는 바람에 따라 균형재정도 아닌 긴축 재정정책이 실시되었으며 야심차게 출발한 재정개혁특별위원회도 별 성과 없이 끝났다. 2019년 예산안에서는 과소세수추계 문제가 수정되었으나 기조는 여전하다. 5년 후 국가채무지표를 보면 2018년의 수준과 거의 차이가 없는 것을 알 수 있다.

표 21-2. 2018~2022년 국가재정운용계획

(GDP 대비 %)

	2018		2019	2020	2021	2022
	본예산	추경				
조세부담률	19.2	19.2	20.3	20.4	20.4	20.4
국가채무	39.5	38.6	39.4	40.2	40.9	41.6

자료: 기획재정부.

단기 적자 용인

: 중기 증세 통한 복지확대 필요

경기부진의 틈을 타 기업들은 경제활성화라는 명목으로 규제 완화와 감세를 요구하고 있다. 예를 들어 지난 10여 년간 이미 가업상속공제 제도가 대폭 확대되어 현재 매출액 3,000억 원까지의 기업에 대해 최대 500억 원의 상속세를 면제해 주고 있는데, 기업들은 이를 더 확대하고 요건을 완화해 줄 것을 줄기차고도 집요하게 요구하고 있다. 그러나 이러한 요구는 이명박 정부 때 시행되었던 대기업 감세의 또 다른 버전일 뿐이다.

올해 1분기 거시경제 지표가 전년에 비해 악화되었는데 미·중 무역갈등이 무역전쟁으로 확대되고 있어 경기부진이 길어질 가능성을 배제할 수 없다. 경기부진에 적극 대처하고 성장패러다임 전환을 이루기 위해서 재정정책은 당분간 예년보다 큰 적자재정을 감수해야 한다. 일부에서는 '국가채무 GDP 40%'를 재정건전성의 보루로 생각하지만, 우리의 국가채무는 OECD 국가 평균이 110%인 것에 비해 매우 낮다는 점, 국가채무 중 적자성 채무는 절반밖에 되지 않는다는 점, 외국인이 보유하고 있는 국가채무의 비중이 매우 낮다는 점, 그리고 순채무가 마이너스라는 점(즉 국가자산이 국가부채보다 많은 상태)까지 고려하면 이를 다소 초과한다고 해서 재정건전성이 훼손된다는 것은 과장에 지나지 않는다. 상황이 이러한데도 '증세 없이 국가채무 40% 유지'라는 왜곡된 재정건전성 논리로 계속해서 소극적 재정정책을 집행하는 것은 정부 스스로가 자신의 경제성장 전략의 성공을 방해하는 꼴이다.

정부는 당장 적자재정을 편성해서라도 복지확대에 나서야 한다. 이를 통한 가계의 직간접 소득과 복지일자리는 증가시킬 것이며 이는 성장의 또 다른 축이 될 것이다. 그러나 재정정책이 언제까지나 큰 폭의 적자재정에 머물러서는 안 된다. 복지확대는 항구적 지출 증대를 요하는 것이므로 중기적으로는 증세를 통해 재정안정 기반을 마련해야 한다. OECD 국가들보다 조세부담률이 매우 낮다는 점에서 증세 여력은 충분하다. 다만 소득분배 상황이 악화되어 있다는 점에서 당장은 보편증세보다는 누진증세가 필요하다. 이 단계를 빠르게 거치면서 성과를 보여주고 복지국가에 대한 국민의 신뢰를 획득함으로써 부가가치세 증세를 포함한 보편증세 방식의 대규모 복지확대로 나아가는 것이 순서일 것이다.

2019. 5. 31. 작성

연구개발과 혁신에
인식의 전환 있어야

박규호 한신대학교 경영학과 교수

국가연구개발의 현황

2020년 국가연구개발 예산액은 10년 만에 두 자리인 17.3%가 증액된 24.2조 원으로 크게 늘면서 정부예산의 5%에 근접하게 되었다. 정부는 3대 핵심산업(시스템반도체, 바이오헬스, 미래차)을 중심으로 한 혁신성장 가속, 혁신성과의 확산과 2019년 일본의 수출규제로 크게 이슈화된 소재, 부품, 장비의 자립화라는 목적 달성을 그 배경으로 제시하였다.

국가연구개발 예산액은 2011년 14.9조 원에서 2019년 20조 원을 돌파한 이후에 2020년 24조 원대로까지 성장하게 되었다. 민간의 연구개발 지출액까지 포함하는 경우에 2020년에 우리나라가 전체적으로 지출할 연구개발 지출액은 어림잡아 100조 원에 육박하게 된다.

표 22-1. 국가연구개발 예산액 추이(2011~)

구분	2011	2012	2013	2014	2015	2016	2017	2018	2019	2020 정부안
R&D 예산 (증가율, %)	14.9 (8.7)	16.0 (7.6)	16.9 (5.3)	17.7 (5.1)	18.9 (6.4)	19.1 (1.1)	19.5 (1.9)	19.7 (1.1)	20.5 (4.4)	24.1 (17.3)
총예산 (증가율, %)	309.1 (5.5)	325.4 (5.3)	342.0 (5.1)	355.8 (4.0)	375.4 (5.5)	386.4 (2.9)	400.5 (3.7)	428.8 (7.1)	469.6 (9.5)	513.5 (9.3)

주: 연도별 국회확정 본예산 기준.
자료: 과학기술정보통신부 보도자료(2019.8.).

국제적으로 볼 때도 GDP 대비 연구개발 지출액으로 산정하는 연구개발집약도에서 우리나라는 세계에서 가장 높다. OECD 통계로 살펴보면, 데이터가 식별되는 최근 연도인 2017년 연구개발집약도가 4%를 넘는 두 나라는 한국과 이스라엘인데, 한국은 4.55%로 이스라엘을 앞서고 있다. 이렇듯 한국은 2012년에 4%대로 진입한 이후 지난 10년간 연구개발집약도가 높은 수준으로 나타나고 있다.

이렇게 높은 수준의 국가연구개발 지출이 실제 어떻게 집행되고 있는가를 과학기술기획평가원에서 발간하는 「국가연구개발사업 조사분석보고서」를 통해 살펴볼 수 있다. 가장 최근에 발간된 「2018년도 국가연구개발사업 조사분석보고서」에 따르면 2018년에 총 19조 7,759억 원이 집행되었는데, 그 특징을 몇 가지 거론하면 다음과 같다. 첫째, 연구수행주체별로 볼 때 연구개발 지출액은 출연(연)이 8조여 원으로 40.7%, 대학이 4.5조여 원으로 22.9%, 중소기업이 3조여 원으로 16.1%, 국공립(연)이 1조여 원으로 5.2%, 중견기업 5.4%, 대기업 2.1%순으로 집행되었다. 둘째, 지원방식으로는 자유공모형이 34.9%를 차지하고 품목지정형이나 하향식이 65.1%를 차지했으며,

연구개발단계별로는 기초, 응용, 개발이 각각 26.0%, 26.0%, 48.1% 를 차지했다. 셋째, 미시적으로는 세부과제수가 6만 3,697개에 이르렀고 과제당 평균연구비는 3.1억 원에 그쳤다. 전반적으로 출연(연)과 대학이 지출의 상당수 비중을 차지하며, 여전히 정부 주도의 응용 및 개발위주 기획과 세세한 관리가 이루어지고 있다고 하겠다.

혁신의 새로운 차원

이렇게 대규모로 이루어지는 연구개발 지출이 그에 걸맞은 성과나 효과가 있는지에 대해 우려가 적지 않다. 실제 '한국형 연구개발 딜레마'로까지 부르는 실정이다. 즉 자원을 대규모로 쓰면서도 성과 면에서 괄목한 만한 것이 없을 뿐 아니라 연구개발인력은 여전히 상대적으로 낮은 대접을 받고 있다. 이에 따라 연구개발의 효율성을 제고하려는 다양한 시도가 매년 지속적으로 논의, 적용되고 있다. 그런데 문제는 이러한 시도들이 기존 프레임워크 내에서의 개선에 머무른다는 점이다. 즉 연구개발이 기술 자체에 함몰되어 있을 뿐 아니라 그것도 신제품 개발이 아닌 주로 기존 제품 개선에 그치는 것이다. 여기서 근본적으로 연구개발이 혁신을 제고시킬 것인가에 대해 고민해 볼 필요가 있다.

전통적으로는 혁신이 제품혁신이나 공정혁신 등 기술혁신 면에서 주목을 받으면서 그 수준을 제고하는 것에 많은 관심이 모아졌다가, 혁신기업에 대한 관심이 높아지면서 비非기술혁신인 마케팅혁신이나 조직혁신에 대한 주목도도 증가하였다. 1990년대 후반에 정보통신기술의 급격한 확산과 인터넷의 대중화를 거치면서 기존에는 경험하지 못했던 비즈니스가 등장하고, 이들의 상업적 가능성에 주목하면서 비즈니스 모델이란 개념이 확산됨에 따라, 비즈니스 모델 혁신business model innovation이 혁신의 또 다른 차원으로 자리 잡게 되었다. 이와 더불어 혁신의 수준이나 파급력 측면에서 비즈니스 모델 혁신이 전통적인 혁신보다 압도적이라는 인식이 확산되고 있으며 이때 비즈니스 모델은 영리비즈니스에만 한정되지 않는다.

비즈니스 모델 혁신은 크게 두 가지 측면에서 기존의 혁신과는 다른 접근방식을 제시한다. 첫째, 고객 혹은 사용자에 대한 우선적인 고려이다. 즉 비즈니스 모델 개념이 제기하는 가치제안이나 가치창출은 기존의 공급자 위주의 사고방식에서 벗어나 고객이나 사용자의 요구나 개선에 집중하도록 한다. 둘째, 이러한 가치창출은 한 기업 단독으로 수행하는 것이 아니라 해당기업을 둘러싼 다양한 여타 기업과 기관들과의 협력을 통해 이루어진다는 점이다. 개방형 혁신과 생태계에 대한 고려와 활용이 필요하다는 것이다. 비즈니스 모델 혁신의 전형으로 간주되는 애플사의 아이팟 모델은 이러한 접근방식을 실질적으로 구현한 것으로 평가받는다.

이상의 관점에서 두 가지 사례를 거론할 수 있는데, 하나는 기술에만 주목하는 경우이고 다른 하나는 단순히 기술력만이 아니라 기업 간 관계의 활용, 나아가 비즈니스 모델을 핵심으로 하는 경우이다.

첫째, 기술에만 집중하는 경우의 한계나 실패 사례로 가장 빈번하게 거론되는 것이 팔로알토연구소의 사례이다. 제록스사의 팔로알토연구소Palo Alto Research Center는 역사적으로 컴퓨터 및 네트워크영역에서 중요한 원천기술을 많이 개발했다. 그래픽 유저 인터페이스나 객체 지향 프로그래밍, 레이저 프린터 등이 대표적이다. 이러한 기술적 성과가 있었음에도 제록스의 복사기 비즈니스 모델과 그에 따른 인식상의 한계로 해당 기업에서는 제대로 활용되지 못했다.

둘째, 하버드대학의 크리스텐슨 교수가 2016년 논문에서 비즈니스 모델의 중요성을 보여준 사례로 거론한 ARM사는 단일칩 시스템 반도체의 개발자이자 라이선스 공여자인데, 표준적인 제품을 개발하고 제조하는 전통적인 반도체 업체와는 다르게 독립적인 반도체 제조업자와 소비재 생산업체로 구성된 공생적인 생태계를 조정하는 위치로 자리매김하는 비즈니스 모델을 구축하고 있다. 이 과정에서 ARM사는 고객과 소비자를 자사의 개발과정에 유도하여 새로운 칩을 설계하려는 고객이 처음으로 찾는 기업으로 자사의 포지션을 설정하고 있다. 고객을 위해서는 전체 생태계를 아우르는 지식을 통합하여 최적화된 솔루션을 개발할 수 있도록 하고 로열티 기반의 수익 모델로 당해기업의 인센티브와 고객의 인센티브를 연동시키는 방식으로 자사 비즈니스 모델의 지속성을 확보하면서 시스템반도체의 핵심 업체로 성장하고 있다.

이상의 사례는 기술에만 집중하는 경우에 봉착할 수밖에 없는 한계를 지적하고 오히려 비즈니스 모델의 핵심적인 중요성을 시사한다. 비유하자면, 고소득의 상징인 의료계나 법조계에서도 의사나 변호사 자격증만으로는 부족하고 영업력과 네트워킹이 보다 핵심적일 수 있다는 것이다.

불가피한 인식 전환

이렇듯 혁신을 바라보는 최근의 트렌드는 기술 자체보다는 어떻게 기술을 활용할 것인가를 최우선적인 핵심 고려사항으로 삼고 있다. 기술의 범위나 개발방식 등은 이러한 활용에 따라 2차적으로 설정되는 실정이다. 이런 관점에서 보면, 우리나라의 연구개발은 세계적인 수준의 규모를 기록하면서도 여전히 전통적인 방식으로 접근하고 있다는 한계를 갖는다.

이제 연구개발은 연구개발주체의 인식 변화와 국내외 차원에서의 생태계 구축과 활용으로 그 초점이 바뀌어야 한다. 대규모 자금 투입과 효율성 제고가 문제가 아니라 어떤 방식으로 집행되고 어떤 효과를 도모할 것인가가 문제이다. 여기서 투입방식은 혁신주체들 사이의 관계에 영향을 미쳐 혁신생태계의 수준과 범위에 큰 영향을 미친다는 점에서 중요하다.

기존의 틀에서 부분적인 개선은 큰 의미를 갖기 어렵고 정부관료나 연구개발주체 모두 인식과 정책에서 기존의 경로의존성에서 탈각하려는 적극적인 노력이 필요하다. 이를테면, 기존기업 및 신생기업의 다각적인 비즈니스 모델 실험과 실행을 촉진하는 방식으로 국가 연구개발 지출이 입안, 집행되어야 하고 그 기반을 구축하기 위해 혁신생태계와 실질적인 국내외 네트워킹이 강화될 수 있도록 하는 정책적인 방안이 우선적으로 수립되어야 한다. 이때, 효율성 제고 차원에서의 세세한 관리보다는 임팩트 등 효과성을 제고하는 방식이 고안되어야 한다. 기초연구의 경우에도 기술자체 개발에 매몰되기보다는 문제해결형 연구로 연구자의 시각과 인식을 확대시켜 그 활용 가능성을 높이는 방식이 고안되어야 한다.

2020. 2. 18. 작성(2020. 4. 수정하여 실음)

제5부

이슈와 제언

'규제 완화'가 아니라 '규제 합리화'라고 부르자

23

—————————————————— **장세진** 서울사회경제연구소 소장

혁신 성장을 위하여 가장 먼저 거론되는 정책 수단이 규제 완화이다. 규제란 정부가 공익을 위하여 개인과 기업 등 민간의 권리를 제한하거나 의무를 부과하는 것을 말한다. 그러므로 규제 완화란 규제를 없애거나 경감하는 것을 말한다.

혁신 성장에서 규제 완화가 먼저 거론되는 이유는 쉽게 이해할 수 있다. 성장은 기업과 개인의 혁신을 필요로 하고, 혁신은 창의의 발현과 적용을 필요로 한다. 혁신의 주체는 민간이다. 정부의 역할은 혁신 자체가 아니라, 혁신의 기반을 조성하거나 민간의 혁신을 방해하지 않는 것이다. 따라서 규제를 줄이거나 없애야 한다.

규제 완화의 논리

이러한 추론의 배경에는 시장에 대한 신뢰와 정부에 대한 불신이 있다. 자발적인 거래는 거래 당사자 모두에게 이득이 된다. 거래는 자발적인 교환이고 당사자는 자신이 인지한 이득이 비용을 초과할 경우에만 거래에 합의한다. 따라서 모든 거래에서 거래 당사자 모두의 이득은 비용을 초과한다.

거래는 우연히 주어진 재화의 교환에 그치는 것이 아니다. 교환의 기회를 활용하기 위하여 개인과 기업은 비교 우위에 따라 분업하고 특화하여 교환할 재화의 수량구조를 조정한다. 그러므로 자유로운 교환은 서로 유리한 모든 거래의 기회, 즉 분업과 교환의 기회를 소진시킨다. 결국 시장 가격은 기술과 취향의 변화에 맞추어 마지막 거래자의 한계이득과 한계비용 사이에서 실시간으로 조정되고, 자원은 효율적으로 배분된다.

그에 비하여 규제 당국은 행정 편의나 책임을 회피하기 위하여, 또는 자신의 재량과 권한을 확대하기 위하여 규제를 만들거나 변형시키는 경향이 있다. 때로는 규제 당국이 뇌물이나 정치 헌금 등으로 피규제자나 특정 이익집단에 '포획'되어 일반의 공익을 증진시키는 것이 아니라 공익의 희생 아래 특정 집단의 이익에 봉사하기도 한다.

더욱이 필요한 규제는 기술이나 환경의 변화에 따라 달라져야 하는데, 정부의 규제는 일종의 기득권처럼 유지되고 뒤늦게야 조정되는 경향이 있다. 적응이 지체된 규제는 혁신의 장애가 되기 마련이다. '규제 개혁'이라는 표현은 이러한 지체가 견디기 어려운 수준에 이르러 개혁적인 노력이 필요하다는 것을 의미하기도 한다.

그렇지만 정책 수단이자 중간 목표로서 규제 완화라는 표현은 어떤 규제든 규제는 모두 나쁜 것 또는 필요악으로 간주하고, 규제를 없애거나 약화시키는 것은 항상 좋은 것이라는 잘못된 관념을 초래할 수 있다. 그런 것은 아니다. 규제도 정책 수단의 하나로 적어도 도입 당시에는 필요하였기 때문에 도입된 것임을 잊지 말아야 한다.

규제 합리화의 논리

규제는 원래 공익적 목적으로 도입된다. 독과점이나 공해와 같은 시장 실패를 경쟁 촉진이나 환경 규제로 보정하는 것이 대표적이다. 소비자들이 이득과 비용을 올바르게 인지하기 어려운 의약품, 안전, 금융에는 더 많은 규제가 생기기도 한다. 사회적 약자를 보호하기 위하여 규제가 필요하기도 하다. 결국 모든 규제를 없애거나 경감하는 것이 아니라, 공익적 목적을 효과적으로 달성하고 있는가에 따라 좋은 규제와 나쁜 규제를 구분하여, 좋은 규제는 진화, 발전시키고 나쁜 규제는 없애거나 경감시켜야 할 뿐이다. 이것을 올바르게 표현하려면 규제 완화가 아니라 규제 합리화라고 불러야 한다.

규제 완화나 탈규제가 항상 좋은 것은 아니라는 것은 분명하다. 1997년 우리나라 외환위기에서 정부의 성급한 금융 자유화와 자본 자유화가 중요한 원인의 하나였다. 2008년 미국의 비우량 주택담보대출 위기에서도 그램-리치-블라일리 법(1999) 등 과도한 금융 자유화가 원인의 하나였고, 위기 후에 도드-프랭크 월스트리트 개혁 및 소비자 보호법(2010)으로 금융 규제가 크게 강화되었음도 잘 알려져 있다. 금융 규제만이 아니다. 세월호나 가습기 살균제의 비극은 시장과 정부가 함께 실패한 경우지만, 규제 완화가 해결책이 아닌 것은 분명하다.

때로는 오히려 규제 강화가 정답일 수도 있다. 사소해 보이지만, 자동차 운전에서 방향지시등(깜빡이)을 켜는 문제가 그렇다. 최근 걸린 교통 플래카드 문구에서는 깜빡이를 켜는 것이 뒤에 따라오는 운전자를 위한 배려라고 홍보하지만, 사실은 도로교통법에 적시된 의무다. 교통경찰이 이를 배려의 권장을 넘어서 적극적으로 단속한다면, 머지않아 운전 문화로 정착되고 사고의 위험을 크게 줄일 수 있을 것으로 믿는다. 우선멈춤을 포기하여 부담하는 사회적 비용이라는 경험을 반복해서는 안 된다.

주차 단속에서도 획일적으로 3만 원의 과태료를 물리는 것도 부적절한 규제로 꼽힐 수 있다. 주정차의 위치에 따라 교통에 방해가 되는 정도가 다르고, 단속원은 소통방해의 정도보다 손쉬운 단속을 선호하는 경향이 있기 때문이다. 금년 봄부터 교차로 부근의 주차에 대해서 신고를 손쉽게 하거나, 소방시설 부근의 주차에 대해서 무거운 과태료를 부과하는 것은 규제의 합리화라고 부를 수 있다.

위에서 든 어느 예시든 규제 완화로는 제대로 표현할 수 없다. 일반적으로 규제 합리화는 규제 완화를 포함하지만, 규제 완화가 규제 합리화를 다 포함할 수는 없다. 따라서 이들 모두를 일컫기 위해서는 규제 합리화가 올바른 명명법이다.

이름이 다르면 전해지는 의미가 달라진다. 규제 완화는 규제를 없애거나 허용 폭을 확대하거나 의무를 경감하는 것을 의미한다. 규제 합리화는 규제의 목적, 효과, 비용을 인지하고, 규제의 비용은 가급적 줄이고 효과는 가급적 늘리는 것을 의미하게 된다. 명명법의 전환은 사고의 전환을 의미하기도 한다.

올바른 이름의 중요성

내용이 같다면 이를 뭐라고 부르든 별 상관이 없다고 반박할 수도 있다. 개인의 논리라면 맞는 말이다. 그렇지만 집단적으로 아이디어를 내고 소통하며 정치적으로 해결책을 모색할 때, 올바른 이름을 갖는 것의 효과는 상상하는 것보다 크다. 공자는 일찍이 정치의 요체는 사물의 이름을 올바르게正名 하는 데에 있다고 하지 않았던가?

이 경우 올바른 이름이 중요한 데는 또 다른 이유가 있다. 규제의 효과와 비용에 대해서 가장 체계적인 정보를 갖추고 있는 주체는 규제 당국이다. 규제의 효과와 비용은 기술이나 환경의 변화에 따라 변화하며, 그 정보를 가장 잘 업데이트하는 주체도 규제 당국이다. 이러한 정보에는 외부에서 알기 어려운 정보가 포함되어 있다.

그런데 규제 완화가 표방하는 규제의 폐지 또는 경감은 규제 당국의 이해와 정면으로 상충되는 경향이 있다. 규제 당국은 규제의 존재 가치를 공적인 이익의 관점에서 평가하는 것이 아니라 부서 이익의 관점에서 평가하는 경향이 있기 때문이다. 규제는 흔히 예산과 인원, 재량권을 의미한다. 규제에는 책임이 따르기도 하지만, 많은 경우 실패의 책임을 예산이나 인원이 부족한 탓으로 돌릴 수 있다. 불필요한 규제에 대한 피규제자의 반발은 공익적 목표를 주장하는 규제 당국의 주장 속에 묻히기 쉽다. 따라서 규제 당국은 규제를 규제가 아닌 것으로 위장하거나, 규제를 분할하여 규제 완화의 양적인 조건만을 충족시켜서 규제 완화에 저항하거나 회피하는 경향이 생긴다.

그렇지만 규제 합리화는 규제 당국의 내부 정보를 끌어내는 효과가 있다. 규제 합리화는 규제의 효과와 비용을 비교하여 더 합리적인 방안, 즉 가급적 규제 비용은 줄이고 규제 효과는 늘리는 방안을 찾아내라는 방향을 구체적으로 제시하도록 적절한 유인을 제공할 수 있기 때문이다. 공익적 목적과 새로운 기술과 환경에 부합되는 규제는 정치적으로 넓은 지지기반을 얻고, 규제와 규제 당국의 존재 가치를 높여준다. 요컨대 규제 당국은 규제 완화에는 내부정보를 활용하여 저항하지만, 규제 합리화에는 내부정보를 동원하여 협조하도록 적절한 유인구조를 만들 수 있다.

규제와 규제 개혁이라는 게임

규제, 또는 규제 개혁을 일종의 게임으로 보는 것이 우리의 이해를 도울 수 있다. 규제는 민간 사이의 게임에 정부가 개입하여 새로운 규칙을 덧붙이는 것으로 볼 수 있고, 정부는 민간이 취할 수 있는 전략적 행동의 범위나 경기의 결과에 따른 보상의 배분을 변화시킨다. 게임에서 규칙의 변경은 균형의 변화를 의미한다. 규제라는 게임의 설계자는 게임의 균형이 공익을 증진시키는 방향으로 변화하도록 게임의 규칙을 변경시키려고 한다. 또한 규제에 직접·간접의 비용이 들면, 규제 아래 새로운 균형에서 얻어지는 공익의 증가가 규제의 비용을 초과하기를 기대한다. 이 과정에서 민간이 규제 당국이 모르는 사적 정보를 가지고 있으면, 규제의 설계자는 민간이 스스로 그 정보를 드러내도록 유인해야 한다. 이를 유인부합성이라고 부른다. 거짓

말이나 거짓 행동으로 이득을 볼 수 없도록 유인해야 한다는 의미에서 정직신고 조건truth-telling condition이라고 부르기도 한다.

한 걸음 더 나아가 규제 개혁은 개혁 당국이 규제 당국과 민간이 어우러지는 메타 게임으로 볼 수 있다. 이 경우에는 개혁 당국은 규제 당국이 가지고 있는 내부정보를 정직하게 드러내도록 유인할 필요가 있다. 규제 완화는 유인부합성을 갖는 것이 거의 불가능하다. 그에 비하여 규제 합리화는 유인부합성을 갖도록 설계할 수 있다.

간단한 비유가 도움이 될 수 있다. 다차로 도로 중 어떤 차로에서 특정 방향으로의 회전(예컨대 우회전)만 허용되는 규제가 있다고 하자. 사실은 교통량에 비하여 부적절하고, 많은 차량이 직진하여 이를 위반한다. 내부 정보로서 이러한 사실을 아는 교통경찰이 해당 차로에서 우회전 규제의 완화(제거)를 제안할 수 있을까? 아니다. 수량적 기준에서 필요에 따라 위반 건수를 적발할 수 있는 기회와 장소를 유지, 보전하는 편이 좋다. 규제의 합리화는 규제의 목적인 교통 소통 원활화의 관점에서 차로의 배정을 재검토하는 것을 의미한다. 그러면 내부 정보를 활용하여 해당 차로에서 우회전과 직진을 동시에 허용하도록 제안할 수 있게 된다.

악마는 왜 디테일에 살까?

규제를 게임에 비유하는 것은 '악마는 디테일에 산다'라는 말을 이해하는 데에도 도움이 된다. 경기자로 개인이나 기업은 선택 가능한 전략의 범위를 인지하고 최선의 전략을 선택할 때 작은 틈새까지 두루 살피게 된다. 그러한 틈새를 만드는 디테일이 갖춰져 있지 않으면,

규제는 원래 규제 설계자가 전혀 의도하지 않은 결과를 초래하기도 한다. '악마가 디테일에 산다'는 것은 규제자나 피규제자의 의도하지 않는 행동과 그에 따르는 규제의 실패가 규제의 디테일이 만드는 틈새에서 생겨나는 경향이 있다는 것을 말할 뿐이다. 이러한 틈새의 존재는 규제 개혁에 왜 규제 당국의 내부 정보가 필수적인가를 이해하는 데에도 도움이 된다.

규제 합리화로 명명하고 이에 맞추어 사고를 전환하면 우리는 정책적 개선으로 한 걸음 더 나아갈 수 있다. 중앙정부가 각종 규제 당국에게 공익적 목적에 비추어 규제의 비용과 효과를 재평가하여 현재의 기술과 환경에 맞추어 이를 합리화하는 개선안을 제출받아 우수작을 포상하는 규제 합리화 경진대회를 여는 것은 어떨까? 규제 당국별로 규제를 합리화하는 우수한 개선안에 대해서 개인의 승진, 승급 등 인사고과에 반영하는 방안도 생각할 수 있다. 대회 형식이 아니라 상시적으로 개선안을 제안 받아 규제 개선의 사회적 순이득에 비례하는 보상을 지급하는 방안도 생각할 수 있다. 물론 어느 경우든 규제 당국의 내부정보를 취하되 자신의 행정 편의나 규제 이득을 늘리려는 편향은 제3자의 객관적 판단에 따라 적절히 보정되어야 한다.

우리는 혁신이 공학적 기술의 혁신에서만 생기는 것으로 오해하기 쉽다. 갈등을 해소하고 협력을 촉진하는 사회적 자본과 기술도 중요하다. 깜빡이만 제대로 켜도 수년간 0.1%의 성장률 제고가 가능하다고 말한다. 독립적인 사회협력기술의 제고는 유도된 자본 축적에 따라 더 높은 성장률 제고 효과를 갖는다. 현실에는 수많은 비효율적인 규제가 있다. 각종 규제를 합리화하는 개선안을 체계적으로 실행한다면 상당한 수준의 성장률의 제고는 물론, 선진 사회나 문화를 이루는 데에도 큰 도움이 될 것이 분명하다. 합리적인 규제의 체계는 좋은 사회적 자본이기도 하기 때문이다.

2019. 7. 31. 작성

토지공개념 헌법 명문화, 어떻게 봐야 할까?

24

─────────────── **전강수** 대구가톨릭대학교 경제금융부동산학과 교수

·

2018년 3월 21일 발표된 대통령 개헌안에 토지공개념을 명시하는 내용이 포함되자 우리 사회에서는 뜨거운 논란이 일었다. 도대체 어떤 내용이었기에 이렇게 논란이 벌어진 걸까? 발표된 개헌안을 보니 토지공개념 조항이라 부르는 현행 헌법 122조("국가는 국민 모두의 생산 및 생활의 기반이 되는 국토의 효율적이고 균형 있는 이용·개발과 보전을 위하여 법률이 정하는 바에 의하여 그에 관한 필요한 제한과 의무를 과할 수 있다.")는 약간의 문구 수정을 하는 것 외에는 그대로 유지된다. 한 개 항이 신설되는데 그 내용은 "국가는 토지의 공공성과 합리적 사용을 위하여 필요한 경우에만 법률로써 특별한 제한을 하거나 의무를 부과할 수 있다"는 것이다.

새로운 항에 '토지의 공공성'이라는 말과 '특별한'이라는 수식어

가 들어갔다는 점이 주목된다. 토지에 대해서는 일반 재산권보다 훨씬 강한 사회적 구속성을 인정해야 한다는 의미이니 말이다. 청와대는 이 항을 신설하는 목적도 분명히 밝혔다. "토지에 대한 투기로 말미암은 사회적 불평등 심화 문제를 해소"하겠다는 것이다.

이를 두고 당시 자유한국당 대표는 "토지공개념까지 도입하게 되면 이건 사회주의 헌법"이라고 비난했고, 같은 당 원내대표는 "토지를 가지고 불평등 심화를 해소하겠다는 것은 전 세계에서 문 대통령밖에 없을 것"이라고 주장했다. 대통령 개헌안 발표 후에 언론에서는 "재산과 토지를 공유한다는 뜻이니 공산주의 사회에서나 할 수 있는 이야기"라는 둥, "토지공개념제도가 있는 나라는 잠비아뿐"이라는 둥 전문가 입을 빌린 가짜뉴스가 쏟아져 나왔다. 그중에서 "토지공개념을 가장 확실하게 한 모든 나라는 지금 몰락했다"고 한 자유한국당 경제파탄대책특위 위원장의 발언은 단연 압권이었다.

한국의 보수 세력이 중요한 사회적 의제에 대해 억지주장이나 가짜뉴스로 대응하는 것은 어제오늘의 일이 아니다. 거기에 일일이 반응하는 것은 피곤한 일이지만, 워낙 중요한 내용이라서 사실관계를 살펴보지 않을 수 없다.

토지공개념을 헌법에 명시했지만 사회주의와 거리가 먼 나라들

먼저, 한 나라의 토지 관련 헌법 조항을 소개하고 논의를 진행하자. 중문中文으로 되어 있고 "영토 내 토지는 국민 전체에게 속한다"고 선언하는 것을 보면 영락없이 사회주의 중국의 헌법일 것 같지만, 그렇지 않다.

第142條 國民經濟應以民生主義為基本原則, 實施平均地權, 節制資本, 以 謀國計民生之均足。

第143條 … 領土內之土地屬於國民全體。人民依法取得之土地所有權, 應 受法律之保障與限制。私有土地應照價納稅。政府並得照價收買。附著於 土地之礦, 及經濟上可供公眾利用之天然力, 屬於國家所有, 不因人民取 得土地所有權而受影響。土地價值非因施以勞力資本而增加者, 應由國家 徵收土地增值稅, 歸人民共享之。(밑줄은 인용자가 표시함)

제142조에서 평균지권을 실시한다는 것을 명기하고, 제143조에서 국토는 국민 전체에게 속한다고 선언한다. 제143조에서는 그 외에도 인민은 토지소유권을 취득할 수 있지만 법률의 보장과 제한을 수용해야 한다고 규정하며, 토지공개념 제도의 핵심 수단인 토지가치세를 명기하는 동시에, 토지증치세土地增值稅를 부과하여 노동과 자본에 의하지 않은 토지가치 증가분은 조세로 징수하여 인민이 함께 향유토록 한다고 선언한다. 이는 바로 제2차 세계대전 이후 가장 모범적인 토지제도를 도입했다고 알려진 대만의 헌법인데, 문재인 정부가 신설하고자 했던 항보다 훨씬 강력한 내용이다. 이 한 가지 증거만으로도 최근 언론을 통해 알려진 토지공개념에 대한 비난은 전혀 근거가 없음이 드러난다.

대만 외에도 토지공개념은 독일, 스페인, 이탈리아 등의 헌법에 명시되어 있다. 독일은 헌법에 해당하는 기본법에 '사회화'를 목적으로 토지와 자연자원을 공유로 전환할 수 있다는 조항을 두고 있고, 스페인은 국가가 투기를 막기 위해 토지이용을 공공의 이해에 맞게 규제할 수 있다는 헌법 조항을 가지고 있다. 특히 스페인 헌법은 공공의 도시계획으로 생기는 이익에 대해 사회 공동체의 몫이 있다고 규정하고 있기도 하다. 이탈리아 헌법에는 문재인 정부가 신설하고자 했던 항과 거의 유사한 내용의 토지공개념 조항("제44조 국가는 토지의 합리적 사용과 공평한 사회관계를 보장하기 위해 토지 사유권에 대해 법률로써 의무와 제한을 부과한다")이 들어 있다. 어느 누구도 이 네 나라를 공산주의 국가라 부르지는 않을 것이다. 이 나라들은 때로 경제적 어려움을 겪기도 했지만, 몰락하기는커녕 선진 자본주의국으로 여전히 건재하다.

싱가포르처럼 국토의 대부분이 국가 소유인 나라는 굳이 토지공개념을 규정할 필요가 없었을 테니 헌법에 관련 조항이 없지만, 오래전부터 토지를 민간에 임대하고 사용료를 걷어서 공공의 이익을 위해 사용하는 토지공공임대제를 시행해 왔다. 이 제도는 토지보유세와 함께 토지공개념 제도의 양대 축 가운데 하나이다. 부동산 보유세 실효세율이 한국의 7, 8배 수준인 미국도 건국 당시부터 토지공개념이 뿌리내린 나라로 분류할 수 있다.

이처럼 잠시만 시간을 들여서 조사하더라도 보수 언론과 당시 자유한국당 인사들이 토지공개념에 퍼부었던 비난은 거짓임이 드러난다. 사실과 합리적 토론에 기초하여 사회문제를 풀어가는 풍토가 절실히 필요한 시점이다.

토지공개념은 사유재산제도의 정신에 위배되는가?

선진국 가운데 헌법에 토지공개념 조항을 두고 있는 나라가 더 있다고 해서 토지공개념 제도의 정당성이 입증되는 것은 아니다. 토지공개념이 자본주의의 양대 축이라 불리는 사유재산제도와 시장경제와 정합성을 갖는지 따져봐야 한다. 우선 사유재산제도의 관점에서 토지공개념을 평가해 보자.

토지공개념은 사유재산제도의 원칙에 위배된다고 믿는 사람들이 적지 않다. 그런데 그게 정말일까? 사유재산제도란 개인의 노력과 기여의 산물에 대해 절대적·배타적 소유권을 보장하는 제도를 의미한다. 뒤집어 말하면 개인이 스스로 만들지 않은 것을 차지해서 자기 소유물로 삼는 것은 사유재산제도의 정신에 어긋난다. 경제적 가치의 관점에서 볼 때, 인간 사회에서 생기는 가치에는 개인이 만드는 것도 있고, 사회가 만드는 것도 있다. 사유재산제도의 정신에 입각해서 볼 때, 전자는 그것을 만든 개인에게 돌리고 후자는 공적으로 환수하여 사회로 돌리는 것이 옳다. 사회적 요인에 따라 창출되는 가치를 개인이 차지하면 그것은 불로소득이 된다. 고전학파 경제학자들과 헨리 조지가 지대와 지가 차액을 불로소득으로 본 것은 그 때문이다. 지대와 지가 차액은 소유자의 노력과 기여가 아니라 사회의 발달과 정부의 정책 등 사회적 요인에 따라서 발생한다. 토지공개념의 핵심은 토지 불로소득을 공적으로 환수하는 데 있다. 그러므로 토지공개념 제도야말로 진정한 사유재산제도의 원칙에 부합한다.

사회가 창출하는 가치를 개인이 전유하도록 허용하면 소득, 생산, 소비 등에 대한 과세가 불가피해져서, 개인이 스스로 만드는 가치를 소유하기 어려워지고 궁극적으로 가치 창출 자체도 곤란해진다. 자유주의 계열의 많은 경제학자들이 토지에 대해서만큼은 절대적·배타적 소유권을 인정해서는 안 된다고 주장한 것은 그 때문이다. 경제학의 시조 애덤 스미스는 지대가 과세에 특히 적합하다고 생각했다. 조세 부담이 전가되지도 않고, 생산 활동을 위축시키지도 않는다는 이유에서였다. 그는 지주들이 언제나 독점자로서 지대를 최대한 뽑아낸다고 주장하기도 했다. 영국 고전학파 경제학을 이끈 데이비드 리카도와 제임스 밀은 지주 계급에게만 세금을 부담시키는 것은 부당하다는 주장을 덧붙이기는 했지만, 지대세의 성격에 관한 한 스미스의 견해를 거의 그대로 받아들였다. 존 스튜어트 밀은 미래의 지대 상승분을 조세로 환수하자는 새로운 주장을 펼치면서도, 지대에 부과하는 조세가 능률성과 정의성을 갖춘 조세라고 분명히 선언했다. 그는 "지주가 아무런 노력도 모험도 절약도 하지 않으면서 무슨 권리로 일반적인 사회 진보에서 생기는 부를 차지하는가" 하고 묻기도 했다.

한계효용이론을 주창하여 신고전학파 경제학 성립의 계기를 마련한 레옹 발라는 한층 더 파격적인 주장을 펼쳤다. 즉, "개인의 능력에 따른 생산물을 모두 개인에게 귀속시키기 위해서는 국가가 토지를 소유하고 그 임대료로 국가를 유지하고 자본을 형성해야 한다"고 주장했으며, 토지세는 조세라기보다는 국가를 통한 토지의 공동소유의 표현이자 완벽한 정부 수입원이라는 견해를 제시하였다. 영국 신고전학파의 아버지 알프레드 마셜도 지대세가 토지이용과 토지 생산물의 생산에 영향을 주지 않으며, 조세부담은 전적으로 지주에게 귀착된다고 보았다. 그는 조세부담이 모두 지주에게 귀착된다고 해서 지주들이 큰 손해를 입는 것은 아니라고 말하기도 했다.

토지공개념은 반反시장적인가?

토지공개념은 직접 소유를 제한하는 방법, 토지 이용을 규제하는 방법, 처분을 제한하는 방법, 수익을 제한하는 방법 등 다양한 형태로 구현 가능하지만, 시장친화적인 방법으로 구현하는 정책이 최선이며 따라서 그것이 핵심이 되어야 한다. 시장만능주의자들은 토지에 절대적·배타적 소유권을 인정해야만 토지 자원을 효율적으로 배분할 수 있고 오·남용을 막을 수 있으며 토지 사용의 안정성도 보장할 수 있다고 생각한다. 그러나 토지에 권리가 부여되지 않아서 생기는 오·남용을 방지하기 위해서는 토지 사용자에게 배타적 사용권을 설정해 주고 사용 분량에 따라 사용료를 징수하거나 남용을 막기 위한 관리 제도를 마련하면 충분하다. 토지자원의 오·남용을 막기 위해 사용권·처분권·수익권을 몽땅 개인에게 부여하는 것은 지나친 방법이다.

토지에 절대적·배타적 소유권을 인정하여 사용권과 처분권뿐 아니라 수익권까지 개인에게 부여할 경우, 투기적 보유를 자극해 오히려 토지의 효율적 사용을 저해한다. 투기적 보유자들은 이용이 아니라 적당한 시기에 토지를 팔아서 시세차액을 챙기는 데만 관심이 있어서 보유 토지의 최선 사용에는 무관심하기 때문이다. 토지에 절대적·배타적 소유권을 인정하는 것은 안정적인 토지 사용에도 도움이 되지 않는다. 요즈음 한국 사회 곳곳에서 벌어지는 건물주들의 갑질을 생각해 보라. 토지를 사용하는 사람은 세입자들인데, 이들 중에는 건물주의 횡포 때문에 사업을 안정적으로 운영하기 어려운 처지에 빠진 사람이 한둘이 아니다.

지대를 공적으로 환수하는 토지보유세는 시장친화적 토지공개념
의 핵심 정책 수단이다. 그것은 조세제도를 통해 토지 사용자에게 사
용 분량에 따라 사용료를 징수한다. 완전경쟁적 토지시장에서 토지보
유세를 제대로 부과하면 초과부담이 발생하지 않으며, 현실의 불완전
한 토지시장에서 토지보유세를 부과하면 투기적 보유를 억제하여 토
지이용의 효율성을 높인다. 앞의 특성을 중립성neutrality으로 부르는
것은 잘 알려져 있다. 중립성을 뛰어넘어 토지이용의 효율성을 높이
기까지 한다는 점에서 일부 경제학자들은 뒤의 특성을 초중립성super-
neutrality이라 부른다. 요컨대 토지보유세를 제대로 부과하여 토지공
개념을 실현하면 시장의 기능이 저해되기는커녕 오히려 향상된다.

토지공개념이 정책으로 시행되지 못한 결과

지난 수십 년간 한국에서는 주기적으로 부동산 투기 광풍이 불었으며,
토지 불로소득이 소수에게 집중되면서 소득과 자산의 불평등이 심화
되었다. 필자와 몇 사람이 함께 추산한 바에 따르면, 2007~2016년
사이에 한국에서 발생한 부동산 소득은 GDP의 30%를 넘는 어마어
마한 규모였다. 노력소득 때문에 불평등이 심해져도 문제인데, 불로
소득 때문에 그렇게 된다면 그것은 사회의 근간을 흔드는 심각한 문
제이다.

부동산 투기는 노동자들의 근로 의욕과 기업가들의 기업심을 저
해하고, 경쟁력을 갖춘 사람들의 창업을 방해하며, 지가 상승기 건설
부문을 중심으로 과잉투자를 유발하고, 금융시장에서 자금 배분의
비효율 초래하는 등, 경제 효율을 저해하기도 한다. 작금의 저성장과

경기침체는 한국 정부가 토지공개념 정책을 제대로 시행하지 않아서 초래된 측면이 다분하다.

한국은 해방 이후 농지개혁에 성공함으로써 한때 전 세계에서 가장 평등한 사회를 실현했었다. 1960년대 이후 장기간 유례없는 고도성장을 구가했던 것도 농지개혁이 실현한 평등의 힘 덕분이었다. 하지만 1970년대 이후 급격한 도시화와 함께 개발 붐이 일면서 여기저기서 부동산 불로소득의 기회가 생겨났고, 국민들이 부동산 투기에 가담하면서 대한민국은 노력소득이 중시되던 활력 넘치는 사회에서 지대추구 사회로 변질되고 말았다.

이 모든 것은 투기와 불로소득을 차단할 수 있는 법률과 제도를 도입하지 않았거나 도입했다가도 끝까지 지속시키지 못해서 생긴 일이다. 근본 대책을 마련하지 않은 채로 계속 가면 불평등은 한층 심화되고 저성장은 더욱 악화될 가능성이 크다. 종국에는 사회가 몰락할지도 모른다. 부동산 문제를 근본적으로 해결할 토지공개념 정책을 제대로 시행하지 않으면 국가의 미래가 위태로워지는 단계에 왔는데, 현행 헌법으로는 역부족이다. 그런 점에서 토지공개념 헌법 명문화는 시의적절할 뿐만 아니라 절체절명의 과제이다.

2018. 4. 11. 작성 (2020. 4. 수정하여 실음)

정치기본소득[1]을 제안한다

모든 유권자에게 정치적 후원 권리를 평등하게 나누어주자

25

강남훈 한신대학교 경제학과 교수

아리스토텔레스는 인간은 정치적 동물zoon politikon이라고 말했다. 사람들이 공동체를 구성하고 살아가려면 정치를 해야 한다. 정치적 동물이라는 말 속에는 인간은 정치를 할 수 있는 동물이라는 뜻도 있지만, 정치에 참여할 때에만 비로소 온전한 인간이 된다는 뜻도 있다.

정치는 공동선을 논의하는 행위이다. 공동선에 대한 논의는 입법, 행정, 사법으로 나눌 수 있다. 그리스 시민은 의무적으로 입법이나 사법에 참여하였다. 사법은 추첨을 통해 선발된 배심원이 담당했다. 그런데 페리클레스는 배심원에게 급여를 지급하기 시작했다. 아리

1 SIES 이슈와 정책 시리즈 2호로 발표했을 당시에는 '기본정치자금'이라는 용어를 사용했으나, 이후 원고를 수정하면서 이를 '정치기본소득'으로 변경했다.

스토텔레스는 이것을 급진 민주주의라고 높이 평가했다.

배심원에게 급여를 지급하지 않으면 어떻게 될까? 그러면 하루 일당을 벌지 않아도 먹고살 수 있는 부자만 배심원이 될 것이다. 부자 배심원은 부자들에게 유리하고 가난한 사람에게 불리한 판결을 내릴 것이다. 결국 유전무죄, 무전유죄가 될 가능성이 높다. 배심원에게 급여를 지급해야만 가난한 사람도 배심원이 될 수 있고, 공정한 재판을 기대할 수 있는 것이다.

정치에는 많은 사람의 활동과 자금이 필요하다. 정치자금을 개인이 부담하도록 하면 부자들이나 부자의 지원을 받는 사람만 정치인이 될 수 있다. 따라서 민주주의 국가에서 정치자금의 상당부분을 공적으로 부담하는 것은 당연한 일이다.

우리나라도 15% 이상의 득표율을 획득한 후보자에게는 법정 선거자금의 대부분을 선관위에서 환급해 준다. 그리고 평소에도 합법적으로 정치자금을 모을 수 있는 정치후원금 세액공제제도를 실시하고 있다. 연말이 되면 국회의원실로부터 정치자금 후원을 호소하는 문자가 온다. 10만 원을 후원하면 10만 원 세액공제를 해주기 때문에 후원자들은 아무런 실질적인 부담이 없다. 이 제도 덕분에 국회의원들이 정치자금 모으기가 수월해졌고, 재벌에 대한 자금 의존도 많이 줄어들었다. 그래서 꼭 필요한 제도이다.

현행 정치후원금 제도의 문제점

현재의 정치후원금 제도는 과거에 비해서 많이 개선되었지만, 아직도 해결해야 할 문제점이 남아 있다.

첫째로, 현행 정치후원금 세액공제 제도는 유권자를 불평등하게 다룬다. 부자 유권자들만 정치후원금 환급을 받고 있는 것이다. 10만 원을 후원할 때 10만 원 세액공제를 해주면, 애초부터 소득세(근로소득세나 사업소득세)를 안 내는 전업주부, 대학생, 노인 등 비경제활동인구는 정치후원금을 내도 환급을 받을 길이 없다. 그뿐 아니라 노동자라고 할지라도 소득세를 10만 원 이상 내는 경우에만 환급이 되므로, 과세미달자는 정치후원금을 내도 환급을 받지 못한다. 2015년 기준으로 전체 근로소득세 신고자의 47%가 과세미달자였다. 결국 전체 유권자의 약 60~70%는 한 푼도 환급받지 못한다고 추정할 수 있다. 우리 사회에서 비정규직 등 약자들의 권익을 보장하는 입법이 이루어지지 않고 고등교육 예산이 증액되지 않는 데에는 다 이유가 있는 것이다.

둘째로, 정치인 스스로 부담해야 할 정치자금이 적지 않다는 것이다. 다수의 유권자들이 세액공제 혜택에서 제외되고, 제외되지 않는다 해도 선후원 후환급이므로, 유권자들은 후원을 잘 하지 않게 된다. 따라서 아주 유명한 일부 정치인을 제외하고는 후원금 상한을 못 채우게 되고, 자금이 부족한 대부분의 정치인들은 거액의 정치자금을 제공하는 큰손들에게 의존하지 않을 수 없다. 선거가 있는 해에는 더욱 부족하다. 법정 선거비용은 실제로 들어가는 선거비용보다 낮은 수준에서 설정되어 있다. 그리고 그 법정 선거비용도 전부 환급해 주는 것이 아니라 95% 정도만 환급해 준다. 나머지 자금은 정치인 스스로 부담해야 한다. 나머지 자금이라고 해도 일반 정치인이 부담하기에는 너무 큰 액수이다.

셋째로, 정치적 후원이 정치적 영향력을 결정한다는 것이다. 정치인들이 누가 얼마를 후원했는지 알게 되면 후원한 금액에 비례해서 영향력이 생기게 된다. 많은 돈을 후원한 사람은 기억하지 않을 수 없다. 개인뿐만 아니라 단체 사이의 영향력 불균등도 큰 문제이다. 예를 들어 단체 활동이 보장되어 규모가 큰 정규직 단체와 그렇지 않아서 규모가 작은 비정규직 단체가 있다고 한다면, 정치인들은 비정규직 단체보다 정규직 단체의 입장을 지지하게 되기 쉽다. 유권자들이 균등한 영향력을 미치게 되려면 후원을 비밀로 만들어야 한다. 비밀후원은 비밀투표의 원리와 같다. 비밀투표는 투표자의 안전을 보장하는 수단이면서, 동시에 투표의 매매 행위를 막는 수단도 된다. 누구를 찍었는지 입증할 수 없다면 찍은 대가로 돈을 요구하는 행위는 불가능하게 되기 때문이다. 정치후원금도 마찬가지이다. 비밀후원금이 되어야만 정책의 매매 행위를 막을 수 있다.

넷째로, 정치인에 대한 지지와 후원이 비례하지 않는다. 10% 이하의 지지를 받는 후보는 한 푼도 환급받지 못하는데, 이 때문에 정치 신인이 진출하는 것이 어렵다. 그리고 15%만 넘으면 똑같이 95% 정도 환급을 해주는데, 그 이상의 자금을 마련하기 위해서는 큰손들에게 손을 벌리지 않을 수 없다. 결국 큰손들이 싫어하는 정책을 공약하는 것에 부담을 느끼게 된다. 이러한 폐단을 개선하여, 더 많은 유권자의 지지를 받는 정책을 공약할수록 당선 가능성도 높아지고 정치자금도 확보되도록 만들어야 한다.

정치기본소득이란

현재의 정치후원금 세액공제 제도를 폐지하고, 그 대신 매년 1인당 10만 원 정도(공직선거가 있는 해에는 5만 원 추가)의 정치기본소득을 모든 유권자들에게 지급한다. 정치기본소득은 선관위에서 유권자별로 만든 가상계좌에 입금된다. 유권자는 이 자금을 정치인 및 정당의 후원에만 사용할 수 있다. 따라서 이것은 아무 데나 쓸 수 있는 온전한 현금이 아니고 사용처가 제한된 바우처라고 볼 수 있다.

후원을 받으려는 정치인의 범위는 선관위에 정해야 할 것이다. 정당 소속이 아니면 다소 엄격한 기준을 마련해야 할 것이다. 유권자가 후원을 하면 선관위에서 모아서 주기적으로 정치인, 정당별로 개설한 계좌에 실제로 입금을 해준다. 이때 후원자 이름은 가상번호로 처리되어 누가 후원했는지 알 수 없도록 한다. 정치기본소득을 넘는 금액을 자기 돈으로 후원하는 것도 가능하지만 이것도 반드시 선관위를 매개로 해야 한다. 선관위를 매개하지 않고 실명으로 직접 전달되는 정치자금은 모두 불법으로 간주한다. 1인당 후원 한도를 설정하고, 한도를 넘는 후원금은 소속 정당에 귀속되도록 한다.

1인당 10만 원의 금액은 많을 수도 있고 적을 수도 있다. 지금처럼 후원하는 비율이 10% 미만이라면 너무 적은 금액이고 100%로 늘어난다면 너무 많은 금액이다. 금액은 후원의 추이를 보아가며 조절하도록 한다. 전국 선거가 있는 해에 시작하는 것이 금액 조정에 용이할 것이다. 전국 선거가 있는 해에는 금액을 늘려서 등록된 (예비)후보에게만 지원할 수 있게 할 수도 있다. 기존의 선거비용 보전 금액도 정치자금 후원의 추이를 보아가면서 보전 비율을 낮추어 간다.

정치기본소득은 소득세를 내는 유권자에게만 환급해 주는 현재의 정치후원금 세액공제 제도를 순서를 바꾸고(먼저 사용하면 자금을 환급해 주는 것이 아니라, 먼저 자금을 주고 사용하지 않으면 환수한다), 모든 유권자에게 공평하게 기회를 주는 것이다. 이 제도의 잠재적 예산 부담은 현재와 같다. 현재 제도하에서도 더 많은 유권자가 정치후원을 하게 되면 그만큼 예산 부담이 커지기 때문이다.

정치기본소득의 효과

첫째, 모든 유권자에게 동일한 정치자금이 지급된다. 누구나 원하는 정치인과 정당을 부담 없이 후원할 수 있다. 소득세를 못 내서 정치자금에서 차별받던 비정규직 노동자와 여성들이 정치자금 제공의 주체로 나설 수 있게 된다.

둘째, 다수에게 이익이 되는 정책이 채택되기 쉬워진다. 정치인들은 정치자금을 얻기 위해서라도 다수의 유권자에게 유리한 정책을 공약하지 않을 수 없다. 선거 운동도 개미들의 자금을 모을 수 있는 방향으로, 근본적으로 바뀌게 된다. 비정규직 문제가 점점 심각해지고 있는데, 비정규직 문제를 해결하는 가장 좋은 방법은 비정규직에게 동등한 정치력을 부여하는 것이다.

셋째, 부정과 비리가 줄어든다. 모든 정치 후원금은 선관위 계좌를 통하여 가상번호로 전달되기 때문에 이제는 큰손들이 영향력을 가질 수 없다. 정치인들은 부족한 정치자금을 마련하기 위하여 큰손들에게 더는 의존할 필요가 없어진다. 정치자금 수사를 무기로 정치인을 위협하는 것도 사라질 것이므로, 정치인에게는 해방의 날이 될 것이다.

넷째, 많은 유권자들이 정치에 관심을 가지게 될 것이다. 정치에 뛰어드는 신인이 늘어나면서 양심적인 사람들도 정치를 하게 될 것이다. 정치시장에서 나쁜 상품이 판치는 것은 시장이 두텁지 못하기 때문이다. 두터운 시장이 되어야 좋은 상품이 많아진다.

1인 1표, 1표 1가치, 1인 1원

현재 우리나라의 민주주의 수준은 1인 1표 단계에 와 있다. 최근 논의되고 있는 연동형 비례제가 실시되면 1표 1가치 수준에 도달하게 된다. 여기에다 정치기본소득이 제공되면 1인 1원의 수준까지 발전하게 된다. 민중의 정치of the people, 민중에 의한 정치by the people를 넘어서서 민중을 위한 정치for the people 단계로 나아가게 된다. 우리는 우리도 모르는 사이에 세계사적인 의미를 갖는 정치 혁신을 손쉽게 달성할 수 있는 상태에 놓여 있다. 먼저 후원하고 나중에 지급하는 정치후원금 제도를 먼저 지급하고 나중에 후원하는 제도로 순서만 바꾸면 된다.

2017. 12. 13. 작성(2020. 4. 수정하여 실음)

『반일 종족주의』,
우상 파괴인가, 혹세무민인가?

26

──────────────── **전강수** 대구가톨릭대학교 경제금융부동산학과 교수

『반일 종족주의』를 비판하는 이유

여러 명이 함께 쓴 책이 베스트셀러가 되는 경우는 거의 없다. 그런데 필자 여섯 명이 참여한 책 한 권이 출간되자마자 온 나라를 들썩이며 베스트셀러 반열에 올랐다. 이영훈 전 서울대 교수가 대표 집필한 『반일 종족주의』 이야기이다. 제목부터가 무척 도발적인데, 책 내용 역시 충격적인 주장으로 가득 차 있다. 대한민국을 '거짓말의 나라'로 단정하고 정치인, 학자, 재판관 그리고 온 국민이 거짓말을 일삼고 있다고 단죄하질 않나, 일제강점기에 토지 수탈, 식량 수탈, 사람 수탈(노동자 강제노역과 위안부 강제동원)은 없었다고 단언하질 않나, 독도를 우리 영토라 주장할 국제법적 근거가 없다고 주장하질 않나, 노골적

제5부 이슈와 제언

인 혐한嫌韓 입장을 드러내면서 그동안 한국 국민이 역사적 상식으로 여기던 것들을 모조리 뒤집어엎고 있으니 말이다.

책 출간 후 내용이 친일적이며 일본 극우세력의 주장과 똑같다는 비판이 나오자, 이영훈 교수 등은 발끈하며 자신들이 오랫동안 학문적으로 탐구한 결과를 발표했을 뿐이라고 반박했다. 『반일 종족주의』 필자들은 우리 사회에 만연한 우상숭배를 타파하기 위해 나선 선각자를 자임하는 듯하다. 하지만 '반일 종족주의'라는 신조어를 만들어 온 국민을 샤머니즘에 사로잡힌 미개한 종족으로 취급하고 역사학계와 사회학계를 거짓말의 온상으로 매도했으니 사안이 간단치가 않다. 만일 이들의 주장이 사실이라면, 한국 국민은 수십 년 동안 엄청난 '거짓말'에 속아 살아온 바보천치들이고, 그런 '거짓말'을 '지어낸' 한국 학자들은 몽땅 '사기꾼 중의 사기꾼'이라 해야 하니 큰일이 생긴 셈이다.

소수의 학자가 도를 넘는 이상한 주장을 펼치는 것으로 여겨서 그냥 넘길 수도 있겠지만 이 책은 출간 즉시 커다란 사회적 이슈가 되어버려서, 지금 학문적인 검토를 통해 사실관계를 정확히 해두지 않으면 앞으로 큰 혼란이 초래될 수도 있겠다는 판단이 들었다. 그래서 나는 2019년 8월 14일과 19일 《오마이뉴스》에 『반일 종족주의』를 전면 비판하는 칼럼 두 편을 게재한 바 있다. 이에 대해 필자 중 한 명인 김낙년 교수가 경제 수탈 문제에 초점을 맞춘 반론을 《주간조선》에 게재했다. 여기서 나는 『반일 종족주의』의 기조에 대해 평가하면서 김 교수 반론에 대해 재반론을 펼치고자 한다. 부디 상호 유익한 결과로 이어지길 기대한다.

사실 『반일 종족주의』는 일제의 경제 수탈, 노동자 강제징용 문제, 일본군 위안부 문제, 독도 문제, 대일본 청구권 문제, 을사오적 평가 문제 등 중대한 내용을 광범위하게 다루기 때문에, 지면 관계상 여기서 그것들을 하나하나 세세하게 검토하기는 어렵다. 마침 김낙년 교수의 반론이 경제 수탈 문제에 초점을 맞췄기 때문에, 이 글에서는 이를 중심으로 논의를 진행하고자 한다.

『반일 종족주의』에서 활용하는 연구 방법의 문제점

『반일 종족주의』에서는 일제의 경제 수탈과 관련하여 두 가지 커다란 거짓말이 한국 사회를 지배하고 있다고 주장한다. 첫째는 일제가 토지조사사업으로 조선 농민의 토지를 강탈했다는 이야기이고, 둘째는 일제가 조선 농민의 쌀을 강제로 빼앗아 일본으로 대량 반출했다는 이야기이다. 두 이야기 모두 오랫동안 교과서에 실려서 많은 국민의 역사 인식을 왜곡해 왔다는 것이 이 책의 주장이다. 지금까지의 일제강점기 연구에 따르면, 『반일 종족주의』에서 말하는 대로 대가 없이 총칼로 빼앗는 '토지 수탈'과 '쌀 수탈'은 없었다. 그렇다면 일제의 경제 수탈이 없었다는 말인가? 아니, 그렇지 않다. 여기서 나는 『반일 종족주의』 저자들이 수탈의 개념을 '대가 없이 무력으로 빼앗아 가는 행위'(여기에 적합한 용어는 약탈 내지는 강탈이 아닐까?)로 좁혀놓고는 그에 해당하는 증거가 보이지 않으니 일제 식민지 수탈은 없었다는 식의 결론을 내리는 것에 주목한다.

그림을 보면서 이야기를 해보자. 보통의 역사 연구자라면, 사료를 검토한 결과 '대가 없이 빼앗는 수탈'(그림 26-1의 (A))의 증거가 보

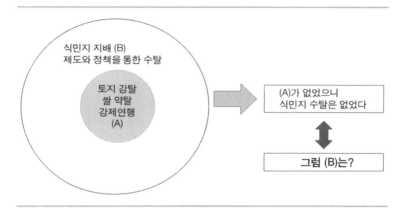

그림 26-1. 일제 경제 수탈을 이해하기 위한 개념틀

식민지 지배 (B)
제도와 정책을 통한 수탈

토지 강탈
쌀 약탈
강제연행
(A)

(A)가 없었으니
식민지 수탈은 없었다

그럼 (B)는?

이지 않을 경우, 바로 제국주의의 경제 수탈이 없었다고 결론을 내리지는 않을 것이다. 제국주의 국가가 무력으로 다른 나라를 병탄한 이상 뭔가 다른 방법으로 식민지를 지배하고 이용했을 것으로 보고, 그 경로를 탐구하기 마련이다. 이런 태도로 접근하면 그림의 (B), 즉 '제도와 정책을 통한 수탈'이 눈에 들어올 수밖에 없다. 실제로 지금까지 일제강점기 농업사 연구는 대부분 여기에 초점을 맞추었고 상당한 성과를 축적했다.

일제강점기에 관한 수많은 자료와 연구성과가 이런 성격임에도, 『반일 종족주의』는 그에 관해 일절 언급하지 않는다. 대신에 조야粗野한 수탈론을 담은 세 개의 문헌(조정래 작가의 『아리랑』, 신용하 교수의 『조선토지조사사업연구』, 토지 수탈과 쌀 수탈을 노골적으로 주장한 국사 교과서)을 내세워 그 허구성을 폭로하다가 슬쩍 식민지 경제 수탈이 없었다는 쪽으로 결론을 비틀고 만다. 세 문헌의 오류를 지적하고 정정의 필요성을 강조하면 끝날 일을 사실상의 '수탈 부정론'으로까지 끌고 나갔으니 지나치다 하지 않을 수 없다.

사실 앞의 세 문헌은 지금까지 나온 일제강점기 농업사 연구를 전혀 대표하지 못한다. 토지조사사업과 산미증식계획에 관한 기존 연구성과 중에서 그처럼 노골적인 수탈론을 펼친 연구는 거의 없다. 대부분의 연구는 일제의 식민지적·지주적 농업정책이 어떻게 식민지 지주제 발달과 농민 몰락, 그리고 농업구조의 왜곡을 초래했는지에 초점을 맞췄다. 아울러 일본인 대지주의 토지 겸병, 소작료 수탈, 그리고 미곡 대량 이출의 과정에 대해서도 소상하게 분석했다. 제도와 정책을 통한 수탈이 분석의 중심을 차지한 셈이다. 나는《오마이뉴스》칼럼에서 『반일 종족주의』 곳곳에 부조적浮彫的 수법이 드러난다고 비판했는데, 토지 수탈론 비판과 쌀 수탈론 비판이 전형적인 사례이다(부조적 수법이란 자신에게 유리한 자료만 선택적으로 제시하거나 논파하기 용이한 견해만 검토하는 연구 방법을 가리킨다).

김낙년 교수는 내 칼럼에 대한 반론에서, 노골적인 약탈은 없었지만 제도와 정책을 통한 수탈이 있었다는 내 설명을 이해하기 어렵다고 하면서, 내가 국사 교과서의 서술과 별로 다르지 않은 변형된 수탈론을 펼치고 있다고 비판했다. 또한 내 견해는 강제성의 개입을 입증하지 않으면 성립될 수 없는 주장이라고도 했다. 내게는 그 강제성을 입증할 책임이 주어진 셈인데, 사실 이는 너무 쉬운 일이어서 김 교수에게 감사의 인사라도 전해야 할 것 같다.

일제강점기 농업정책에 관한 자료 중에는 조선총독부와 일본인 대지주가 조선 농민들에게 얼마나 혹독한 강제를 가했는지 보여주는 것들이 수두룩하다. 일일이 열거할 필요도 없이, 수원고등농림학교 교수와 조선총독부 도소작관道小作官을 지낸 히사마 겐이치久間健一의 진술을 제시하는 것만으로 충분하리라 믿는다. 그는 일제 당시부터 조선 농업에 관한 한 최고의 전문가로 꼽히던 관변 학자인데, 그런 그가 아래와 같은 진술을 했으니 당시 실상이 어떠했을지 충분히 짐작하고도 남는다.

> 농민에게는 … 가장 극단적인 권력적 지도指導가 가해졌다. 이러한 권력적 개발은 일본인의 성급함이 작용했기 때문에 농민의 이해 따위는 고려하지 않았으며, 고려할 여유도 없었다. 농민은 오로지 관청의 지도가 명하는 대로, 배급받는 종자를, 지시받은 못자리에 뿌리고, 주어진 못줄로 정조식正條植을 행하고, 정해진 날에 비료를 주고, 제초를 행하고, 명령받은 날에 피를 뽑고, 예취刈取를 하고, 지시받은 방법에 따라 건조·조제를 행할 뿐이었다. 거기에는 오로지 감시와 명령만 있을 뿐이었다. 만일 다른 게 있다고 하더라도 농민의 창의와 같은 것은 전혀 존재하지 않았다.[1]

히사마 겐이치의 책에는 일본인 대지주의 농민 지배가 어느 정도로 가혹했는지, 또 어떻게 작동했는지에 대해서도 상세한 기록이 담겨 있다. 지주-소작 관계란 기본적으로 토지 임대차를 둘러싼 자유계약 관계임을 감안할 때, 일본인 대지주들이 소작농의 경영상 자율성을 무시하고 물 샐 틈 없는 강제 장치로 소작농을 통제하며 가능한

---

[1] 久間健一, 『朝鮮農政の課題』(成美堂, 1943), p.8.

한 많은 소작료를 뽑아내려 한 것은 명백히 지주-소작 관계의 범위를 넘어서는 짓이었다. 그것은 다름 아닌 소작료 수탈이었다. 뉴라이트의 대부이자 『반일 종족주의』 필자들의 정신적 지주인 안병직 서울대 명예교수조차 "식민지기의 지주-소작 관계는 법률적으로는 평등한 계약관계였습니다만, 실질적으로는 소작농들에게 농노적 예속을 강요하는 불평등 관계였습니다"[2]라고 했음에 비추어, 강제성의 개입을 애써 부정하려는 김 교수의 시도는 이장폐천以掌蔽天(손바닥으로 하늘을 가리다)의 느낌이 강하다.

제도와 정책을 통한 경제 수탈의 실상

제도와 정책을 통한 수탈이 가장 심하게 행해졌던 곳은 수리조합 지역이다. 일제는 쌀 증산을 위해 토지소유자에게 수리조합을 만들어 토지개량을 행하는 임무를 맡겼다. 일본인들은 식민지 정책을 배경으로 강 주변 저습지나 상습 침수지를 대량 매입한 다음 주변 농지까지 편입시켜 수리조합을 설치하고는 수리시설 개선을 꾀했다. 그들 중 원래 자산가였던 사람은 많지 않았고 다수가 가난하거나 실업 상태였다. 수리조합의 사업비로는 총독부 보조금도 동원되었지만, 주로 식산은행이나 동양척식회사 등으로부터 차입한 자금이 활용되었다. 원리금의 상환은 조합원으로부터 수리조합비를 걷어서 할 수밖에 없었는데, 일본인 지주들은 이 비용을 전가하기 위해 다수의 조선인 토지 소유자들을 조합원으로 강제 편입했다. 이때 조선총독부는

---

2   안병직·이영훈, 『대한민국 역사의 기로에 서다』(기파랑, 2007), 156쪽.

조선인들을 관권으로 위협하며 동의서 날인을 강요하는 등 적극 개입했다. 조합 몽리구역에 포함된 토지 중에는 우량 전답과 수리 불가능 토지들이 다수 있었다. 수리시설이 필요 없었던 조선인 토지소유자들이 대거 수리조합에 강제 편입되어 과다한 조합비를 부담하게 되었던 셈이다.

이로 인해 1920년대에는 조선 전역에서 수리조합 반대 운동이 격렬하게 전개되었으며, 수리조합 관련 기사는 1920년대 내내 신문 주요 면을 차지했다. 김낙년 교수가 당시 《동아일보》 등 언론에 게재된 수리조합 관련 일반 보도 기사와 특집 기사들을 봤더라면, "정책의 결과에 '일부' 부정적 효과가 있었다"는 식으로 가볍게 서술하지는 못했을 것이다.

일본인들은 짧은 기간에 광대한 옥토를 가진 대지주로 변신했다. 1920년대에 일제가 산미증식계획으로 조선 쌀을 대량 증산하여 일본으로 가져가려고 할 때 그에 적극 부응한 것은 이들 일본인 대지주였다. 비슷한 행태를 보인 조선인 지주들도 있었지만 소수였다.

지면이 허락한다면, 나는 일제와 일본인 대지주들이 조선 농민에게 가한 강제의 사례를 수없이 열거할 수 있다. 그 결과 조선인 토지 소유자들이 대거 몰락하고 소작농들이 빈곤의 나락으로 떨어지는 사례도 수없이 제시할 수 있다. 그래 봤자 부질없는 짓이 될 것 같아서, 히사마 겐이치의 관련 진술 하나와 수리조합 지역 내 토지소유 상황을 보여주는 통계표 두 개를 제시하는 것으로 그친다.

이들 기업적 지주는 조선 각지에 광대한 근대적 지주경제를 확립하는 동시

표 26-1. 전라북도 5개 수리조합 내 토지소유 상황 변화

(단위: 명, 정보)

연도	조선인		일본인		회사·농장		계	
	인원	면적	인원	면적	인원	면적	인원	면적
1920	3,491	4,104	417	7,883	25	2,694	3,993	14,681
1925	3,441	6,335	647	9,626	32	3,164	4,120	19,130
1931	2,960	3,545	828	8,999	71	7,292	3,859	19,836

자료: 전강수, 「제하 수리조합 사업이 지주제 전개에 미친 영향」, 《경제사학》, 8(1984). 179쪽.

에 주위를 점차 겸병하여 갔다. … 1920년 저 방대한 미곡증식계획(산미증식계획을 가리킨다──인용자)의 실시는 이런 대토지사유제도를 한층 촉진시켰다. 국가자본에 의한 경지의 확대 개선은 주로 수리조합에 의해 연차적으로 강행되었는데, 지역 내 영세소유는 가차 없이 대지주에게 겸병되어 갔다.[3]

표 26-1은 일본인 지주가 밀집했던 전라북도 소재 5개 수리조합 지역에서 토지소유가 어떻게 변해갔는지 보여준다. 1920년대 후반 조선인 토지소유자들이 급격히 몰락하는 대신 농장형 대지주(회사·농장)가 급속도로 토지를 집중해 갔음을 알 수 있다. 회사·농장의 형태를 취한 농장형 대지주는 대부분 일본인이었다.

표 26-2는 50정보 이상 소유 대지주의 민족별 경지 소유의 상황을 보여주는데, 수리조합 지역 내에서 일본인 대지주로의 토지 집중이 특히 현저했음을 알 수 있다.

허수열 교수의 추정에 따르면, 1910년 당시 일본인들의 논 소유

---

3   久間健一, 앞의 책, p.15.

표 26-2. 1930년 말 50정보 이상 소유 대지주의 민족별 경지소유 상황

(단위: 명, 정보)

	조선 전체		수리조합 지역	
	인원	소유 면적	인원	소유 면적
조선인	2,241(79%)	195,300(52%)	73(30%)	8,816(15%)
일본인	580(21%)	182,774(48%)	171(70%)	51,723(85%)
계	2,821	378,074	244	60,539

자료: 같은 글, 175쪽.

면적은 4만 2,585정보로 조선 전체 논의 2.8%에 지나지 않았다. 그랬던 것이 1935년에는 30만 8,083정보, 18.3%로 급증했다.[4] 여기에는 앞에서 말한 일본 제국주의와 일본인 대지주의 강제력이 강하게 작용했음에 틀림없다. 이를 토지 수탈이라 하지 않고 뭐라 불러야 하는가? 그리고 일본인 대지주들이 조선인 소작농을 들들 볶아서 수취한 쌀을 일본으로 대량 이출한 것을 쌀 수탈이라 하지 않고 뭐라 불러야 하는가?

김낙년 교수의 이론 적용에 오류는 없는가?

나는 《오마이뉴스》 칼럼에서, 김낙년 교수가 일제강점기 극심한 소득 불평등의 증거를 제시하고도 일본 제국주의의 식민지 경제정책이 아니라 전통사회 이래의 함정에서 그 원인을 찾는 것을 비판했다. 김낙년 교수는 반론에서 지난 100년간의 농가 인구의 연평균 변화율 통계를 제시하면서 조선시대부터 일제강점기까지 농가 인구가 증가

---

4 허수열, 『개발 없는 개발』(은행나무, 2005), 343쪽.

한 것이 지주제를 강고히 유지시키고 소작농을 빈곤에 빠뜨린 원인
이라고 강변했다. 식민지지주제 확대와 소작농 빈곤의 원인으로는
식민지 경제정책이나 지주의 소작료 수탈 등 보다 분명한 사회적 원
인이 있음에도 그에 대해서는 전혀 검토하지 않고 농가인구 증가를
단일 원인으로 제시하다니, 그 무모함을 어떻게 이해해야 할지 모르
겠다.

　김 교수가 경제학 개념을 운운하는 것을 보면 뭔가 대단한 경제이
론에 기대고 있을 법한데, 그게 무슨 이론인지 정말 궁금하다. 좁은
소견으로는 맬서스의 인구론 아니면 한계생산력설 정도를 마음에 두
고 있지 않을까 짐작되는데, 만일 그렇다면 김 교수는 길을 잘못 들어
도 한참 잘못 들었다. 우선, 맬서스 인구론은 헨리 조지 등의 강한 비
판을 받고 경제학의 뒤안길로 사라진 엉터리 학설이므로 이에 의존
했다면 더 논의할 가치가 없다. 사회문제의 근본 원인을 오로지 인구
증가라는 자연현상에서 찾는 걸 보면 맬서스주의의 냄새가 짙게 나
는데 현재로서는 그 여부를 확인할 길이 없다.

　하지만 혹시 한계생산력설을 염두에 두고 있다면, 몇 가지 따져볼
사항이 있다. 김 교수는 "농촌에 경지는 한정되어 있는데, 인구가 계
속 늘어나면 어떻게 될까? 경지는 상대적으로 더 귀해지고 사람의 값
은 더 떨어지게 된다"며 조선시대부터 식민지기까지 지주제가 강고
히 유지된 것은 그 때문이라고 주장했다. 소작농 빈곤의 원인도 거기
서 찾는다. 한계생산력설로 해석하면 토지의 한계생산력은 상승하
고 농업노동의 한계생산력은 떨어져서 지대는 증가하고 소작농이 가
져가는 임금 부분이 줄어든다는 이야기가 되는데(한계생산력설에서는 어

떤 생산요소의 가격은 그 생산요소의 마지막 단위가 만드는 생산량, 즉 한계생산량에 따라
결정된다고 본다. 농가인구가 증가할 때 농업노동의 한계생산력이 떨어지는 이유는 한계
생산 체감의 법칙이 작용하기 때문이다), 일단 맞다고 치더라도 그것과 지주
제 확대와 무슨 논리적 연관이 있는가?

　　중소 지주와 자작농, 그리고 자소작농도 엄연히 토지소유자였던
만큼 지대 상승의 혜택을 누렸을 텐데 일제강점기에 그들 다수가 점
점 토지를 상실하고 몰락했다. 심지어 경지 100정보 이상을 소유한
조선인 대지주도 1930년대 이후에는 크게 감소했다. 농가인구 증가
라는 요인 하나로 이런 현상을 어떻게 설명할 것인가? 게다가 김 교
수도 인정하듯이, 산미증식계획 등으로 농업투자가 늘었다면 자본
량도 증가했을 텐데 그렇다면 농가인구가 증가하더라도 농업노동의
한계생산력이 줄어든다고 단언할 수 없다. 이처럼 한계생산력설로
해석하더라도 김낙년 교수의 주장은 설득력이 떨어진다. 혹시 내가
모르는 다른 이론에 기대고 있을지도 모르겠는데, 만일 그렇다면 무
슨 이론인지 밝혀주기 바란다.

마무리

제도와 정책이 경제 현실에 미치는 영향은 무척 강하다. 독립 국가에
서도 그럴진대 하물며 제국주의가 지배하는 식민지 사회에서랴! 김
낙년 교수는 1970년대 이후 농가소득의 증가를 놓고도 농가인구의
변화에서 원인을 찾는다. 그보다 훨씬 더 중요한 농지개혁의 효과는
애써 외면하면서 말이다. 『반일 종족주의』 저자들은 20여 년간 한국
경제의 장기통계를 구축한 것을 무척 자랑스럽게 여기는 듯하다. 하

지만 그 통계를 김 교수처럼 활용한다면 오랫동안의 노력을 허사로 만들기 십상이다.

　장기 집계통계란 사물을 공중 높이 올라가서 보는 것과 유사해서 전체 그림을 크게 보는 데 유익하다. 그러나 김 교수는 공중으로 너무 높이 올라간 듯하다. 아예 일제강점기 조선 사회의 실상이 흐릿해져 버렸으니 말이다. 그동안 장기 집계통계의 작성을 위해 노력했다면, 앞으로는 부디 당시 현실을 생생하게 증거하는 허다한 자료들에 천착하기 바란다. 그래야 비로소 제도와 정책에 따른 수탈과 민족 간 차별·불평등이 눈에 들어올 테니 말이다. 통계와 사료를 중시한다고 자부하며 우상 파괴자로 나선 『반일 종족주의』 필자들이 우상을 파괴하기는커녕 혹세무민하며 세상을 어지럽히는 엉뚱한 길로 들어선 듯하여 심히 안타깝다. 부디 길을 돌이켜서 역사적 상식의 수호자 역할이라도 충실히 수행하기 바란다.

2019. 10. 2. 작성(2020. 4. 수정하여 실음)

한국경제 빅 이슈

포스트 코로나 시대의 한국경제 과제와 전망

1판 1쇄 펴냄 | 2020년 7월 15일
1판 2쇄 펴냄 | 2021년 6월 30일

엮은이 | 서울사회경제연구소
발행인 | 김병준
발행처 | 생각의힘

등록 | 2011. 10. 27. 제406-2011-000127호
주소 | 서울시 마포구 양화로7안길 10, 2층
전화 | 02-6925-4185(편집), 02-6925-4188(영업)
팩스 | 02-6925-4182
전자우편 | tpbook1@tpbook.co.kr
홈페이지 | www.tpbook.co.kr

ISBN 979-11-85585-92-5 03320

이 도서의 국립중앙도서관 출판예정도서목록(CIP)은
서지정보유통지원시스템 홈페이지(http://seoji.nl.go.kr)와
국가자료공동목록시스템(http://www.nl.go.kr/kolisnet)에서
이용하실 수 있습니다.(CIP제어번호: CIP2020027421)